BESSER LEBEN

Liebe Claudia,

vielen lieben Dank für Deine Gast-Freundschaft.

Ein kleines Geschenk als Dank, möge es Dir helfen Deine Persönlichkeit neu zu entdecken, negatives zu verändern und positives zu verstärken.

Liebe Grüße,
Michi

# BESSER LEBEN

Ein NLP-Lesebuch
für mehr Selbsterkenntnis
und Glück

Chris Mulzer

KIKIDAN

»Du kannst es einfach haben – wenn Du kannst.«

Chris Mulzer

# Inhalt

## Vorwort

Herzlich Willkommen 14
Gebrauchsanweisung 14

Kapitel 1
## Dein Leben kann einfach sein

Besser Leben? Die großen Fragen! 18
NLP wird Dein Leben einfacher machen 26
Gibt es eigentlich genug für alle? 35
Was Du im Leben wirklich brauchst 40
Veränderung ist ... und bleibt 44
Wie Deine Realität durch Sprache entsteht 48
Vier Schritte zu einer positiven Lebenshaltung 54
Du kannst keine Fehler machen – nur lernen 59
Lerne aus Deinen Fehlern – Du wirst nie scheitern 61

Kapitel 2

# Ein neuer Umgang mit Dir

Verändere Deinen Fokus – verändere Dein Leben  70
Immer gute Laune haben – Wie geht das?  73
Vom Pessimismus zum Optimismus  79
Positives Denken einfach lernen  88
Gesunde Gedanken = gesunder Körper  91
Mit schlechten Gefühlen besser umgehen  96
Depression: Symptome und Ursachen  102
Gesund leben und glücklich sein  109
Übungen für Deinen besten Zustand  113
Angst überwinden – Dein Weg durch die Furcht  119
Überwinde Deinen inneren Schweinehund  128
Selbstdisziplin – zwei große Fehler  144
Die »Hans im Glück«-Technik  145
Steigere Deine geistige Flexibilität  150
Geduld ist eine lohnenswerte Tugend  153
Geduld kannst Du lernen – ein paar Ratschläge  158
Wie Du Deine Konzentration steigern kannst  161

Kapitel 3

# Zwischenmenschliche Lektionen

Glücklich leben – das geht nur mit anderen  172
Der positive Wert des Menschen  175
Mehr Lob mit echten Komplimenten  178
Lerne die zwischenmenschliche Ebene kennen  183
Über die Freude der Bekanntschaft  184
Nutze das Geschenk der Freundschaft  189
Beziehung und Partnerschaft richtig leben  195
Eifersucht: Säure für jede Beziehung  205
Was tun bei Liebeskummer?  210
Vergeben, verzeihen, vergessen  218

Kapitel 4

# Vom Sinn des Lebens und Deiner Berufung

Wunsch oder Wille des Universums  226
Deine karmische Bestimmung  233
Wie weiß ich, wenn ich krieg, was ich wollen soll?  238
Erkenne Dich selbst und was Du willst  242
Perfektionismus – muss das sein?  258

**Kapitel 5**

# Erfolg in Alltag und Beruf

Wie Du »in die Aktion« kommst  266
Behandle Deine Erfolgsphobie  270
Wenig Aufwand – viel Ergebnis  278
Ein paar Gedanken zu Deinem Erfolg im Leben  286
Gute Entscheidungen – Dein Schlüssel zum Erfolg  292
Von der Entscheidung über die Aktion zum Ziel  308
Tipps zum Berufsleben  312
Mehr Erfolg im Beruf  315
Komme schneller ans Ziel  321


**Kapitel 6**

# Gestalte Deine Zukunft

Entwirf Deinen Lebensplan …  326
Ziele: Immer vorab festlegen!  338
Realisiere Deine Ziele mit der Wunderfrage  346
Innehalten – Reflektieren – Freuen  352

Kapitel 7
# Regeln für ein glückliches Leben

Regel 1: Dein Leben – gesund und energetisch  358
Regel 2: Führe ein harmonisches Leben  365
Regel 3: Führe ein Leben in Unabhängigkeit  369
Regel 4: Ein Leben mit bedeutsamer Beschäftigung  375
Regel 5: Ein selbstverwirklichtes Leben  380

# Anhang

Glossar  388

# VORWORT

## Herzlich Willkommen

*Ich bin Chris Mulzer.* Ich bin Lehrer für NLP und Hypnose und lebe in Berlin. In meinem gegenwärtigen Lebensabschnitt führe ich Workshops auf dem Gebiet der Hypnose und der Persönlichkeitsentwicklung mit NLP in Berlin durch. Darüber hinaus bilde ich Nachwuchstrainer aus.

Mein Lehrstil ist offen, direkt, immer unterstützend, energisch anpackend und stark ergebnisorientiert. Ich glaube, dass Du alles erreichen kannst, was Du Dir an Zielen im Leben vorgenommen hast, und ich kann Dir auch zeigen, wie Du dies erreichst. Meine Workshops zielen auf die Entwicklung eines selbstbestimmten Lebens. Dazu nutze ich viele verschiedene didaktische Methoden sowie Grundtechniken und Formate aus dem Modell von NLP.

Vielen Dank für Dein Interesse. Dieses Buch, das Du gerade in Deinen Händen hältst, ist eine Verdichtung meiner Aufzeichnungen und Erkenntnisse der letzten 30 Jahre. Erlaube mir, das »Du« für Deine Anrede zu benutzen. Wir beschäftigen uns oft mit sehr privaten Fragen und werden uns deshalb im Verlaufe der Zeit sehr nahe kommen. Darüber hinaus habe ich mir die Freiheit genommen, für einen einfachen Lesefluss in vielen Fällen das Maskulinum statt einer gegenderten Form zu nutzen.

## Gebrauchsanweisung

*Warum ein Buch?* In der heutigen Zeit! Bücher sind doch in Zeiten von Smartphones und PDFs einfach unzeitgemäß! Wirklich? Schon die Gestaltung des Buches sollte Dir aufgefallen sein. Der Umschlag, das Format, die Fadenheftung und die beiden Lesebändchen weisen in eine Zeit, in der ein gut gestaltetes Buch auch die Freude bedeutete, etwas handwerklich Schönes in den Händen zu halten.

Dieses Buch ist ein LESEBUCH. Mit seinen Inhalten wirst Du Dich auseinandersetzen müssen. Die einzelnen Kapitel sind so gestaltet, dass Du das Buch irgendwo aufschlagen und einfach mit dem Lesen beginnen kannst. Du wirst jedes Mal profitieren. Lege es deshalb neben Dein Bett und nimm es vor dem Schlafengehen zur Hand. Oder nimm es mit in den Urlaub. Oder lies darin, wenn Du eine konstruktive Zeit mit Dir verbringen willst.

Ich stelle Dir oft unbequeme Fragen, deren Beantwortung Dich im Leben weiterbringen soll. Meine Antworten führen Dich allerdings in eine Art von »Unendlicher Geschichte«. Wenn Du glaubst, der Nebel Deiner Uneinsichtigkeit habe sich gelichtet, findest Du Dich bereits im Prozess der nächsten Erkenntnisstufe wieder.

Dein Leben ist im ständigen Wandel und Du und Deine Flexibilität, Ihr beide werdet beim Lesen immer wieder auf den Prüfstand gestellt werden. Wenn Du mit meiner Meinung nicht übereinstimmst, macht das nichts! Nimm meine Ansichten als Anregung zum Nachdenken. Schließlich will ich Dich zu einem SELBSTBESTIMMTEN Leben motivieren.

Bestimmt kennst Du das: Du liest ein Buch, streichst etwas an und fragst Dich nach einem oder zwei Jahren, wenn Du wieder an diese Stelle blätterst, warum Du diese Stelle angestrichen hast. Vielleicht stand das Thema bei Dir damals einfach an. Liest Du das Buch heute, würdest Du etwas anderes anstreichen. Oder doch wieder dasselbe?

Es kann sein, dass ich das gleiche Thema in unterschiedlichen Abschnitten thematisiere. Beachte, dass es meist mit sehr unterschiedlichen Blickwinkeln und in unterschiedlichem Kontext passiert. Einmal mag es um die Veränderung Deiner Glaubenswelten gehen, ein anderes Mal um eine Technik, mit etwas Unerwünschtem besser umzugehen, und wieder ein anderes Mal mag das Thema Bestandteil einer Strategie sein, die ich Dir auf unbewusster Ebene vermitteln möchte. Beachte: Du lernst Aspekte des Modells von NLP in diesem Buch mit angewandten NLP-Techniken kennen, die ich zwischen den Zeilen versteckt habe.

Mein Rat: Gehe die Lektüre entspannt an. Auch wenn Du gerne möglichst vieles auf einmal aufnehmen möchtest, lass Dir Zeit. In jeder Seite steckt mehr, als Du vielleicht glaubst. Gib Dir Zeit für Deine Entwicklung, mache die angebotenen Übungen und genieße die Reise durch dieses Buch und die damit verbundenen Erkenntnisse.

Fühle Dich frei, einfach im Buch zu blättern und Dich überraschen zu lassen. Schmökere hier und da und lasse Dich beeindrucken. Wenn Dich etwas nicht interessiert, überblättere es einfach. Ein fortlaufendes Lesen ist nicht erforderlich. Gib Dir beim Lesen eine Chance.

Ich wünsche Dir von ganzem Herzen viel Lesevergnügen!

# KAPITEL 1

## Dein Leben kann einfach sein

## Besser leben? Die großen Fragen!

*Woher kommst Du? Wohin gehst Du? Und was passiert dazwischen?* Jeder Mensch, der denken kann und im Leben seinen Platz finden will, stellt sich irgendwann solche »großen Fragen«. Religion ist die Instanz, die diese Fragen seit Anbeginn der Menschheit beantwortet. Eigentlich. Wäre da nicht der Aspekt, dass Religion von Menschen betrieben wird und deshalb Menschlichkeiten an der Tagesordnung sind. Es geht dann häufig um Macht und darum, andere Menschen für seine Zwecke untertan zu machen.

Viele Leser schreiben mir, weil sie auf die eine oder andere Art und Weise Orientierung suchen in einem Leben voll von Ablenkung, Tempo und Amoralität. Sie wollen Antworten jenseits der Beeinflussung durch Medien, Religion, Gesellschaft und den Staat. Als selbstbestimmter Mensch wirst Du nicht darum herumkommen, Dir eine Meinung zu bilden. Wenn Du Dich und Deine Umgebung aufmerksam beobachtest, fallen Dir wahrscheinlich eine Menge Ungereimtheiten auf, die sich mit reiner Logik und schlüssigem Denken nicht auflösen lassen.

Da berichten beispielsweise Menschen, die dem Tod nur knapp von der Schippe gesprungen sind, von außergewöhnlichen Erlebnissen, die sie kurz vor dem Exitus wahrgenommen haben (wollen). Berichte darüber kannst Du zu Abertausenden finden, es gibt Bücher und Dokumentarfilme darüber. Zu viele Menschen haben Ähnliches erlebt, um solche Erlebnisse als Spinnereien des sterbenden Körpers und des Gehirns abzutun.

Die Geheimlehren vieler Religionen vermitteln Techniken, die es Eingeweihten erlauben, in tiefen Zuständen der Meditation ihren physischen Körper zu verlassen und sich auf Reisen in andere Welten zu begeben. Die Berichte davon sind spärlich – eben geheim. Manche Menschen erreichen dann durch eine Veränderung ihres Bewusstseinszustandes und mit Willenskraft, was andere Menschen an der Schwelle des Todes erleben.

Es brauchte schon einen nüchtern denkenden und analysierenden Charakter wie *Robert Monroe*[7], damit rationales Licht in dieses mystische Dunkel kam. Er war ein US-amerikanischer Geschäftsmann, Autor und Programmdirektor beim Rundfunk. In seinen Büchern berichtet er von einem »Unfall«, der dazu führte, dass er seinen physikalischen Körper verließ und sich auf metaphysische Reisen begab. Seine Erkenntnisse faszinierten ihn so, dass er Methoden entwickelte, die es jedem Menschen erlauben, den physikalischen Körper zu verlassen und Erfahrungen zu machen, wie sie vorher nur Eingeweihten erlaubt waren.

Auch ich begab mich auf die Reise und meine, eine Ahnung von dem Ort und von der Welt zu haben, in der wir existieren, bevor wir hierher auf die Welt kommen – und wohin wir zurückgehen werden. Es ist ein Ort der unendlichen Liebe voller Harmonie. Meine außerkörperlichen Erfahrungen nahmen mir die Angst vor dem Tod und gaben meinem Leben einen tieferen Sinn.

Meine Erfahrungen teile ich üblicherweise nicht. Ich halte sie aber auch nicht geheim. Ich spreche nur wenig darüber, weil ich mit Worten nicht vermitteln kann, was ich erlebt habe. Wenn Dich dieses Thema interessiert, musst Du Dich selbst auf den Weg begeben und Deine eigenen Erfahrungen machen. Meine Erfahrungen, von denen ich hier berichte, motivieren Dich vielleicht, selbst zu experimentieren und Einblick zu bekommen in die Welten jenseits unserer Weltenrealität.

Eine gute Möglichkeit dazu stellte für mich die Beschäftigung mit Robert Monroes »*Gateways*«[7] dar. Dies ist eine Anleitung für außerkörperliche Erfahrungen. Es braucht Zeit, Geduld und Energie, die Techniken zu meistern. Der Lohn für mich jedoch war beträchtlich: Erkenntnis.

Diese Erkenntnisse möchte ich mit Dir teilen. Einige meiner Aussagen mögen Dir im Trubel des Alltags vielleicht vage oder trivial erscheinen. Für mich sind sie die Grundlage des Lebens.

**Alles entwickelt sich zum Besseren**
Ich habe für mich erkannt, dass sich die Welt ständig zum Besseren verändert. Langsam zwar, aber erkennbar. Das bedeutet, dass die Welt heute ein »besserer« Platz zum Leben ist, als sie es beispielsweise vor 100 oder vor 1000 Jahren war. Klingt das übertrieben?

Wir neigen dazu, unsere vergangenen Erlebnisse mit dem rosaroten Schleier des positiven Vergessens zu überziehen. So sagen viele ältere Menschen: »Früher war alles besser!« nur deshalb, weil sie negative Erlebnisse ausgeblendet oder tatsächlich vergessen haben. Und selbstverständlich werden die eigenen Leistungen überhöht dargestellt. Am Ende war jeder klapprige Großvater vor seinen Enkeln ein verkappter Indiana Jones, Don Juan oder Albert Schweitzer.

Was in den Sphären außerhalb dieser Welt passiert, erzählt mir: Da, wo Du herkommst und wo Du hingehen wirst, ist es unendlich und unbeschreiblich schön. Du wirst geboren und kommst hierher auf die Erde – und plötzlich steckst Du in all den Limitierungen von Zeit und Raum fest. Plötzlich funktioniert die nonverbale Kommunikation nicht mehr, die alles Lügen und alle Unaufrichtigkeit überflüssig machen würde. Plötzlich ist der Raum nicht mehr von den Schwingungen der unendlichen Liebe erfüllt, stärker als alle anderen Gefühle. Stattdessen bist Du eingezwängt in Deinen physikalischen Körper und schutzlos den negativen Gefühlen ausgesetzt. Und dann gibt es auf dieser Welt so viel Leid, Gier, Missgunst, Aggression und was nicht sonst noch alles. »Was ist dann der Sinn des Lebens? Wieso bist Du eigentlich nicht gleich dort ›oben‹ geblieben? Macht irgendetwas einen Sinn, wenn Du sowieso eines Tages sterben wirst?«

Ich meine, Du bist hierher auf diese Welt gekommen, um zu lernen, mit all dem Kram auf eine positive Art und Weise umzugehen. Deshalb habe ich mich auf den Weg gemacht und eine Art von *Schule für positive Gefühle* ins Leben gerufen. Ein Ergebnis davon hältst Du gerade in Deinen Händen. Ich finde es bedauerlich, dass Du nicht schon in der Grundschule gelernt hast, Deine Gefühle selbst zu bestimmen. Glücklicherweise gibt es eine solche Schule jetzt. Sie heißt: Mein NLP-Practitioner. Mit dem Modell von NLP als Träger habe ich Werkzeuge an der Hand, mein Vorhaben schnell und effektiv umzusetzen.

Den ersten Sinn in Deinem Leben könntest Du also darin erkennen, Dich von Deinen schlechten Gefühlen zu emanzipieren und zu lernen, mehr positive und gute Gefühle zu entwickeln. Das ist ein Unterfangen, das für Dich ein Leben lang wundervolle Arbeit der Weiterentwicklung bedeutet. Dazu musst Du Dich allerdings erst einmal auf den Weg machen. Nehmen wir also an, Du hättest Dich entschieden, Dich auf den Weg zu machen.

### Limitierung und Lernen

Dann hast Du Dich entschieden, Dich von Deinen schlechten Gefühlen zu emanzipieren und in Zukunft mehr positive Gefühle zu haben. Dabei hilft Dir meine nächste Erkenntnis: die QUALITÄT Deiner Entscheidungen bestimmt, welche Art von Leben Du führen wirst. Ich habe noch niemanden mit einem aufregend erfolgreichen Leben über den Sinn des Lebens räsonieren hören. Von diesen Menschen höre ich:

*»Au ja, mehr davon!«*

Und das ist gut. Wenn Du also über die negativen Aspekte Deiner Existenz nachdenkst und Dich fragst, ob »das alles« überhaupt Sinn macht, dann ist es höchste Zeit, Dich zu ENTSCHEIDEN, dass Du ab JETZT SOFORT mehr gute Gefühle haben willst. Deine bewusste Entscheidung wird das Räderwerk des Universums in Gang setzen und wird Dir präsentieren, was zu tun ist.

### Wünsche formulieren

Ich finde es sehr spannend, dass viele Menschen dieses wichtige Gesetz des Universums sträflich vernachlässigen oder ignorieren. Ich bin der festen Überzeugung, dass es eine Kraft im Universum gibt, die für Deine positive Entwicklung zur Verfügung steht. Sie organisiert mit langem Atem und unglaublich feinsinnigen Strategien Dein Fortkommen. Das tut sie, ob Du es nun wahrhaben willst oder nicht.

Es ist viel geschrieben worden über das Thema der »Wünsche ans Universum«. Ich gebe Dir hier klare Anweisungen, wie Du Deine Wünsche formulieren und abschicken kannst, damit sie das Universum auch erfüllen kann.

Meine erste, wichtigste Erkenntnis: Der Wunsch, eine Million Euro zu bekommen, wird tatsächlich vom Universum schnurstracks in die Wege geleitet. Meist sind jedoch die Voraussetzungen, die das Universum für notwendig hält, um Deinen Wunsch zu erfüllen, für Dich so abwegig, dass Du sie weder erkennst noch zu befolgen gedenkst. So wirst Du aus Sturheit und mangelnder Flexibilität ewig auf die Summe warten.

Dein möglicher Wunsch nach persönlicher Selbstverwirklichung bringt Dir meistens sehr viel leichter erkennbare Vorschläge. Sie zu befolgen ist auch weit weniger schwierig. Vielleicht steht dann am Ende Deiner Reise zur Selbsterkenntnis die Wahrnehmung, dass Geld für ein glückliches und erfülltes Leben nicht die Voraussetzung ist. Und wahrscheinlich wird dann das Geld wie von selbst fließen!

### Immer wieder zum Lernen kommen

Auch die alten östlichen Kulturen haben erkannt, dass Dein Sein auf Erden den Zweck hat, die eine oder andere Lernerfahrung zu machen. Die Summe dieser Erfahrungen wird Dich der weisen Erleuchtung näher bringen. Damit Du Dich hin zum *Samadhi*↗ entwickelst, brauchst Du nicht ins Kloster zu gehen oder Dich in die Einsiedelei zurückzuziehen. Das Universum hat ja etwas vor mit Dir. Es meldet sich im Alltag mit vielen Zufällen und gibt Dir für Deine Entwicklung jede Menge interessanter Hausaufgaben. Wenn Du Deine Hausaufgaben machst, treibst Du Deine *karmische Entwicklung* voran. Es entspricht jedoch den Gesetzen des freien Willens, dass Du die subtilen Vorschläge durchaus ignorieren kannst. Du kannst Dich entscheiden, lieber bequem zu leben, statt Persönlichkeitsentwicklung zu betreiben. Du kannst Karriere machen und Kohle verdienen. Das ist Deine Entscheidung. Und vielleicht verläuft Dein Leben durchaus normal und zufriedenstellend. Vielleicht wirst Du am Ende eher von Erfolg und Besitz als von Glück im Leben sprechen. Vielleicht erwartest Du das auch gar nicht. Hauptsache Kohle, die macht das Leben doch so viel angenehmer. Und dann ist das Leben plötzlich zu Ende und Du magst Dich fragen:

> »War es das nun?
> War das alles, was das Leben für mich bereitgehalten hat?«

Keine Angst, Du wirst Deine Chance in einem nächsten Leben erneut bekommen. Du kannst Dich in einer anderen Zeit und in einem anderen Leben erneut entscheiden. Und vielleicht kapierst Du dann endlich den tieferen Sinn Deines Lebens und entscheidest Dich, im Einklang mit den Gesetzen des Universums zu leben.

### Begreife Dich im Verlauf der Geschichte

Vielleicht hast Du schon einmal etwas über die Goldmacher des Mittelalters gelesen. Sie versuchten Gold herzustellen – und scheiterten daran. Jeder Atomphysiker kann Dir erklären, dass dies in unserer Zeit kein Problem mehr darstellt. Jeder Schüler weiß heute mehr über Chemie als der klügste Mensch im Mittelalter! So verhält es sich mit vielem Wissen, das Dir heute selbstverständlich ist. Ist unsere Gesellschaft deshalb am Ende der Fahnenstange angelangt? Keineswegs. Was die Strategien zum Erlernen der nonverbalen Kommunikation und die allgemein geltenden

Regeln für ein friedliches Zusammenleben angeht, befinden wir uns, leider, noch immer im finstersten Mittelalter. Wenn ich mir überlege, welche wunderbaren Formen des Zusammenlebens möglich wären, wenn ich die Gedanken jedes meiner vielen Gegenüber kennen würde. Lüge, Neid, Missgunst wären weder nötig noch möglich.

Wenn ich mich in der Welt umsehe, bestärkt mich dies in meinem Wunsch, Menschen mehr *Sensibilität* beizubringen. Ich tue alles in meiner Macht Stehende, den Grundstein dafür zu legen. Dann wird es vielleicht irgendwann selbstverständlich, in der Grundschule zu lernen, die Gedanken Deiner Mitmenschen zu lesen und ein Leben mit ausschließlich positiven Gefühlen zu leben. Eines Tages ...

**Was das für Dich bedeuten kann**
Dies sind einige meiner Erkenntnisse. Dazu kommt eine Haltung der Neugierde zum Leben. Ich glaube alles, was mir andere Menschen erzählen, damit ich zu neuen Verhaltensweisen finde. Ich glaube allerdings keinem Menschen blindlings. Wenn ich nicht selbst die praktische Erfahrung machen kann, die den Erzählungen und Glaubenssätzen anderer Menschen zugrunde liegt, ist kein Postulat für mich von Dauer. Ich habe mich im Leben immer bemüht, alle Erfahrungen, die Licht in das Dunkel der großen Fragen des Lebens bringen können, selbst zu machen.

Mit diesem Buch möchte ich Dich ermuntern, es mir gleichzutun. Wenn Du in einer ruhigen Minute Deine Wünsche ans Universum richtest, wirst Du erstaunt sein, welche abenteuerlichen Entwicklungen Dein Leben nehmen kann – wenn Du dazu bereit bist.

Dann werden wir vielleicht eines Tages bei einer Tasse Tee unsere Erfahrungen austauschen. Du magst vielleicht zu anderen Erkenntnissen über das Leben gekommen sein. Eines jedoch ist sicher: Du wirst Dich keine Minute gelangweilt haben.

Also, worauf wartest Du: Mach Dich auf den Weg!

**NLP wird Dein Leben einfacher machen**

Für viele Menschen haben die drei Buchstaben N, L und P fast etwas Magisches an sich. Und oft schon soll dieses NLP ja als Retter in allerlei Not gedient haben. In diesem Abschnitt habe ich Hinweise darüber gesammelt, wie Du beginnen kannst, NLP nutzbringend auf Dein Leben anzuwenden.

Kürzlich sprach ich mit Rudi, einem guten Bekannten. Er beklagte sich über seine neue Freundin: »Chris, die hat Hummeln im Hintern! Keine Minute kann sie still sitzen und immer sucht sie sich was zu tun. Die trägt mir noch die ganze Ruhe aus dem Haus!« Interessanterweise kam das Gespräch mit Gerda, seiner Freundin, ein paar Tage später auf das gleiche Thema. Bei ihr lautete die Zusammenfassung so: »So lieb der Rudi auch ist, er ist einfach ein Lahmarsch! Immer sitzt er nur rum und will nix machen. Na ja, wenigstens im Bett klappt es ganz gut!« Schon sind wir mitten im Modell von NLP gelandet.

**Was ist NLP?**
Zwar sind meine Botschaften, Ratschläge und Tipps in diesem Buch auch ohne eine tiefer gehende Beschäftigung mit dem Neuro Linguistic Programming möglich. Vielleicht

fragst Du Dich jedoch, was manche der verwendeten Fachworte bedeuten mögen. Nimm die folgenden kurzen Erläuterungen als eine Art von Brille, durch die Du meine Ratschläge betrachten kannst. Alle verweneten Fachworte habe ich ausführlich im Glossar erklärt. Dazu findest Du hinter jedem Fachwort einen kleinen Pfeil↗. Wenn Du ihn hinter einem Wort findest, kannst Du im Glossar am Ende des Buches nachschlagen und findest die Erklärung dazu.

**NLP-Definition**

*NLP ist ein Sprach- und Kommunikationsmodell* mit Ansätzen aus der Psychologie, der Hypnose und den Sprachwissenschaften. Diese Definition klingt für viele Menschen nicht wissenschaftlich, sie ist es auch nicht. NLP ist weder eine Wissenschaft noch eine Sekte. NLP ist eine Sammlung nützlicher Tipps und Tricks aus der Schatzkiste der Neurowissenschaften, der kognitiven Psychologie, der Hypnotherapie, des gesunden Menschenverstandes und einigem mehr.

Das Modell von NLP entstand in den 70er-Jahren des 20. Jahrhunderts aus dem Bedürfnis heraus, Psychotherapeuten festgelegte Verfahrensanweisungen zu liefern, die ihren Erfolg in der Therapie gewährleisten sollten. Sehr früh jedoch erkannte man, dass sich die Ansätze aus diesem Modell mit seinen Glaubenssätzen, Techniken und Formaten auch sehr erfolgreich in anderen Bereichen anwenden ließen.

Für mich ist NLP hauptsächlich ein sehr wirksames Werkzeug. Mit seiner Anwendung gebe ich Dir Hilfestellung bei Deiner persönlichen Entwicklung, hin zu einem selbstbestimmten und glücklichen Leben.

### Die hilfreichen NLP-Grundannahmen

*Man nennt sie die »Zehn Gebote des NLP« oder auch »NLP-Axiome«.* Und sie stellen das Fundament des Modells dar. Ich garantiere Dir, wenn Du die NLP-Grundannahmen beherzigst, kommst Du weder in den Himmel noch wirst Du heiliggesprochen. Das Nachdenken über die Grundannahmen und ihre Integration in Dein Leben kann Dir dabei helfen, wertvolle Einsichten über Dich zu gewinnen und die alltägliche Kommunikation einfacher und effektiver zu gestalten. Hier sind sie:

#1: **Die Bedeutung Deiner Kommunikation liegt in der Reaktion, die Du erhältst.**

#2: **Ändere den Prozess Deiner Wahrnehmung, nicht den Inhalt.**

#3: **Alle Mittel für Deine Veränderungen sind bereits in Dir vorhanden.**

#4: **Deine Landkarte ist nicht die Landschaft.**

#5: **Dein positiver Wert als Mensch bleibt konstant.**

#6: **Es gibt eine positive Absicht hinter jedem Verhalten.**

#7: **Es gibt einen Kontext, in dem jedes Verhalten nützlich ist.**

#8: **Alle Ergebnisse Deiner Veränderung sind etwas, das Du erreicht hast.**

#9: **Alle Unterscheidungen in Bezug auf Dein Verhalten sind durch die fünf Sinneskanäle darstellbar.**

#10: **Wenn das, was Du tust, nicht funktioniert, tue etwas anderes.**

**Welchen Nutzen bringt Dir eine Beschäftigung mit NLP?**
Eine wichtige Grundannahme ist die Nummero vier:
*»Deine Landkarte ist nicht die Landschaft.«*

Der Satz bedeutet, dass Deine Wahrnehmung einer Situation NICHT die Situation selber darstellt. Wie das Beispiel auf der vorigen Seite mit Rudi und Gerda gut illustriert: zwei Menschen, zwei verschiedene Wahrnehmungen der gleichen Situation.

Wir könnten nun trefflich darüber streiten, wer von beiden recht hat. Wichtig ist, dass jeder der Beteiligten von der Wahrheit seiner Aussage überzeugt ist. Das führt zu vielen Missverständnissen und in der Folge wird bei ähnlichen Situationen viel gestritten. Mit den Mitteln von NLP, dem Heranziehen der Grundannahmen sowie einigen Übungen kannst Du den verschiedenen Sichtweisen von Rudi und Gerda auf den Grund gehen und ich werde Dir zeigen, wie sie ihr Problem ein für alle Mal lösen können.

Wichtig ist mir, dass Du auch mit meinen angebotenen Übungen experimentierst. Damit lernst Du am schnellsten. Letztlich wird Dir Dein zunehmendes Wissen über die Anwendung von NLP dazu dienen, so etwas wie eine Gebrauchsanweisung für Dein Gehirn zu entwickeln. Mit dem, was Du in diesem Buch erfährst, wird sich Dein Leben zwangsläufig verändern. Das geschieht ganz ohne Manipulation – einfach nur durch das Wissen, das Du Dir aneignest.

Ein Beispiel gefällig? Stelle Dir vor, ich würde Dir beweisen, dass schlechte Gefühle allesamt ihren Ursprung in Dir haben. Nicht bei Deinem Partner, der wieder einmal etwas Falsches gesagt hat, nicht bei Deiner angeblich so karrieregeilen Kollegin.

### Erfahrungen sammeln und anwenden

Nach einiger Zeit der Beschäftigung mit dem Modell von NLP werden die wichtigen Erkenntnisse und Techniken von der bewussten Anwendung Deines Wissens zu unbewusstem Wissen geworden sein. Die NLP-Anwendungen werden Teil Deines Lebens geworden sein und Deine tägliche Entscheidungsfindung positiv beeinflussen.

Wahrscheinlich lässt Du dann Deine Mitmenschen mehr sein, wie sie sind. Du kümmerst Dich lieber um Deine eigenen, möglichst guten Gefühle. Das wird oft nur gegen den Widerstand Deiner Umgebung gehen. Immer nur gute Gefühle – das macht viele Deiner Mitmenschen misstrauisch.

Schon bald wirst Du feststellen: Sich mit dem Modell von NLP zu beschäftigen ist nicht nur spannend und nützlich, sondern macht auch eine Menge Spaß. Dabei steht nicht die Manipulation anderer Menschen im Vordergrund, sondern vielmehr eine Menge an positiven persönlichen Erfahrungen und die Justierung eigener Einstellungen, die Dein Leben verändern.

### Ja, wir leben in tollen Zeiten

*Nicht alles ist so schlecht, wie Du oft glauben magst.* »Früher war alles viel besser!« Vor ein paar Tagen hörte ich zwei achtjährige Jungs auf dem Spielplatz diesen Satz zueinander sagen. Vielleicht ist es Dir im Alltagstrubel nicht aufgefallen, aber nach meiner Ansicht lebst Du in der *besten* aller bisherigen Zeiten. Einen kleinen Überblick der vielen Vorteile unserer Gegenwart präsentiere ich Dir in diesem Kapitel. Vielleicht inspiriert er Dich, das Leben noch mehr von der positiven Seite her zu betrachten.

**TOLL 1: DEIN LANGES LEBEN**

Hättest Du als Jäger in der Steinzeit gelebt, würde Deine durchschnittliche Lebenserwartung etwa 30 Jahre betragen haben. Selbst um das Jahr 1800 lag die durchschnittliche Lebenserwartung erst etwa fünf Jahre höher, nämlich bei 35 Jahren. Die Säuglings- und Jugendsterblichkeit war hoch. Mehr als die Hälfte aller jungen Menschen erreichte das Erwachsenenalter nicht.

Nimm dagegen das Jahr 2010, aus dem wir die aktuellsten gesicherten Zahlen für Deutschland besitzen: Die durchschnittliche Lebenserwartung lag bei über 75 Jahren! Das ist doch ein guter Ausgangspunkt. Und wichtiger: Es gibt Erkenntnisse, wie Du diese Lebenserwartung erreichen oder noch steigern kannst. Willst Du die großen Geheimnisse erfahren? Lies weiter!

Einer der wichtigsten Einflussfaktoren für ein langes Leben ist Deine Beziehung. Lebe in einer harmonischen und glücklichen, auf gegenseitige Angebote ausgerichteten, emanzipierten Liebesbeziehung. Das ist der wichtigste Faktor für Dein langes und glückliches Leben. Gewöhne Dir das Rauchen ab – oder erst gar nicht an. Nimm ab – oder erst gar nicht zu, indem Du moderat und fettarm isst. Bewege Dich mehr – oder fang erst gar nicht mit der körperlichen Faulheit an. Halte Deinen Körper und Deinen Geist flexibel. Ja, das weiß doch jedes Kind. Es wäre tatsächlich so einfach …

Wenn Du Dir nach der Erkenntnis der obigen Zeilen ein LANGFRISTIGES persönliches Programm für Dein langes Leben zurechtgelegt hast, kannst Du Dir die Frage stellen, was Du mit diesem langen Leben anfangen willst.

**TOLL 2: DAS WISSEN DER WELT**

Es ist für Dich in der heutigen Zeit ohne Weiteres möglich, auf das Wissen und die Erfahrung vergangener Zeiten in einem Maße zuzugreifen, wie es noch vor wenigen Jahrzehnten nicht einmal vorstellbar war. Ein paar Beispiele gefällig?

Du kannst Dich ständig weiterbilden oder ein Bewusstsein dafür entwickeln, was gerade in der Welt passiert. Wie? Du kannst alle großen Zeitungen der Welt in jedem Augenblick auf Deinen Tisch bekommen. Meist in Englisch. Das sprichst Du nicht? Das Internet hält Tausende von Lehrfilmen bereit, um Dich in diese weltweit genutzte Sprache einzuführen oder sie zu verbessern. Die großen Universitäten vieler Länder haben eine Vielzahl ihrer Kurse und Seminare frei zugänglich ins Internet gestellt. Kunstgeschichte, Musik, Technik, Mathematik ... alles, WOFÜR DU DICH INTERESSIERST, ist für Dich nutzbar. Soll ich weitermachen?

Fast alle großen Museen haben ihre wichtigen Werke als hochauflösende Digitalaufnahmen im Internet bereitgestellt. Wenn Du willst, kannst Du Dir die Mona Lisa so genau ansehen, dass Du jeden Schwundriss im Craquelé (siehe Wikipedia: Craquelé) oder die feinen Details der einzelnen Pinselstriche bemerkst. Velázquez, van Gogh, die Decke der Sixtinischen Kapelle – alles steht auf einen Klick bereit. Nicht nur die Werke, sondern ausführliche Erklärungen über Maltechnik, Ikonographie, Inhalt und Bedeutung der Werke. Und hier hört es längst nicht auf.

Mit Deinem Mobiltelefon oder einem ganz normalen Computer kannst Du Dir ganze Bibliotheken urheberrechtsfreier deutschsprachiger Bücher aus dem Internet herunterladen. Das ist fast die gesamte deutsche Literaturgeschichte, bis weit in den Anfang des 20. Jahrhunderts hinein. Meinen Goethe, den oft zitierten Büchner und viele andere lese ich in freien Minuten erneut, mit viel Interesse und Spaß an der Sache – und natürlich auch mit frischem Blick.

Sollte Dir das nicht reichen, stellt Dir das Buchportal von Google weitere 40 000 000 Bücher (in Worten: vierzig Millionen!) zur Verfügung. So viel fasst keine reale Bibliothek unserer Zeit. In der Deutschen Bibliothek in Berlin stehen etwa 24 Millionen Publikationen bereit. Apropos Publikationen: Noch am Anfang des 19. Jahrhunderts – also zu Goethes Zeiten – dauerte es oft Jahre, bis es über Veröffentlichungen von kritischen Artikeln zu einer Rückmeldung, Diskussion und Auseinandersetzung über ein Thema kam. Das ging im 20. Jahrhundert auch nicht wesentlich schneller. Und heute?

Wissenschaftliche Artikel sind sofort nach ihrer Veröffentlichung im Internet einem großen Kreis von Wissenschaftlern nützlich. Auch die lesende Zielgruppe hat sich vergrößert. Mein kikidan-Newsletter erreicht wöchentlich mehr als 20 000 Leser. Goethe war zufrieden, wenn er bei der Veröffentlichung eines neuen Werkes 1000 Exemplare verkaufte. Das sagt nichts über die Qualität aus, jedoch viel über eine treffsichere Erreichbarkeit.

**TOLL 3: DIE WELT IST KLEIN GEWORDEN**

Der Maler Emil Nolde und seine Frau Ada packten am 1. Oktober 1913 ihre Koffer und reisten mit dem Zug über Warschau nach Moskau. Danach weiter mit der Transsibirischen Eisenbahn über den Ural und Sibirien in die Mandschurei. Und weiter über Shenyang und Seoul nach Busan, von wo aus sie eine Fähre nach Fukuoka in Japan nahmen und dann per Eisenbahn nach Osaka weiterreisten. Die Reise dauerte etwas über einen Monat und kostete, auf die heutige Kaufkraft umgerechnet, etwa 7000 Euro pro Person.

Wenn ich morgen reisen wollte, steht mir eine ähnliche Strecke über Moskau und Peking zur Verfügung, allerdings per Flugzeug. Die Reise würde etwas über 18 Stunden dauern und in der billigsten Variante circa 500 Euro kosten. Es ist deshalb kein Wunder, dass sich heutzutage 18-jährige »Abenteurer« nach dem Bestehen ihrer Abiturprüfung mit gespartem Taschengeld und genügend Sponsoring ihrer Eltern auf den Weg machen und für eine Zeit lang die Welt erkunden.

Familienurlaube in Thailand, Amerika, Afrika oder sonst wo auf der Welt zählen zur Normalität. Du brauchst nur einmal am Ferienbeginn den nächsten Flughafen zu besuchen. Du hast heute die einfache Möglichkeit, große Strecken schnell zu überwinden. Auch dies ist ein Ausdruck dafür, dass die Welt für Dich kleiner geworden ist.

Eine E-Mail versendest Du heute ohne große Gedanken rund um die Welt und erwartest ein paar Minuten später die Antwort. Telefonieren mit der dazugehörigen Bildinformation über Facetime, Zoom oder andere Anbieter ist zu einem kostenlosen, weltumspannenden Vergnügen geworden.

### Angebote gibt es genug

Vielleicht ist es mir gelungen, Dir etwas von dem Optimismus zu vermitteln, der mich befällt, wenn ich darüber nachdenke, was mein Leben gerade so positiv macht. Ein großer Nachteil ist es für die meisten Menschen allerdings, dass diese wunderbaren Angebote eben genau dies sind: ANGEBOTE. Du wirst tatsächlich entscheiden müssen, wie Du Deine freie Zeit nutzt. Willst Du eine Stunde sinnlos bei Facebook daddeln oder Dich mit einem guten Buch aus vergangenen Zeiten beschäftigen?

Du musst auch entscheiden, ob Dir ein Selfie mit Freundin vor der Mona Lisa ausreicht oder ob Du Dich wirklich einmal mit der Kunst des Sfumato und dem Leben Leonardo da Vincis beschäftigen willst. Wenn Du nicht weißt, was oder wer hinter beiden Namen steckt, musst Du entscheiden, ob Du Dich darüber informieren willst. Die Angebote sind reichlich vorhanden. Wieso entscheiden sich trotzdem die weitaus meisten Menschen lieber für gedankenlosen Konsum als für ein selbstbestimmtes Handeln?

### Gibt es eigentlich genug für alle?

*Das bringt mich gleich zum nächsten Thema.* Schlag nur einmal die Zeitung auf und lies ein paar Überschriften. Schon geht es los: *»Dürrekatastrophe: nicht genug Wasser«* – *»Überbevölkerung: nicht genug Platz«* – *»Armut in der Gesellschaft: nicht genug Geld«*. Einer meiner Freunde beklagte sich bei mir, nachdem er seinen Job gewechselt hatte, über seine 4800 Euro Nettoverdienst. »Wie soll ich davon nur leben?« Bemerkst Du schon, worauf ich hinauswill?

Niemand liest offensichtlich gerne Nachrichten darüber, wie gut es uns gerade geht. Niemand macht sich gerne Gedanken darüber, was alles funktioniert und wie viel wir tatsächlich »haben«. So verwundert es nicht, dass Du schon von klein auf zum Nachdenken über all das angeleitet wirst, was Du NICHT hast. Diese Haltung bestimmt große Teile der Gesellschaft – und wahrscheinlich bestimmt sie auch Dich. Deshalb ist es an der Zeit, Dir über das Thema »Mangel« Gedanken zu machen. Allerdings komme ich von der anderen Seite.

**Opfer Deiner Programmierung**
Ich formuliere als Frage:
*Gibt es genug für alle auf dieser Welt?*

Das ist eine nicht ganz einfach zu beantwortende Frage, wenn Du in den Denkkategorien bleibst, die Dir mit Deiner Erziehung, in den Medien und der allgemein herrschenden Ansicht präsentiert werden. Die Medien zeichnen mit dem Fokus auf Hungersnöte, Kriege, Staatspleiten und Katastrophen kein sehr positives Bild von unserer Zeit. Ich formuliere die Frage deshalb etwas ausführlicher:

- Darf ich mich im relativen Luxus, in dem ich lebe, wohlfühlen und ihn genießen?
- Darf ich ungestraft gute Gefühle haben? Vielleicht nehme ich ja jemand anderem ein gutes Gefühl weg, das er möglicherweise dringend bräuchte?

Solche Fragen erscheinen Dir vielleicht unnötig, sind jedoch für viele Menschen von Bedeutung. Gerade die letzte Frage höre ich oft. Sie wird mir in Workshops gestellt, wenn ich Techniken vermittle, langfristig gute Gefühle zu haben. Natürlich gibt es begrenzte Ressourcen auf der Welt. Wie kämen sonst die Preise für Rohstoffe und Edelmetalle zustande?

Auf diesen Seiten thematisiere ich allerdings immaterielle Güter: Glück, Erfolg, Zufriedenheit. Ich glaube fest daran, dass es von diesen Gütern für Dich und für jeden Menschen auf dieser Erde so viel gibt, dass es für alle reicht. Und dass dann noch so viel davon übrig ist, dass es für alle Zukunft reichen würde. Du willst ja sicherlich auch für Deine Zukunft mehr als genug Glück und Erfolg haben können.

Dies ist mein fester Glaube und ich habe ihn zum Zentrum meiner Lebensweise gemacht. Leider jedoch glauben das viele Menschen nicht. Zuerst bearbeite ich deshalb die Frage, ob es genug gute Gefühle für alle gibt. Diese Frage begegnet Dir in vielfältigen Verpackungen. Da gibt es zum Beispiel den Kollegen, der seinen »Schatz« an Wissen eifersüchtig hütet. Er macht aus seinem vagen Halbwissen Geheimnisse, als gäbe es nicht genug Wissen für alle. Da gibt es den Teilnehmer an einem Workshop, der den überreichen Schatz an guten Gefühlen, mit denen wir vom ersten Tag an experimentieren, ganz alleine und nur für sich haben will. Da gibt es den aufgebrachten Teilnehmer, der während eines Workshops zu mir kommt und sich beklagt, ein Teilnehmer hätte ihm sein gutes Gefühl genommen und ihm dafür schlechte Gefühle eingepflanzt ...

Schleichender Egoismus und Unwillen zum Teilen – Du merkst schon, die Liste kannst Du beliebig lang gestalten. Allen Beispielen jedoch liegt eine Haltung zugrunde: Es gibt nicht genug für MICH. Das Modell von NLP bietet Dir einen hervorragenden Ansatz, mit diesem Thema umzugehen:

Es ist der *»Was-wäre-wenn ...?«-Rahmen*↗.

Was wäre zum Beispiel, wenn es ...

- ... genug gute Gefühle für alle auf dieser Welt gäbe?
- ... deshalb so viele gute Gefühle nur für Dich gäbe, dass Du glatt zerplatzen würdest, wärest Du ihnen plötzlich gleichzeitig ausgesetzt?
- ... nötig wäre, die überschüssigen guten Gefühle an andere Menschen weiterzugeben, gerade weil Du so viele davon hast?
- ... als direkte und indirekte Folge auch genug Energie, Essen, Liebe, Freude, Geld und was nicht noch alles gäbe?

Was wäre, wenn Du nur eine Strategie finden müsstest, wie Du diesen Überreichtum für Dich nutzbar machen kannst? Dann läge es wieder einmal an Dir. Denn dann hast Du bereits begonnen, den *generativen Ansatz* Deines Lebens zu verstehen. Dann ist es nur noch ein kleiner Schritt zur Korrektur Deiner Sprache. Schließlich spiegelt Deine Sprache auch Deine Welt wider.

Also: Was wird geschehen, wenn Du den Konjunktiv, die *Möglichkeits*form, mit seinen »wäre«, »hätte«, »würde«, in die *aktive* Form des »ist«, »habe«, »werde«, überführst?

Dieser generative Ansatz wird eine wichtige Grundlage in Deinem Leben werden. Du kannst Dich zu dieser Lebenseinstellung entscheiden und damit bereits den Bereich der Anwendung einer simplen NLP-Technik verlassen.

### Der generative Ansatz zusammengefasst

Ich fasse nochmals die Erkenntnisse der letzten Seiten zusammen. Ich rate Dir, sie als Glaubenssätze in Dein Leben zu übernehmen. Also: Es gibt genug von allem auf der Welt. Weil es genug von allem gibt, kannst Du Dich entscheiden, mehr von dem zu tun, was Dir im Alltag gute Gefühle macht, und weniger von dem, was Dir schlechte Gefühle macht. Du kannst glauben, hier auf Erden Dein Leben zu leben, um diesen Ansatz zu verwirklichen und ihn zum Wohle für Dich und Deine Mitmenschen in allen Lebensbereichen umzusetzen.

Dabei hilft Dir auch NLP: Lerne die Tehnik des *Future Pace*↗. Darin versetzt Du Dich oder Dein Gegenüber in eine Situation in der Zukunft und kannst *assoziiert*↗ neues Verhalten üben. Sei großzügig mit Dir und Deinen Mitmenschen. Du kannst geben, so viel und solange Du willst. Du hast unerschöpfliche Ressourcen.

Ein weiterer Rat: Stelle Dir vor, Deine guten Gefühle wären sehr ansteckend. Beginne gleich damit, jeden Menschen mit Deiner positiven Energie zu bestrahlen. Jedem Menschen, dem Du begegnest, kannst Du ein klein wenig bessere oder sogar viel bessere Gefühle machen. Experimentiere mit Neugierde, Spaß und vielen unterschiedlichen guten Gefühlen! Ehrliche Komplimente sind ein hervorragender Anfang.

Dies bringt mich an den Anfang des Abschnitts zurück. In allen Jahrhunderten gab es Menschen, die nicht bereit waren, in hergebrachten Denkmustern zu denken. Sie waren Rebellen der jeweiligen Gesellschaft. Aus diesen Menschen haben sich schon immer jene rekrutiert, die weltverändernde Lösungen gefunden haben, während andere in ihrem Mangel feststecken. Du kannst Dich nun entscheiden: Willst Du zu jenen gehören, die glauben, immer zu wenig zu haben? Oder willst Du mit Deiner neuen Haltung an spektakulären Lösungen des »Genug für alle« arbeiten?

## Was Du im Leben wirklich brauchst

*In diesem Abschnitt präsentiere ich Dir eine kleine Reflexion über das Wichtige im Leben.* In jedem Jahr findet sich eine kleine Gruppe an Menschen zusammen, die für eine längere Zeit intensiv an der Entwicklung ihrer Persönlichkeit arbeiten wollen. Mit meinen »Trainern« unternehme ich abenteuerliche Reisen in alle Welt. Mit einigen dieser Trainer besuchten wir vor nicht allzu langer Zeit in Thailand Felsenhöhlen, die den frühen buddhistischen Einsiedlern als Unterkunft dienten. Als Nachtlager musste der blanke Fels herhalten. Felsige Überhänge schützten vor Regen und die nötige Nahrung spendeten die Bewohner der nahe liegenden Dörfer oder der nahe gelegene Urwald.

Bei der Weiterreise ergab sich eine fruchtbare Diskussion über das, was »man« wirklich im Leben braucht. Ich finde, Du verbringst Deine Tage mit so vielen unreflektierten Ansprüchen an Dich und an Deine Umgebung. Was hast Du im Leben nicht schon alles gebraucht? Und wie oft warst Du enttäuscht, als Deine Wünsche nicht in Erfüllung gingen? Ich glaube, es ist an der Zeit, grundsätzlich darüber nachzudenken, was Du WIRKLICH brauchst im Leben.

Du möchtest Dir also Deine Wünsche erfüllen. Folge mir dazu auf einen kleinen Umweg. Selbst wenn Du heute das Essen und Trinken auslässt, selbst wenn Du nicht schläfst, wird morgen die Sonne am Horizont aufgehen. Und wieder wird nur ein Bruchteil Deiner Wünsche erfüllt sein. Und das gilt für übermorgen und auch für den Tag danach. Wahrscheinlich wird die Sonne wieder am Horizont erscheinen, wenn Du schon längst nicht mehr lebst, und wahrscheinlich werden die meisten Deiner Wünsche auch dann nicht erfüllt worden sein.

Ich ziehe aus dieser Erkenntnis eine große Beruhigung. Wenn es wieder einmal wild durcheinandergeht in meinem Leben, weiß ich mit Sicherheit, dass dieses große Kontinuum existiert.

**Ein Besuch im Schlaraffenland**
Im Angesicht der buddhistischen Felsenwohnungen stellte ich zur Diskussion, wie frei Du sein könntest, wenn es Dir gelänge, Deine Ansprüche auf ein Minimum zu reduzieren. Du kannst an den Felsen relativ einfach die drei ersten Ebenen der *Maslowschen Bedürfnispyramide*[7] befriedigen: Nahrung, Kleidung und Wohnung. Zumindest könntest Du das an diesem besonderen Ort. Dort herrscht eine beständige Temperatur von über 30 °C. Ein Tuch, um Deine Blöße zu bedecken, ist alles, was Du an Kleidung brauchst. Wenn Du eine gute Geschichte erzählen kannst, wird Dir dafür sicher jemand ein solches Tuch überlassen.

Gehe in den Urwald und komme nach einer Stunde mit genügend Früchten zurück, um für den Tag satt sein zu können. Du wirst also nie Hunger leiden müssen. Es wächst immer genug auf den Bäumen, um mehr als einen Menschen täglich satt zu machen. Wenn Du dreimal täglich essen willst, hast Du deinen Bedarf mit einer Stunde Aufwand gedeckt.

In Thailand habe ich die Erfahrung gemacht, dass ich mich in kurzer Zeit daran gewöhnen kann, auf hartem Boden zu schlafen. Nach ein paar Tagen der Gewöhnung ist es ganz leicht, erholsamen Schlaf zu finden. Wenn die Regenzeit kommt, kann es sein, dass Dein Lager nass wird. Die

Mönche haben deshalb Abflussrinnen und Tropfkanten in den Fels gegraben. Sie blieben so auch während der nassen Jahreszeit im Trockenen.

Nehmen wir also einmal an, Du hättest Dich entschlossen, mit dieser maximalen Freiheit und Anspruchslosigkeit zu leben. Dann hättest Du jetzt alles, was Du zum Leben brauchst. Ein bis zwei Stunden Aufwand pro Tag – und Du kannst tun und lassen, was Du willst. Auch nach einer gehörigen Portion Schlaf von vielleicht acht Stunden, bleiben Dir noch 14 Stunden maximaler Freiheit, die Du mit Sinn und Inhalt füllen könntest.

**Was tust Du, wenn Du diese Freiheit hast?**
Und, was würdest Du nun tun? Was wäre, wenn Du in Deinem Leben diesen Freiheitsgrad erreicht hättest? Alles, was Du jetzt denkst oder sagst, wird vermutlich mit den Ansprüchen der Jetztzeit und mit den damit verbundenen Möglichkeiten zu tun haben. Also: Was würdest Du tun?

In den sozialen Medien existiert der Begriff der »Bucketlist«. Das ist eine Liste an Erlebnissen, die Du im Leben einmal machen willst. Das wird Dich für eine Weile beschäftigen. Und wie ist es mit dem, was Du besitzen willst? In der buddhistischen Lehre spielt Besitz eine untergeordnete Rolle. Und selbstverständlich kannst Du Dich fragen, ob all das, was Du Deinen Besitz nennst, nicht eigentlich DICH besitzt. Für unsere von Besitz geprägte Zeit ist es sicher eine gute Idee, zu einer Haltung zu finden, die es Dir erlaubt, Deinen Besitz genießen zu können. Diesen Genuss *ohne* Abhängigkeit kannst Du zu einer Deiner guten Eigenschaften machen, Abhängigkeit von Deinen Besitztümern zu einer schlechten.

Vielleicht willst Du in einer ruhigen Minute auch darüber nachdenken, ob und wie die vielen ANSPRÜCHE, die Du an Dich, an Deine Umgebung und an Dein Leben stellst, tatsächlich dazu beitragen, Dich glücklich zu machen. Du kannst davon ausgehen, dass es eine Menge Menschen gibt, die ein direktes Interesse daran haben, dass Du möglichst materiell und mit vielen Besitzansprüchen lebst. Deshalb wird Konsum und Besitz in unserer Gesellschaft als positiv dargestellt. Ein selbstbestimmtes Leben setzt die Interessen anderer Menschen an Deinem Konsum in ein vernünftiges Verhältnis zu dem, was Du wirklich brauchst.

**Das gute Verhältnis zum eigenen Anspruch**
Betrachte einmal all die Gegenstände, die Dich umgeben und die Du besitzt. Betrachte sie mit der Haltung, sie plötzlich *nicht* mehr zu haben. Was davon kannst Du einfach loslassen, was fällt Dir schwer, loszulassen, und worauf willst Du unter keinen Umständen verzichten? Würde Dich der Verlust aller Gegenstände in Deinem Leben zu einem anderen Menschen machen?

Und wie verhält es sich mit Deinen geistigen Besitztümern? Ich meine damit die Ansprüche an Dich und Deine Umgebung. Wenn Du in einer ruhigen Minute einmal Deine Ansprüche überprüfst, wirst Du herausfinden, wie viele davon unnötig oder sogar hinderlich sind.

Ich behaupte: Ohne diese Ansprüche würde Dein Leben ziemlich einfach werden. Dann würdest Du allerdings auch darüber nachdenken müssen, was Du mit all der gewonnenen Freiheit anfangen willst. Und wenn Du noch ein paar Minuten länger nachdenkst, wird Dir dämmern, dass

Du gar keine Felsenwohnung brauchst, um zu einem einfachen Leben zu gelangen.

*Die Freiheit, die Du suchst, sie findet nämlich in Deinem Kopf statt ...*

### Veränderung ist ... und bleibt

*Wozu ist Veränderung gut?* Mal angenommen, ich verspräche Dir, dass Dein Leben in Zukunft selbstbestimmt verlaufen wird: Ist es auch das, was DU willst?

Für viele Menschen ist Selbstbestimmung eine Last. Sie lassen sich durchs Leben treiben und treffen ihre Entscheidungen so, wie sie sich eben als notwendig gerade präsentieren. Den Weg des geringen Widerstandes zu gehen, daran ist erst einmal nichts Falsches und ich will diese Einstellung auch nicht als gut oder schlecht bewerten. Ich sage Dir jedoch voraus, dass Du Dir irgendwann einmal die große Frage stellen wirst: »Was will ich vom Leben?«

Willst Du dann erkennen müsssen, dass Du Dich bis dahin durch Dein Leben treiben hast lassen? Oder willst Du Dein Leben aktiv gestalten und verändern?

Es scheint die Tendenz des Lebewesens Mensch zu sein, sich unaufwendig und mit möglichst wenig Veränderung sicher durchs Leben zu bewegen. Diese Tendenz findest Du auch in Deinem Leben wieder. Jede Form von Versicherung beispielsweise ist eine Art von Ablasszahlung zur Vermeidung des Unvermeidlichen: von Veränderung und dem Eintreten unvorhersehbarer Ereignisse. Veränderung halte ich für einen Bestandteil des Lebens und ja, in meinen Glaubenssätzen markiere ich die Fähigkeit zur Veränderung als eine gute Eigenschaft. Auch die alten Griechen erkannten die Bedeutung der Veränderung.

*»Nichts ist beständiger als der Wandel!«*

Diese Erkenntnis notierte der griechische Dichter Heraklit bereits im fünften Jahrhundert vor unserer Zeitrechnung. Und er war bestimmt nicht der Erste, der dies erkannte. Im Modell von NLP wird der Wandel thematisiert – in Form von *Flexibilität*⁊, der idealen Haltung zum Thema Veränderung. Zwischen den Zeilen aller NLP-Grundannahmen kannst Du einen wichtigen Satz lesen:

*Das Individuum mit der größten Flexibilität in seinem Verhalten dominiert die jeweilige Situation.*

**Bequem versus Veränderung**
Deine Haltung zu Veränderung wird von zwei gegenläufigen Faktoren bestimmt:

1. Der Notwendigkeit, Dich zu verändern
2. Deiner Unwilligkeit, Dich zu verändern

*Ohne Veränderung kein Leben.* – Das müsste das logische Ergebnis Deines Denkprozesses sein, wenn Du über das Thema »Veränderung« nachdenkst. Wie kommt es aber, dass Du diesen Grundsatz so häufig nicht achtest und Unwilligkeit und Bequemlichkeit das Ruder übernehmen? Liegt das wirklich nur an Deiner mangelnden Selbstdisziplin?

Ein Ansatz für eine schlüssige Erklärung findet sich in Deinem Reptiliengehirn, in der Medulla oblongata. Dort finden sich die wichtigsten Überlebensprogramme aus der Frühzeit der Entwicklung des Homo sapiens. Alle Prozesse, die dort verarbeitet werden, sind fest verdrahtet und finden auf der reflexiven, *subbewussten* Ebene statt. Dort laufen Programme ab, die Du bewusst nicht beeinflussen kannst. Die Steuerung Deiner Organe, die Verdauung und auch der Fortpflanzungstrieb haben dort ihren Ursprung. Sicherlich kennst Du den Zustand, wenn Dein Gehirn wieder einmal zwischen Deine beiden großen Zehen rutscht und all Dein Denken nur noch ein Ziel hat: Fi…en.

**Eine gute Ausrede für Dich**
Auch Deine Fähigkeit, aus wenigen, gleichartigen Erlebnissen eine Tendenz zu generalisieren, stammt aus diesen Regionen. Diese Fähigkeit ist gut für Dich, wenn Du nicht jedes Mal prüfen willst, ob bei einem Schritt vorwärts der Boden trägt. Sie ist schlecht für Dich, wenn Du nach zwei erfolglosen Bewerbungsgesprächen auf die zwanzig nächsten schließt.

So verhält es sich auch mit der Veränderung. Möglichst wenig Veränderung in Dein Leben zu lassen ist so lange gut, wie das, was Du tust, dazu führt, dass Du am Leben bleibst. Statistisch gesehen ist das, was Du bereits überlebt hast, gut geeignet für ein weiterhin erfolgreiches Überleben. Das hat Dein Reptiliengehirn gelernt, klammert Deinen freien Willen aus und nimmt keine Rücksicht darauf, ob sich das Resultat gut oder schlecht anfühlt.

Daher kommt es, dass Menschen, die an Depression leiden, trotzdem Handlungen wiederholen, die ihre Depression verstärken. Sie führen Programme aus dem Reptiliengehirn aus, die es ihnen schwer machen, neues Verhalten anzunehmen und umzusetzen.

In jedem von uns steckt im Prinzip ein fauler Mensch. Nichts zu einer positiven Veränderung Deines Lebens beitragen ist einfach. Eine gute Ausrede ist schnell zur Hand. Aus dem Bett zu springen und Deinen Tageslauf beginnen? Nur ein Viertelstündchen! Bei Übergewicht weniger essen? Aber wenn's mir doch so gut schmeckt! Die eigene Trägheit mit Fitness überwinden? Kann ich auch morgen noch tun!

Wahrscheinlich kennst Du viele solcher Ausreden. Sie fallen Dir ja über den Tag hinweg in Mengen ein. Eine sehr häufige:

*»Nur noch dieses eine Mal!«*

Das ist eine der häufigen Ausreden, aus denen sich Drogensucht speist.

**Veränderung ist gut, aber ...**
Ich fasse zusammen: Veränderung ist gut. Das kannst Du als Lebensprinzip annehmen. Du bist jedoch auf der tiefsten Ebene Deines Verhaltens darauf programmiert, so wenig wie möglich Neues zu tun. »Keine Experimente!«, sagt Dein Reptiliengehirn. Du schaffst Dir deshalb für Deine Bequemlichkeit jede Menge Ausreden. Das hilft Dir im Alltag leider nicht weiter. Vor allem, wenn Du Wert auf Entwicklung legst und ein selbstbestimmtes, erfolgreiches Leben führen willst.

Zum Glück gibt es im Modell von NLP eine Menge an Techniken und wunderbaren Tricks, die Deine Tendenz zur Bequemlichkeit erfolgreich unterlaufen. Die Technik des *Ankerns*↗ oder verschiedene, *subbewusste Motivationsstrategien* helfen Dir dabei.

## Wie Deine Realität durch Sprache entsteht

*Kommunikation ist ein Prozess, bei dem ZWEI Seiten Informationen liefern. Beide Seiten erwarten ein bestimmtes Ergebnis aus diesem Prozess. Aus eigener Erfahrung weißt Du bestimmt, dass sich dieser Prozess oft in eine Richtung entwickelt, die mit dem Begriff »missverständliche Kommunikation« viel zu schwach beschrieben ist. Was also tun, Damit Du möglichst viele dieser Missverständnisse in der täglichen Kommunikation aus dem Weg räumst?*

Das kennst Du vermutlich: Wenn jemand Neues ins Team kommt, gibt es häufig zu Beginn oft Missverständnisse in der Kommunikation. Der eine meint, das gesagt zu haben, was er sich dachte, und ist höchst erstaunt, dass die andere etwas völlig anderes verstanden hat.

Ich schlage Dir zu Beginn dieses Abschnitts eine kleine Übung vor:

1. Du brauchst Dich und zwei weitere Mitspieler.
2. Zwei der Mitspieler verlassen kurz den Raum.
3. Der verbliebene Spieler bekommt Stift, Papier und zwei Minuten Zeit und malt ein einfaches Bild.
4. Der Zweite bekommt nach seinem Eintreten dieses Bild zu sehen und hat 30 Sekunden, um es sich so gut wie möglich einzuprägen.
5. Der Dritte wird hereingerufen, bekommt Stift und Papier. Er hat nun fünf Minuten Zeit, ein Bild zu malen, das der Zweite ihm aus dem Gedächtnis beschreibt.
Der Dritte zeichnet das Bild nach den Vorgaben des Zweiten.

Viel Spaß! Ich empfehle Dir, zuerst diese Übung zu machen und dann weiterzulesen. Fertig?

Meist ist das Ergebnis lustig und geprägt von vielen Missverständnissen. Bestimmt kennst Du das Kinderspiel der »Stillen Post«, das auf ganz ähnlichen Prinzipien fußt und sich darauf verlässt, dass Missverständnisse in der Kommunikation auftauchen. Kommunikation funktioniert eben auf mehreren Ebenen. Dazu gibt es ein funktionales Kommunikationsmodell, das die Vorgänge auf einfache Weise erklärt.

Das *»Vier-Seiten-Modell«* von Friedemann Schulz von Thun indentifiziert vier Ebenen der Kommunikation.

1. Auf der SACHEBENE vermittelst Du alle nötigen Fakten und Daten einer Nachricht. Die Kommunikation lässt sich auf bestimmte Hauptwörter reduzieren (*Metamodell im NLP*↗), als Ergebnis auf die Frage: Was genau …?
2. Bei der SELBSTKUNDGABE gibst Du Deine momentane Stimmung, Deine heimlichen und offenen Motive und Deine positiven und negativen Gefühle und Gedanken preis. Obwohl Du es nicht beabsichtigst, bezieht Dein Gegenüber diesen Aspekt der Kommunikation oft auf sich selbst und fühlt sich von Dir persönlich angegriffen.
3. Auf der BEZIEGUNGSSEITE gibst Du über Deine Mimik und Gestik Hinweise. Ein flirtender Augenaufschlag oder ein ernster Blick – so zeigst Du Deinem Gesprächspartner, was Du von ihm hältst. Dies bestimmt, zu einem großen Teil, auch seine Bewertung der Nachricht.
4. Mit jeder Kommunikation willst Du etwas bei Deinem Gegenüber erreichen. Im APPELLASPEKT nimmt Dein

Gegenüber auf dieser Ebene Befehle, Wünsche und Ratschläge wahr und bezieht diese auf sich.

Damit Dein Gegenüber alle Aspekte Deiner Botschaft verstehen kann, muss sein Gehirn das, was er aus Deiner Kommunikation wahrnimmt (Deine Gedanken- und Gefühlswelt), für sich interpretieren. Dabei kommt es oft zu Fehlinterpretationen, die Du jedoch leicht vermeiden kannst.

**Das Vier-Seiten-Modell – Beispiele**
Ein Beispiel beschreibt ein Ehepaar, das gemeinsam im Auto an der Ampel wartet. Die Ampel springt von Gelb auf Grün um. Der Mann fährt nicht sofort los. Seine Frau meldet sich zu Wort und sagt: »Die Ampel ist grün!« Was kann die Bedeutung dieses Satzes sein?

1. SACHEBENE: Die Ampel hat auf Grün umgeschaltet.
2. SELBSTKUNDGABE: Ich bin ungeduldig und möchte, dass Du unsere Zeit nicht unnütz vertust.
3. BEZIEHUNGSHINWEIS: Muss ich mich schon wieder um Dich kümmern? Du benötigst meine Hilfe, wenn ich mit Dir gemeinsam im Auto fahre.
4. APPELL: Trödle nicht – fahr endlich los – gib Gas!

Es gibt noch viele Möglichkeiten der Interpretation. Du hast Dir wahrscheinlich bereits eine eigene zurechtgelegt. Dieser Vorgang ist ein klares Beispiel dafür, wie viele mögliche Aspekte der Interpretation ein ganz normaler Satz haben kann. Ein weiteres Beispiel: Du willst etwas kaufen, und es fehlen Dir 20 Euro. Du bittest einen Freund oder eine Freundin, Dir das Geld zu leihen. Du fragst Deinen Freund: »Kannst Du mir bitte 20 Euro leihen?«

1. SACHEBENE: Kannst Du mir bitte 20 Euro leihen?
2. SELBSTKUNDGABE: Mir fehlen 20 Euro, ich brauche das Geld von Dir.
3. BEZIEHUNGSHINWEIS: Wir sind ja gute Freunde. Deshalb frage ich Dich nach dem Geld. Du bekommst es selbstverständlich zurück.
4. APPELL: Gib mir 20 Euro!

**Das Vier-Seiten-Modell für den Alltag**
1. Beobachte für etwa eine Woche, wie Du mit Deiner Partnerin, Deinem Partner oder Deinen Freunden redest. Nimm die vier Aspekte des Schulz von Thun'schen Modells zu Hilfe.
2. Zeichne mit dem Mobiltelefon ein kurzes Gespräch mit einem Freund auf. Selbstverständlich informierst Du ihn darüber.
3. Zeichne eine Tabelle mit fünf Spalten auf ein Blatt Papier oder nutze fünf Spalten in einer Tabellenkalkulation auf Deinem Computer. Das erste Feld steht für den gesprochenen Satz, die weiteren vier Felder stehen für je eine der oben genannten Kommunikationsebenen.
4. Übertrage das Gespräch in die erste Spalte. Jeder Satz kommt in ein Kästchen. Das Gespräch sollte aus organisatorischen Gründen maximal zwei bis drei Minuten dauern. Analysiere jeden gesprochenen Satz und übertrage ihn in die jeweilige Spalte.
5. Jetzt wird es interessant: Kopiere die Spalte mit den übertragenen Gesprächssätzen in ein neues Dokument

und lasse die vier Spalten für die einzelnen Aspekte des Kommunikationsmodells frei. Bitte Deinen Freund, das gesamte Gespräch auf seine Weise zu bewerten.
6. Setzt Euch zusammen und vergleicht die einzelnen Sätze des Gespräches. Interessant wird es bei den »weichen« Bewertungen des Beziehungsaspektes oder der Selbstkundgabe.

Mit dieser Übung kannst Du feststellen, wie viel *halluzinatorische Interpretation* Du einer Aussage Deines Gegenübers hinzufügst. Im Modell von NLP bemühst Du Dich, erfundene Bewertungen ganz zu vermeiden. Du lernst, auf der Basis Deiner Sinneswahrnehmungen zu arbeiten.

Das Vier-Seiten-Modell war das erste Kommunikationsmodell, mit dem ich gearbeitet habe. Es hat mir geholfen, bevor ich mich mit NLP beschäftigt habe. Ich finde auch heute noch, dass Dir seine Einfachheit und seine klare Struktur helfen können, ein stärkeres Bewusstsein für die Komplexität alltäglicher Kommunikation zu bekommen.

Kommunikation – das, was Du jeden Tag über viele Stunden hinweg automatisch tust – scheint also durchaus ein komplizierter Prozess zu sein. In diesem Dickicht hilft Dir die erste Grundannahme aus dem Modell von NLP:

> **Die Bedeutung Deiner Kommunikation liegt in der Reaktion, die Du erhältst.**

Es kommt NICHT darauf an, was Du sagen willst, sondern darauf, was bei Deinem Gegenüber angekommen ist. Achte nur einmal darauf, wie Du einfache Fragen von anderen beantwortet bekommst. Bekommst Du wirklich Antwort auf das, wonach Du gefragt hast? Oder antwortet Dein Gegenüber einfach irgendetwas?

Oft achtet Dein Gegenüber gar nicht darauf, was Du gefragt hast. Er bleibt in seiner Welt und halluziniert einfach, Du hättest Deine Frage in der Art gestellt, auf die er seine Antwort parat hat. Er gibt einfach die Antwort, die ihm passt. Und natürlich: DIR geht es genauso. Auch Du halluzinierst in die Antwort auf eine Frage oft einfach das hinein, was Du hören wolltest.

Wenn Du aufmerksam auf dieses Phänomen achtest, bekommt Deine Alltagskommunikation plötzlich eine unfreiwillige Komik, die manches Theaterstück blass aussehen lässt.

### Mach es wie die Vögel

Was ist der Ausweg aus diesem Dilemma? Ganz einfach! Die Papageiensprache. Hinter diesem Ausdruck verbirgt sich ein Schritt innerhalb des Kommunikationsprozesses. Den kannst Du beliebig oft wiederholen, bis Du tatsächlich alle Informationen bekommen hast. Die Technik der Papageiensprache brauchst Du nicht zu lernen, Du kennst sie schon. Fasse einfach nach einer Antwort, die Du bekommen hast, Deine Antwort mit der Frage zusammen:

*»Habe ich Dich richtig verstanden, dass …?«*

… und warte auf das Kopfschütteln oder Nicken danach. Wenn Dein Gegenüber nickt und sagt: »Ja genau …!«, hast Du verstanden, was Dein Gegenüber sagen wollte. Spannend finde ich es, wie gut viele Deiner Mitmenschen mit unscharfer Kommunikation und halluzinierten Antworten durchs Leben kommen. Wenn zu einem späteren Zeitpunkt wieder einmal die Sprache auf das Geschehen kommt, haben beide Seiten meist sehr unterschiedliche Erinnerungen an die Situation und an das Gesagte.

Lässt Du bei Gesprächen zu, dass Dein Gesprächspartner Deine Fragen nicht oder nur diffus beantwortet? Mein kleiner Trick hilft Dir in Zukunft, Schwammigkeit in der Sprache zu vertreiben und Deine Kommunikation um mehrere Stufen zu verbessern. Solltest Du beruflich viel mit Reden zu tun haben, wirst Du diese Technik so oft wie möglich anwenden.

**Vier Schritte zu einer positiven Lebenshaltung**

*Realität ist, was Du daraus machst.* Was hast Du letzten Montag um 15:43 Uhr gemacht? Gehst Du so aufmerksam durchs Leben, dass Du Dich noch nach einigen Tagen genau an Ereignisse erinnerst? Gib es nur zu, meistens treibst Du ohne dieses Bewusst-Sein durchs Leben. Was aber, wenn gerade dann etwas passiert ist, das Dein Leben verändert hat?

Einem meiner Newsletter habe ich einmal folgendes Postscriptum angehängt:

*»Nächsten Montag um 15:43 Uhr wird ein Ereignis stattfinden, das für eine langfristige, extrem positive Wendung in Deinem Leben verantwortlich ist. Ob Du es bemerkst oder nicht, ob Du es glaubst oder nicht, ist dafür bedeutungslos.«*

Daraufhin bekam ich jede Menge E-Mails von Lesern, die mir die Frage stellten:

»Was wird am Montag um 15:43 Uhr passieren?«
Das ist die logisch naheliegende Frage eines passiv abwartenden Menschen. Was aber, wenn Du ein proaktives

Leben führst? Kannst Du dieses PS aus einer anderen Perspektive betrachten? Meine Intention war es, die Leser meines Newsletters mit allen Regeln der hypnotischen Kunst zu programmieren. Dazu nutzte ich ein paar Tricks aus der NLP-Werkzeugkiste und hatte natürlich die besten Absichten. Hier kannst Du eine Menge über NLP und hypnotische Sprachmuster lernen.

Ob Du den Inhalt des Absatzes glaubst oder nicht, ist für Bedeutung und Wirkung egal. Das ist für viele Menschen erst einmal frustrierend. Aus dem Modell von NLP und aus der Kommunikationsforschung weißt Du, dass JEDE Nachricht, die Du mit Deinen Sinnen aufnimmst, auch von Deinem Gehirn verarbeitet werden muss. Auch das PS auf der gegenüberliegenden Seite. Wenn Du also die beiden Sätze gelesen hast, wurden sie auch von Deinem Gehirn verarbeitet, ob Du es willst oder nicht.

**Die vier Aspekte der Programmierung**

Was sollen nun die Sätze im PS bewirken? Schauen wir uns gemeinsam vier wichtige Aspekte an.

### 1. MONTAG UM 15:43 UHR

Dein Unterbewusstsein arbeitet viel präziser, als Du vielleicht glaubst. Es speichert alle und jede Information. Und erinnert es – auch nach vielen Jahren. In einer hypnotischen Trance erinnern Personen Ereignisse aus frühester Kindheit mit großer Detailfreude. Ich habe diesen präzisen Zeitpunkt angegeben, damit die Programmierung einen Beginn bekommt. 15:43 Uhr markiert einen Wendepunkt in Deinem Leben. Aber welchen?

## 2. LANGFRISTIGE, EXTREM POSITIVE WENDUNG

Auf der unterbewussten Ebene bewirkt diese Aussage, dass sich der Fokus Deiner Wahrnehmung verändern wird. Damit Du eine stimmige Antwort bekommst, musst Du Deinen Fokus auf die positiven Wendungen oder deren Möglichkeiten richten. Du wirst Dich fragen:

»WAS soll denn ausgerechnet um 15:43 Uhr Wichtiges passieren?« oder: »IST DAS jetzt das Ereignis, welches mein Leben positiv verändert?«

Alle Deine Gedanken gehen weg von einem möglichen »negativ« und richten sich auf die Suche nach dem »positiv«. Das ist eine Technik der NLP-Programmierung.

## 3. ... WIRD DAFÜR VERANTWORTLICH SEIN

Mit dieser Wendung erfolgt eine zusätzliche »Passivierung« der Aussage. Du brauchst nichts zu tun, um dieses positive Ereignis herbeizuführen. Vielmehr: Du kannst nichts dagegen tun. Es wird ohne Dein Zutun geschehen.

Die meisten Menschen treiben passiv durchs Leben, nehmen, was daherkommt, und entwickeln gegen sogenannte Schicksalsschläge eine fatalistische Haltung. Sie möchten lieber passiv bleiben, ihr Leben nicht in die Hand nehmen und zum Positiven verändern. Da ist es doch nur recht, wenn Dinge passieren, die außerhalb der Einflusssphäre liegen.

## 4. OB DU ES BEMERKST ODER NICHT, IST BEDEUTUNGSLOS

Zur Verstärkung – quasi der Deckel auf der Programmierung – habe ich einen *double bind*↗ hinzugefügt. Diese Technik kennst Du als hypnotisches Sprachmuster des *Milton-*

*Modells*. Er bewirkt, dass Aktion passiert. Egal, was immer Du tust. Die Aktion passiert nicht nur ohne Dein Zutun, sie passiert auch, wenn Du sie zu verhindern suchst.

Es sind also eine Menge verbaler und hypnotischer Kunstgriffe angewandt, um Dich – vielleicht gegen Deinen Willen – dazu zu bringen, Dein Leben in positive Bahnen zu lenken. Ist Dir das alles ein bisschen zu passiv? Würdest Du lieber solche Strategien aufgeben und entschiedenere Wege im Leben gehen? Welche Möglichkeiten hast Du, das PS anders zu verarbeiten?

### Vier Schritte zu einer positiven Lebenshaltung

Ich kenne eine Strategie, die Du Dir einfach angewöhnen kannst. Sie basiert auf dem *»Was-wäre-wenn …«-Rahmen* aus dem Modell von NLP und besteht aus vier einfachen Schritten:

#### 1. WAS WÄRE, WENN …

Zuerst erledigst Du eine kleine Denkübung, die Deine Strategie startet. Überlege, was passieren würde, wenn eine beliebige Aussage oder Behauptung, von der Du angenommen hast, sie wäre falsch, richtig wäre.
Hier ein paar Beispiele:

> »Es gibt keine Wahrheit ohne Wissenschaft.«
> »Es gibt keine Engel.«
> »Es gibt kein Leben nach dem Tod.«
> »Es gibt keine Macht des Schicksals.«
> »Es gibt keine guten Menschen.«
> »Es gibt kein Universums, das Dir Gutes will.«

Glaube mir, Deine Welt ist voll mit stillschweigenden Annahmen, die Du glaubst, aber nicht beweisen kannst.

### 2. ÜBERPRÜFE DIE FOLGEN

Dieser Schritt ist einfach. Wenn die Folgen Deines Glaubenssatzes langfristig negativ wären, ist Änderung fällig. Sind die Folgen positiv, brauchst Du Deinen Glaubenssatz nicht ändern.

### 3. SUCHE BEWEISE

Jetzt bist Du gefragt. Finde in Deinem Alltag Beweise dafür, dass Deine Annahme richtig ist. Du wirst wahrscheinlich überrascht sein, wie viele Beweise Du für die positive Richtung eines Glaubenssatzes finden kannst.

Nimm als Beispiel die obige Aussage: »Es gibt keine Engel.« Du brauchst nur im Internet in einer Suchmaschine den Satz eingeben: »Gibt es Engel wirklich?« und Du findest seitenweise »Beweise« für sowohl das eine als auch das andere.

### 4. PROAKTIVE ARBEIT MIT DEM UNBEWUSSTEN

Es ist nun Dir überlassen, welche Scheibe der täglichen Realität Du Dir aussuchen willst. Soll Dein Leben selbstbestimmt und erfolgreich verlaufen? Natürlich wirst Du diese Frage mit »JA« beantworten. Bist Du auch bereit, die Glaubenssätze zu verändern, die Dich daran hindern?

### Du kannst keine Fehler machen – nur lernen

Ärgerst Du Dich ab und zu, weil Du wieder einmal Deine Ziele nicht oder nicht vollständig erreicht hast? »Da tut man, da macht man, da verändert man sich – und was ist das Ergebnis …? Meistens kommt am Ende etwas anderes heraus, als Du Dir vorgenommen hast!« Wenn Dir das im Alltag nicht passiert, lebst Du in einer Traumwelt.

Nutzt Du eigentlich jede sich Dir bietende Möglichkeit aus, Neues zu lernen? Wenn Dir Dein Wissen heute nicht nutzt, dann nutzt es eben der nächsten Generation. Im Modell von NLP gibt es zu diesem Thema eine wichtige Grundannahme.

> **Alle Ergebnisse Deiner Veränderung sind etwas, das Du erreicht hast.**

Was Du erreicht hast, ist unabhängig davon, ob das Ergebnis von Dir gewünscht war oder nicht. Ich ermutige Menschen, so viel Neues wie irgend möglich auszuprobieren. Mein NLP Practitioner Workshop funktioniert sogar ausschließlich nach diesem Prinzip. Mit Formulierungen aus dem *Milton-Modell*↗ halte ich die Übungsaufgaben so offen, dass Du gar keine Möglichkeit hast, etwas falsch zu machen: »Richtig« und »falsch« sind nicht klar definiert.

Deshalb amüsiere ich mich, wenn ich Teilnehmer über die »richtige« Ausführung einer Übung diskutieren höre. Ich bin verwundert, wenn Teilnehmer zu mir kommen und klagen: »Chris, das Ergebnis war so gar nicht das, was ich mir vorgenommen hatte!«

Dabei wäre es doch wieder einmal ganz einfach gewesen: Grundannahme 8 hilft Dir. Mache Dir klar, dass es kein Fehler ist, etwas, das Du Dir vorgestellt hast, nicht erreicht zu haben! Du hast eine Lernerfahrung gemacht, nicht mehr, aber auch nicht weniger. Im nächsten Schritt kannst Du mit etwas Nachdenken bemerken, wie eng drei wichtige NLP-Grundannahmen verknüpft sind:

> #7: **Es gibt einen Kontext, in dem jedes Verhalten nützlich ist.**
> #8: **Alle Ergebnisse Deiner Veränderung sind etwas, das Du erreicht hast.**
> #10: **Wenn das, was Du tust, nicht funktioniert, tue etwas anderes.**

Grundannahme 7 bringt Dich in die Aktion. Es ist sinnvoll, überhaupt etwas zu tun. Dann kommt Grundannahme 8 zum Tragen: Wenn das, was Du tust, nicht Deinen Vorstellungen und Zielen entspricht, ist das erst einmal egal. Du hast auf jeden Fall etwas erreicht. Und wenn DAS, was Du tust, nicht funktioniert, gilt Grundannahme 10: Tue einfach etwas anderes. Hört sich ganz einfach an.

Für die meisten Menschen jedoch ist ein solches Lebenskonzept unvorstellbar. Sprich nur einmal mit Freunden oder Kollegen. Was hörst Du in Bezug auf die erreichten Ziele? Bedauern, Unrealistisches, Krauses und Negatives.

**BEISPIEL GEFÄLLIG?**

»Ich möchte bis zum 1. März zehn Kilo abnehmen!« Dann ist es irgendwann März geworden und Du hast »nur« zwei Kilo abgenommen. ABER Du hast eine Menge über den Wert von Lebensmitteln gelernt, vielleicht hast Du den veganen Lebensstil oder neue Kochrezepte ausprobiert und ein neues Verhältnis zu Deinem Körper gewonnen.

Du könntest Dich freuen, so viel Positives erfahren und gelernt zu haben. Du kannst Dich allerdings auch ärgern, »nur« zwei Kilo abgenommen zu haben. Such es Dir aus, welches Leben wählst Du ab dem nächsten Monatsbeginn – oder vielleicht sofort?

## Lerne aus Deinen Fehlern – Du wirst nie scheitern

*Nutze Misserfolge für Dein Weiterkommen.* Lautes Fluchen, geballte Fäuste, vielleicht ein dramatischer Tritt gegen einen wehrlosen Stuhl. Was ist da los: Wieder einmal hat jemand einen Fehler gemacht. Etwas ist schiefgegangen. Ist das nun gut oder schlecht?

Schon klar, wenn in Deinem Leben etwas nicht so läuft, wie Du es Dir vorgestellt hast, empfindest Du dies als negativ. Aber ist es das wirklich? Wie wahrscheinlich ist es, dass Du die Zukunft voraussehen und vorausplanen konntest? Das wäre nämlich nötig, um keine Fehler machen zu müssen. Perfekt müsstest Du sein, in allen Lebenslagen. Wer ist das schon?

Vielleicht könntest Du Dir ein neues Verhalten bzw. einen anderen Umgang mit Deinen »Fehlern« vornehmen. Du kannst lernen, schlechte Gefühle zu vermeiden, die Du meist mit den konstruktiven Fehlern Deines Lebens verbindest. Du magst sagen: »Ach, hätte ich doch …!« Darauf kann ich Dir nur entgegnen: »Hätte, hätte, Fahrradkette!« Deine Vergangenheit kannst Du nicht ändern.

Du kannst allerdings aus Deinen Fehlern lernen. Im Folgenden bekommst Du eine Strategie an die Hand, die Dir in mehreren Schritten einen besseren Umgang mit Deinen Fehlern erlaubt:

**Schritt 1: Lerne, über Deine Fehler zu lachen**
Wie reagierst Du in den allermeisten Fällen, wenn Du einen Fehler gemacht hast? Du ärgerst Dich! Meist, um im NLP-Jargon zu sprechen, passiert dies über Deinen internen Dialog, also in der Art, wie Du mit Dir sprichst und was Du zu Dir sagst. Daran hängt meist ein schlechtes Gefühl der Mutlosigkeit, Verzweiflung oder des Ärgers. Wahrscheinlich bist Du da sehr erfinderisch.

Beweist Du dieselbe Kreativität, wenn es darum geht, ein positives Gefühl anstelle dieser Negativkaskade zu setzen? Du kannst Hardcore-NLP anwenden, um diese Gewohnheitsmuster zu durchbrechen. Wirklich gut hilft Dir eine NLP-Technik, die den Namen *Musterunterbrechung*↗ trägt. Damit lernst Du, eine andere Ebene zu nutzen, um Dein Gewohnheitsmuster zu durchbrechen.

So kannst Du die unglückliche Verbindung zwischen einem erkannten Fehler und den negativen Gefühlen durchbrechen und daran neues Verhalten andocken. Am besten funktioniert dies, wenn Du über einen Fehler lachen kannst. Lachen ist konstruktiv und positiv besetzt. Du kannst kein negatives Gefühl haben, wenn Du lachst. Probier es einfach aus. Es ist nicht wichtig, wie Du lachst.

Du kannst zynisch, künstlich, heiter, hervorbrechend, kichernd, krampfartig oder locker vom Hocker lachen. Hauptsache, Du lachst – über Dich und Deine Dummheit oder Dein Ungeschick. Dabei passiert noch etwas Wunderbares: Du zerstörst Deinen Perfektionismus, alles immer richtig machen zu wollen.

**Schritt 2: Nachdenken und das Verhalten ändern**
Viele Menschen machen zwar Fehler, lernen aber nichts daraus. Ich habe aus diesem Verhalten einen wichtigen Spruch destilliert:

> **Wenn Du nicht aus Deinen Fehlern lernst, brauchst Du erst gar keine zu machen!**

Im Kern geht es darum, Dir aufzuzeigen, dass in jedem Fehler ein potenzieller Lernerfolg schlummert. Halte einfach einen Moment inne und frage Dich: »Wie bin ich dahin gelangt, dass mir dieser Fehler gerade passiert ist?« Überlege Dir Schritt für Schritt, an welcher Stelle Du »falsch abgebogen« bist.

Diese kleine Pause gönnen sich nur wenige Menschen. Meist sind es die Erfolgreichen. Leider bringt die Erkenntnis, WAS Du falsch gemacht hast, keine richtigen Ergebnisse für die Zukunft. Dazu bedarf es mehr. Der nächste Schritt steht an.

## Schritt 3: Wenn das, was Du tust ...

Diese Überschrift erinnert Dich vielleicht an die NLP-Grundannahme 10. Ganz ausgesprochen lautet sie:

> **Wenn das, was Du tust, nicht funktioniert, tue etwas anderes!**

Das ist oft einfacher gesagt, als getan. Es geht um Optionen. Meistens überlegst Du ja nicht, woher die Beule an Deiner Stirne kommt. »Wieder mal eine Wand ...«, magst Du denken. »Es wäre doch gelacht, wenn ich da nicht durchkäme. Probier ich es eben mit etwas mehr Anlauf nochmals!«

Tja, dieser Ansatz ist das Gegenteil von dem, was ich Dir vermitteln möchte. Die Wand symbolisiert Dein Problem. Und eine Wand aus Beton durchbrichst Du nicht so leicht. Auch wenn Du es oft probierst. Die Wand ist stärker. Wenn Du Deinen Blick jedoch nach links richtest, siehst Du da vielleicht die Türe? Wenn Du Deinen Blick nach rechts richtest, siehst Du vielleicht, dass die Wand irgendwann endet?

Die Wand ist die Metapher für das, was Du tust – und das, was Du stattdessen tun könntest: Optionen finden. Wie viele Möglichkeiten, Handlungen, Strategien fallen Dir ein, um Dein Problem anders anzugehen? Hier kannst Du Dich wieder einmal an die Methoden erfolgreicher Menschen halten: Einer meiner Freunde ist vielfacher Millionär. Bei einem Abendessen sprachen wir über die Anfänge seines Erfolgs. Meine Frage war, was er für die wichtigste

Eigenschaft hält, die seinen Erfolg begründet hat. Seine Antwort: »*Bei jedem Fehler habe ich so lange nachgedacht, bis ich mindestens fünf Handlungsoptionen gefunden hatte!*«

Ja, Alternativen. Das ist die Lösung! Um eine Alternative wählen zu können, musst Du die Wahl haben können. Überlege selbst, wie oft Du schon nach der ersten Möglichkeit zu denken aufhörst und gleich die erste Idee, die Dir in den Kopf schießt, in Angriff nimmst. »Das ist es! Jetzt wird es klappen!« Besser wäre es, in Ruhe verschiedene Alternativen gegeneinander abzuwägen und dann die beste auszuwählen. Meistens beraubst Du Dich damit der Chance, Deine Handlungen wirklich zu optimieren.

### Schritt 4: Gefühle sind außen vor ... manchmal

Wenn es um die wirklich wichtigen Entscheidungen in Deinem Leben geht, möchte ich Dir noch einen Trick verraten. Der hat mit Deinen Emotionen zu tun. Wahrnehmungspsychologen wissen, dass Entscheidungen aus dem Bauch heraus getroffen werden. Aus dem *Modelling*↗ im NLP weiß man dies ebenfalls. Du brauchst Dich nur daran zu erinnern, wie Deine bewussten Entscheidungen beim Betreten eines Supermarktes außer Kraft gesetzt werden.

Die vielfältigen Erkenntnisse der kognitiven Psychologie kannst Du auch in Deinem Sinne anwenden. Also, Du hast einen Fehler gemacht. Du hast über Deine Dummheit lauthals gelacht und damit die Türen für ein anderes Verhalten geöffnet. Du hast Dir sieben oder acht Optionen überlegt, wie Du in Zukunft besser handeln könntest.

Wie wählst Du nun die beste aller Deiner Optionen aus? Dafür gibt es in Deinem Unterbewusstsein schon eine hervorragende Strategie: Wähle jene Option, die sich am besten anfühlt. Danach kannst Du logische Gründe dafür finden, diese Option auch tatsächlich in die Tat umzusetzen.

Gefühle ... oje, damit haben viele Menschen ihre Schwierigkeiten. Da solltest Du deshalb auch hier eine alternative Strategie parat haben. Vielleicht gefällt Dir eine Beobachtungstechnik, die im Sport große Bedeutung erlangt hat: die Zeitlupe.

Setze Dich für eine kleine Übung an einen Tisch, nimm ein Blatt Papier und einen Stift zur Hand. Schreibe auf, welche Alternativen Dir einfallen, bei Deinem gemachten Fehler in Zukunft anders zu handeln. Fünf, sechs oder zehn Alternativen sollten Dir einfallen. Dann kommt das NLP: Stelle Dir jede der möglichen Handlungsoptionen in einem Film vor. Auf der Leinwand siehst Du Dich als Hauptdarsteller, mit den Ergebnissen Deiner Handlung. Im NLP nennt man dies einen *dissoziierten Future Pace*[↗].

Damit hast Du Zugang zu den logischen Sachkriterien Deiner Optionen. Ganz ohne die ablenkenden Emotionen. Du kannst nun in Gedanken ausprobieren, was die beste Möglichkeit darstellt, aus Deinem Fehler zu lernen. Du kannst ohne störende Emotionen entscheiden, was rational die beste Möglichkeit darstellt. Verstehe mich nicht falsch: Ich möchte Dir nicht raten, emotionslos wie ein Roboter durchs Leben zu gehen. Ich möchte Dir eine weitere Option an die Hand geben, bei wichtigen Entscheidungen gründlich und ohne Emotionen zu urteilen und daraus zu lernen.

Wenn Du bis hierher gelesen hast, ist Dir längst klar geworden, welches Potenzial in Deinen Fehlern steckt. Dein Leben besteht aus einer unendlichen Reihe von

Entscheidungen, deren Qualität die Qualität Deines Lebens bestimmt. Diese Erkenntnis kannst Du nutzen und in Zukunft darauf achten, die QUALITÄT Deiner Entscheidungen zu fördern. Nach dem Motto: mehr bessere Entscheidungen. Natürlich muss nicht jede Entscheidung Deines Lebens von absolut bester Qualität sein. Fehler passieren. Oft. Sie gehören zum Leben – auch bei Dir. Es genügt, die Strategie zur Analyse Deiner Fehler zu verändern. Davon sind ja auch Deine Entscheidungen ursächlich betroffen.

Willst Du wissen, was ich in diesem Kapitel für die EINE Verhaltensweise halte, die vieles verändert, wenn Du sonst nichts veränderst? Das *Pareto-Prinzip*[7] der Fehlerkorrektur:

**Lerne, über Deine Fehler zu lachen!**

Das wäre ein guter Anfang für einen anderen Umgang mit Deinen Fehlern. Ich wünsche Dir deshalb viel Heiterkeit in Deinem Leben. Das würde nämlich bedeuten, dass Du viele Fehler machst. Wenn Du lachend aus ihnen lernst, bist Du auf dem richtigen Weg. Dann kannst Du im nächsten Schritt lernen, Deine Ziele anzupassen und Deine Fehler als nötigen Bestandteil Deines Erfolgs zu akzeptieren.

# KAPITEL 2

Ein neuer Umgang mit Dir

**Verändere Deinen Fokus – verändere Dein Leben**

Im vorigen Kapitel hast Du Dich mit den Grundlagen beschäftigt, wie Du Dir Dein Leben einfacher gestalten kannst. In diesem Kapitel habe ich Wissen zusammengetragen, das für Dich Weihnachtsmann und Osterhase zusammen sein kann. Mit NLP installierst Du ja kein automatisches Knöpfchen, das Du drückst und alles passiert in Deinem Sinne.

**NLP goes Universum**
Hier eine wichtige NLP-Grundannahme:

> **Deine Landkarte ist nicht die Landschaft.**

In einer etwas ausführlicheren Interpretation: Die Qualität Deines Lebens wird davon bestimmt, wie Du die Welt um Dich herum wahrnimmst und auf welche Weise Du diese Informationen für Dich verarbeitest. Ich will Dir vermitteln, wie Du die Wahrnehmung Deiner Umwelt so zum Positiven verändern kannst, dass sie dramatische Auswirkungen auf Deinen Lebensweg, Deine Energie, Deinen Beruf, Deine Beziehung, Deine Stimmung, also Dein ganzes Leben haben wird. Was also ist DAS EINE, das Dein Leben zum Positiven verändert? Hier ist es, als einfache Übung getarnt. Mache sie öfters und sie wird mit zunehmender Anwendungsdauer immer intensiver wirken.

Zur Einführung: Wahrnehmung ist das, was Dir Deine Sinnesorgane liefern. Also die Summe aus Hören, Sehen,

Fühlen, Schmecken, Riechen. Hier lernst Du, diese Sinneswahrnehmungen an jenem Punkt zu verändern, wo sie auf Dein Leben wirken. Ich gehe stillschweigend davon aus, dass es Deine Sinneswahrnehmungen sind, die zu Strategien nicht zufriedenstellender Ergebnisse in Deinem Leben führen. Aus Wahrnehmungen werden Erinnerungen, und die bestimmen, wer Du bist und wer Du zu sein GLAUBST. Wenn es Dir gelingt, den Fokus Deiner Wahrnehmung zu verändern, wird alles in Deinem Leben anders werden.

**Schritt 1. Du bist jemand Besonderes**
Stelle Dir vor, Du wärest jemand ganz Besonderes. Du wärest vom Universum auserwählt, in diesem Leben wichtige Taten zu vollbringen, vielleicht sogar den Lauf der Welt zu verändern. Stelle Dir vor, alle Menschen Deiner Umgebung wären zum einzigen Zweck in dieser Welt, DIR Gutes zu erweisen. Alles, was Dir passiert, wäre einem positiven Zweck unterstellt, auch wenn es zunächst vielleicht negative Auswirkungen für Dich haben mag.

Natürlich wissen nicht alle Menschen, wie besonders Du bist. Sie meinen es jedoch in ihrem Herzen eigentlich gut mit Dir, auch wenn sie dies oft nicht ausdrücken können, sich dabei manchmal im Ton vergreifen. Wer ist denn perfekt?

Da Du ganz besonders bist, kennst Du diese Umstände natürlich. Weil Du hinter die Kulissen blickst, kannst Du Deinen Mitmenschen ihr Verhalten leicht verzeihen – und dies auch kommunizieren. Nicht etwa die Tatsache, dass Du jemand Besonderes bist, das würde doch niemand verstehen. Oder man würde Dich als hochnäsig einschätzen. Deine Mitmenschen verstehen die Tatsache, dass Du verstanden hast, warum Dein Gegenüber in diesem Moment so und nicht anders handeln musste.

### Schritt 2. Die rote Pille

Mein Vorschlag: Halte den Fokus dieser Übung und frage Dich bei jedem Ereignis, warum und in welcher Art es in diesem Augenblick für Dich positive Bedeutung hat. Finde möglichst viele Beweise dafür, warum das Universum es gerade mit Dir gut meint.

- Führe dazu ein Beweistagebuch.
- Halte Deine Beobachtungen, gefundene Beweise und deren positive Ergebnisse schriftlich fest.
- Mache es wirklich!!

Beginne einfach mit Deiner Übung. Zehn Minuten täglich genügen. Zehn Minuten, die Du darauf verwendest, positive Beweise dafür zu finden, dass die Menschheit es gut mit Dir meint. Wenn Du Spaß daran hast, kannst Du auch mehr Zeit investieren. Wichtig jedoch ist Deine Kontinuität!

Du wirst erstaunt sein, wie eine unbewusste Instanz in Dir schon nach etwa zehn Tagen ganz automatisch den Fokus geändert hat. Du suchst unbewusst und ganz automatisch ständig nach positiven Beweisen.

### Schritt 3. Zufälle kommen von selbst

Dann kommt der nächste Schritt: Behalte Deine Fokusübung bei und beginne zusätzlich damit, auf »Zufälle« zu achten, in denen Dir das Universum die Beweise Deiner Außergewöhnlichkeit präsentiert. Ein zweiter Fokus zum ersten.

Das ist die ganze Übung. Wenn Du eine komplizierte Übung erwartet hast – manchmal ist es wirklich einfach. Die kleine Übung kostet Dich ein wenig Energie und etwas Geduld und Ausdauer.

**Fazit dieser NLP-Übung**
Der Ansatz hinter der Übung führt Dich ins Zentrum von NLP: Lebensverändernde Gewohnheiten setzen auf der untersten Instanz Deiner Persönlichkeit an. Du bist so programmiert, dass Dir Dein Unterbewusstsein bei einer Veränderung Deiner Wahrnehmung nötige *Ressourcen*↗ automatisch beschafft. Das machst Du Dir in der obigen Übung zu Nutzen.

Dies gilt im Positiven und auch im Negativen. Du kannst selbst bestimmen. Entscheide Dich jetzt, wohin Du in Zukunft Deine Aufmerksamkeit lenken willst. Dass Dein Leben einfach und positiv sein kann, glauben die meisten Menschen nicht. Der Zweck der Übung ist es, Dir genau dies zu beweisen.

**Immer gute Laune haben – Wie geht das?**

*Drei Ratschläge für eine bessere Gefühlslage.* Es soll doch tatsächlich Menschen geben, die glauben, dass Du während Deines Lebens auf Erden, hier im irdischen Jammertal für Deine Sünden büßen musst, die Du Dir irgendwann vorher irgendwie aufgeladen haben sollst. Zur Buße gehört eine gehörige Portion Leid und zum Leiden gehören schlechte Gefühle. Das soll der logische Schluss vieler Religionen sein. Diese Gedankenführung zeigt Dir deutlich, wo das Denken vieler unserer Mitmenschen sein Zentrum gefunden hat. Es mag ja sein, dass Du bei dieser Beschreibung halbherzig protestierst. Aber sei doch mal ehrlich: Hast Du wirklich einen anderen Glauben? Wie oft höre ich haarsträubende Aussagen wie: »Ohne schlechte Laune wüsste ich gar nicht, was gute Laune ist!« oder: »Schlechte Laune kommt von selbst. Für gute Laune muss ich hart arbeiten!« Wenn ich Dir hier einige gute Rezepte vorstelle, sollte ich vielleicht mit dem Anfang beginnen.

**Darfst Du immer gute Laune haben?**
Es gibt eine Menge Menschen, die es für unmöglich halten, immer guter Laune zu sein. Wirklich gut begründen, warum das so sein soll, kann es keiner. Das ist auch nicht weiter verwunderlich. Fakt ist: Wir sind allesamt sehr viel mehr in schlechten Gefühlen verhaftet als in guten. Im Jahr 1995 fand *David Hawkins*⁷ durch kinesiologische Muskeltests heraus, dass jedem menschlichen Gefühlszustand eine *Schwingungszahl* zugeordnet werden kann. Er verteilte die Gefühle auf einer Skala mit Werten von 1 bis 1000. Die niedrigsten Werte entsprechen den negativsten Gefühlen: Scham, Schuld, Trauer. Die höchsten Werte entsprechen den positivsten Gefühlen: Friede, Freude, Liebe, und schließlich wird mit dem Wert 1000 die Erleuchtung erreicht. Bei 250 bis 300 siedelt er neutrale Gefühle an.

Ob Du nun seinen Methoden Glauben schenkst oder nicht, ist erst einmal nicht wichtig. Ich finde, dass die Verteilung der gefundenen Begriffe Aufschluss darüber gibt, in welchen Ebenen sich die Menschen die meiste Zeit befinden. Im Bereich unter 300 finden sich nämlich fast dreimal so viele Worte, die negative Gefühle beschreiben, wie darüber, bei den positiven. Mit anderen Worten: Wir haben in unserer Gesellschaft eine dreimal so hohe Sprachdifferenzierung für schlechte Gefühle wie für gute. Mit nochmals anderen Worten: Schlechte Gefühle werden dreimal so häufig beschrieben wie gute. Das lässt den logischen Schluss zu, dass wir dreimal so häufig negative Gefühle HABEN wie positive. Muss das sein?

### NLP für den gesunden Menschenverstand
Im Modell von NLP vermittle ich Dir Wege, ein selbstbestimmtes Leben zu führen. Würde ich Dich fragen, ob Du jetzt – in diesem Augenblick – lieber ein gutes oder ein schlechtes Gefühl haben möchtest, meine ich, die Antwort zu kennen: natürlich ein gutes! Aus dem vorherigen Absatz ergibt sich das Dilemma: Gute Gefühle willst Du, schlechte Gefühle hast Du einfach.

Egal, für welche Lebenssituationen Du NLP anwendest, gute Gefühle sind unabdingbar. Mit schlechter Laune brauchst Du gar nicht erst zu beginnen, eine NLP-Übung zu machen. Im NLP wird das »Herstellen guter Gefühle« mit dem amerikanischen Begriff der *State Control*⁊ benannt. Frei ins Deutsche übersetzt kannst Du *Gefühlskontrolle* dazu sagen. Ja, Du hast es richtig erkannt: DU kannst Deine Gefühle kontrollieren. Ich behaupte, Du kannst wählen, welches gute Gefühl Du haben möchtest, und Dich ganz bewusst entscheiden, dieses Gefühl zu generieren. Es mag sein, dass Du die Technik dazu nicht in der Schule gelernt hast. Das heißt jedoch nicht, dass es deshalb nicht möglich wäre und Du es nicht einfach lernen kannst.

Nachfolgend zeige ich Dir drei kleine Übungen, die Dir beweisen, wie einfach es möglich ist, Deine Gefühle bewusst zu steuern. Nach diesen Übungen kannst Du Dich entscheiden, in Zukunft mehr gute Gefühle haben zu wollen. Wäre es nicht schön, Deine Gefühlswelt dauerhaft zu bereinigen und »höher zu schwingen«?

### Übung 1: Gute Laune durch Musterunterbrechung

Solltest Du gerade schlechte Laune haben, ist diese Übung für Dich gut. Im NLP nennt man diese Technik *Musterunterbrechung* ↗ (engl.: *Pattern Interrupt*↗). Du unterbrichst das Muster Deiner schlechten Laune und neutralisiert sie damit. In der Folge kannst Du leicht gute Gefühle produzieren. Dazu kannst Du Übung 2 oder 3 nutzen.

Zur Musterunterbrechung brauchst Du einfach nur nach oben zu blicken und drei- bis viermal von rechts nach links hin und her blicken. Gleichzeitig sagst Du laut oder in Gedanken: Ha ha ha. Laut ist besser. Es ist egal, wie die Tonalität des Ha ist. Selbst ein genervtes Ha ha funktioniert. Du musst es nur tun. Ich garantiere Dir, danach KANNST Du keine schlechte Laune mehr haben! Sie ist neutralisiert.

### Übung 2: Anker für gute Laune

Im Modell von NLP gibt es die Technik des *Ankerns*↗. Damit kannst Du ein beliebiges Gefühl mit einem *Auslöser* verknüpfen. Das kann eine Handbewegung, ein bestimmtes Wort, ein Druck auf einen Körperteil oder auch nur die Vorstellung eines geometrischen Körpers in Deiner Fantasie sein. Du kannst Dich entscheiden, das Gefühl der guten Laune beispielsweise an die drei gesprochenen Has zu koppeln. Sie unterbrechen das Muster der schlechten Laune sowieso schon. Wie Du das machst?

Ich bin mir sicher, dass Du im Leben schon einmal gute Laune hattest. Diese gute Laune kannst Du als eine *Ressource*⁊ bezeichnen, sie entsprechend verstärken und in jeden vorgestellten Kontext in Deinem Leben transportieren. Du stellst Dir also vor, wie Du gute Laune gehabt hast, achtest darauf, wo und wie sich dieses Gefühl in Deinem Körper manifestiert. Dann »ankerst« Du es an eine Handbewegung oder an eine Vorstellung. Ein Anker funktioniert wie der *Pawlowsche Reflex*⁊. Er stellt Dir das Gefühl guter Laune als Neuropfad zur Verfügung.

### Übung 3: Gute Laune im Selbstgespräch

Manchmal hat die wissenschaftliche Forschung mit ihren Entdeckungen den Vorteil, als Abfallprodukt etwas für den Alltag übrig zu behalten, was Dir Dein Leben sehr erleichtert. Zum Beispiel schmolz dem US-amerikanischen Wissenschaftler Percy LeBaron Spencer beim Ausprobieren eines neuen Radarsystems auf Mikrowellen-Basis der Schokoriegel in der Hosentasche – der Rest ist Geschichte. Forscher, die nach den Ursachen von Depression suchten, haben herausgefunden, dass Dein *interner Dialog*⁊ Deine Laune und Deine Stimmung maßgeblich beeinflusst. Ein interner Dialog ist das, WAS Du zu Dir selber sagst – und WIE Du es sagst.

Die Veränderung des internen Dialogs kannst Du Dir zunutze machen. Es kommt nämlich mehr darauf an, WIE Du etwas zu Dir sagst, als WAS Du sagst. Nochmals: nicht WAS Du zu Dir sagst, ist wichtig, sondern WIE. In dieser Übung möchte ich Dich dazu motivieren, genau darauf zu achten, wie Du zu Dir selbst sprichst.

Stelle Dir vor, Du stehst am Morgen auf. Das Erste, was Du zu Dir sagst, könnte sein: »Wieder einmal ein schlechter

Start in einen überflüssigen Tag in meinem sinnlosen Leben. Eigentlich brauche ich gar nicht aufzustehen. Es wird heute sowieso alles schiefgehen!« Das würdest Du in einem weinerlichen Ton zu Dir sagen und es als endlose Schleife eine Stunde wiederholen. Dann kannst Du sicher sein, den gesamten Tag in einer depressiven Stimmung zu sein und wirklich nichts auf die Reihe zu bekommen.

Du kannst es auch anders anstellen: Stelle Dir beim Aufwachen als Erstes ein großes Orchester aus Pauken und Trompeten in Deinem Kopf vor. Ein großer Chor singt Dir das *Halleluja* von G. F. Händel. Dabei kannst Du zu Dir sagen:

> »GUTEN MORGEN, gerade beginnt wieder ein neuer, toller Tag. Heute wird mir wieder alles BESTENS gelingen! Ich VERSPRÜHE gute Laune und BESTRAHLE damit meine Mitmenschen!!!«

Rate mal, welche der beiden Strategien zu besserer Laune führt? Ob Du die Übungen machst oder nicht: Allein die Beschäftigung mit den drei vorgeschlagenen Übungen wird Deine Laune verbessern. Wenn Du Dir einen guten Freund oder eine gute Freundin suchst, mit der Du die Übungen machst, wird Deine Laune öfter viel besser sein. Vielleicht willst Du einen kleinen Wettbewerb unter Deinen Freunden veranstalten: Wer bringt den besseren *Uplift* zuwege. Wenn Du bei jeder Übung immer mehr gute Gefühle an diesen Anker kettest, bist Du wirklich gut unterwegs.

## Vom Pessimismus zum Optimismus

*Ändere die Grundlage Deiner Realität.* Ist es nicht ein Wunder, wie unterschiedlich wir Menschen gestrickt sind? Kein Charakterzug findet sich identisch in einem anderen Menschen wieder. Die vielen Eigenschaften können Dir viel Freude bereiten und für ständige Abwechslung im Leben sorgen. Sie können aber auch der Grund für eine tief greifende Unsicherheit der Welt gegenüber sein. Mit dieser Haltung kann schon beim Kennenlernen viel schieflaufen.

Beschäftigst Du Dich eher mit den problematischen Aspekten Deiner Pläne? Denkst Du automatisch zuerst: *»Oh Gott, was alles passieren kann …!«*, bevor Du die Chancen wahrnimmst, die in einer Situation verborgen liegen? Scheint Dein Gehirn Deinen Lebenslauf aus einer Summe von Problemen zusammenzusetzen?

In der Psychologie unterscheidet man zwischen einem *defensiven Pessimisten* und einem *strategischen Optimisten*. Wie gut kennst Du Dich, um sagen zu können, welcher dieser beiden Fraktionen Du angehörst? Vielleicht willst Du dazu einen kleinen Test absolvieren. Er bringt Dir schnell Klarheit.

### TEST: Bist Du ein Pessimist?

Stelle Dir eine Situation vor, in der Du Dich üblicherweise von Deiner besten Seite zeigst. Ich nenne diese Situation in den nachfolgenden Aussagen »die Sache«. Die Sache kann sich auf Deine Arbeit, Deine Beziehung, Dein Sozialleben oder auf einen anderen Bereich Deines Lebens beziehen. Welche Haltung nimmst Du in Bezug auf diese Sache ein? Bewerte auf einer Skala von 1 (trifft überhaupt nicht zu) bis 7 (trifft genau auf mich zu) die folgenden Aussagen:

1. Anfangs stelle ich mir oft das Schlimmste vor, selbst wenn ich die Sache wahrscheinlich gut machen werde.
2. Ich mache mir Sorgen darüber, wie die Sache ausgehen könnte.
3. Ich mache mir oft Sorgen, ob ich in dieser Sache meine mir gesetzten Ziele auch erreiche.
4. Ich denke oft darüber nach, wie ich mich fühlen würde, falls die Sache nicht klappt.
5. Ich versuche, mir vorzustellen, was ich tun kann, um meine Sache ins Lot zu bringen, falls sie schiefgeht.
6. Wenn die Sache schiefgegangen ist, achte ich sehr darauf, dass ich nicht zu übertrieben selbstbewusst wirke.
7. Ich verbringe relativ viel Zeit mit Planen und Nachdenken darüber, ob meine Sache schiefgehen könnte.
8. Ich stelle mir vor, wie ich mich fühlen werde, wenn die Sache gut geht.
9. Wenn die Sache schwierig wird, mache ich mir oft Sorgen, dass ich mich blamieren könnte.
10. Ich denke weniger darüber nach, ob ich meine Sache gut machen werde.
11. Darüber nachzudenken, was schiefgehen könnte, hilft mir, mich auf meine Sache einzustellen.

Zähle alle Werte für Deine Aussagen zusammen. Die möglichen erreichbaren Werte (Kopfrechnen) liegen zwischen 11 und 77 Punkten. Hohe Werte deuten auf Deine stärkere Tendenz zu defensivem Pessimismus hin. Wenn Dein Wert über 50 liegt, bist Du wahrscheinlich ein defensiver Pessimist. Unter 30 Punkten bist Du ein strategischer Optimist.

### Veränderung ist möglich

Sollte der Test auf der linken Seite eher nicht so positiv für Dich ausgegangen sein, naht Rettung. Zwar gibt es keinen verborgenen Schalter, den Du umlegst, und alles wird rosa. Es verhält sich vielmehr wie bei einem Baby, das laufen lernt: Übung macht den Meister. Du kannst lernen, das Leben von der positiven Seite zu nehmen! Mit ein paar einfachen NLP-Techniken kannst Du Dir den Pessimismus als Lebenshaltung abgewöhnen.

Im NLP gibt es die *Metaprogramme*↗. Diese kannst Du als Modell menschlicher Verhaltensmuster verstehen. Mit ihnen hast Du ein Hilfsmittel an der Hand, hinter die Kulissen Deines eigenen und des Verhaltens anderer Menschen zu blicken. Grundlage ist die Annahme, dass es je nach Umgebung oder Situation verschiedene »Moleküle« der Mechanismen menschlichen Verhaltens gibt.

Weil viele Menschen ihren Charakter als Kontinuum betrachten, nehmen sie stillschweigend an, die dargestellten Verhaltensmuster wären in ihrem Charakter unveränderlich verankert und »eingraviert«. Meine Erfahrung sagt mir, dass Deine Verhaltensweisen nicht für das gesamte Leben festgeschrieben sind. Du kannst Dich verändern – immer und jederzeit. Auch auf dem Grund Deines Charakters.

### Steckt der Pessimismus in Deinen Genen?

Wie sind die einzelnen Verhaltensmuster des Pessimismus in Dir entstanden? Du hast sie gelernt! Sie sind nicht Teil deiner DNA, genauso wenig wie jemand von Geburt an darauf fokussiert ist, das Leben von der problematischen Seite wahrzunehmen. Sollte es bei Dir so sein, hast Du Dir das irgendwann einmal angeeignet! Deine Familie, später Deine Freunde, Partner und Kollegen oder die Zwangsläufigkeit der Ereignisse – all das mag dazu geführt haben, dass Du gelernt hast, in den Strukturen zu denken und zu handeln, wie Du es heute tust.

Wenn Dir niemand beigebracht hat, das Leben von seiner positiven Seite wahrzunehmen, dann ist es kein Wunder, wenn der Pessimismus Dein Lebensmotto geworden ist. Wie gesagt: Das muss keineswegs so bleiben. Eine Erkenntnis der modernen kognitiven Psychologie ist, dass Du das, was Du gelernt hast, auch wieder umlernen kannst.

Mit NLP kannst Du an die Stelle des Pessimismus nützliches neues Verhalten setzen. Und, wie stellst Du das an? Hier kommen einfache NLP-Techniken ins Spiel. Ich schlage Dir zwei kleine Gedankenübungen vor. Sie erlauben Dir einen direkten Vergleich beider Strategien. Lies einfach beide nachfolgenden Strategie-Leitfäden und entscheide Dich, welcher Du in Zukunft folgst.

### Strategie für Optimismus im Leben

- Nimm Dir vor, eine NEUE ERFAHRUNG zu machen. Es kann zum Beispiel Dein Wunsch sein, ein neues Projekt zu starten, etwas Neues zu lernen oder einen interessanten Menschen kennenzulernen.
- Während Du Dich mit diesen Gedanken beschäftigst, stellst Du Dir den bestmöglichen Ausgang vor. Welches überaus positive Ergebnis wird sich Dir präsentieren, wenn Du die Herausforderung gemeistert hast?
- Nutze hierfür *Submodalitäten*↗: Mache die entstehenden, positiven Bilder groß und farbig, tauche tief in sie ein (*assoziiere*↗ Dich).

- Nimm jedes Hindernis auf dem Weg zum Ergebnis spielerisch. Erwarte Hindernisse und freue Dich darauf, jedes Mal etwas Neues zu lernen. Betrachte jedes mögliche Scheitern als die Chance, mehr gelernt zu haben und wichtige Erfahrungen zu sammeln.
- Durchlaufe diese Gedanken mehrfach von Anfang zum Ende und verstärke die positiven Gefühle, die bei Dir aufsteigen.
- Zügle Deine Ungeduld, gleich zur Aktion zu schreiten. Es gibt noch einiges zu tun: Sprich mit Freunden über Dein Vorhaben. Prüfe, ob und wie sie Deine Begeisterung teilen. Bestärken Sie Dich in Deinem Vorhaben? Weisen sie Dich auf mögliche Hindernisse hin? Dann sind es WAHRE FREUNDE. Oder kritisieren Sie Dich und konstruieren für Dich den schlimmsten Fall? Dann frage das nächste Mal besser jemanden, der Dein Wohl im Sinn hat.
- Gehe raus und realisiere Dein Vorhaben. Mache etwas Neues, triff neue Leute, die zu neuen, wahren Freunden werden können. Führe ein Leben auf der Überholspur. Sei erfolgreich!

**Strategie für Pessimismus im Leben**

- Stelle Dir vor, Du könntest eine neue Erfahrung machen und damit etwas Neues lernen. Stelle Dir beispielsweise vor, Du würdest einen möglichen Abnehmer für Deine angebotene Leistung anrufen. Die Chance ist groß, über ein gutes Gespräch eine zukünftige Geschäftsbeziehung anzubahnen.
- Stelle Dir das Schlimmste vor, was Dir dabei passieren kann. Nutze Deine ganze Fantasie, schalte ruhig Dein

Kopfkino ein. Nimm die ganze sich unerbittlich entfaltende Katastrophe so wahr, wie Du sie durch Deine eigenen Augen wahrnehmen würdest (*assoziiert*).
- Durchlaufe diesen Film im Kopf mehrmals. Warte, bis die unangenehmen Gefühle stark geworden sind. Ankere diese starken und schlechten Gefühle, damit Du sie für Deine Zukunft parat hast.
- Bestätige Dir: »Gott sei Dank, dass ich diesen Anruf nicht tätige. Wäre ja wahrscheinlich schlimm ausgegangen.« Glaube fest, dass Du dem Atomkrieg in Dir noch einmal rechtzeitig entkommen bist.
- Sprich mit Freunden und erzähle ihnen, was Dir gerade fast passiert wäre und wie Du diese schlimme Erfahrung noch einmal vermieden hast. Wenn Du die richtigen Freunde hast, werden sie Dir bestätigen, dass Deine Entscheidung richtig war.
- Stelle Dir eine Situation in der Zukunft vor, in der Du Neues lernen könntest. Löse Deinen Anker aus und sage: »Was so alles passieren kann im Leben, wenn man nicht aufpasst ...!«
- Überlege Dir, Deine Wohnung weniger zu verlassen und Dich im Bett aufzuhalten. Das Bett ist zwar ein sicherer Ort, es kann aber immer noch zusammenbrechen. Vielleicht wird auch ein Feuer ausbrechen oder ein großes Erdbeben Dein Haus zerstören und Dich unter den Trümmern begraben.
- Weißt Du, dass Dein Leben bereits vorbei ist, bevor es richtig angefangen hat? Die Welt ist voller Fallstricke und so viele Menschen meinen es schlecht mit Dir.
- Gib anderen die Schuld an Deinem Nichthandeln. Im täglichen Leben und im Beruf solltest Du Dich

bemühen, IMMER einen Schuldigen für jeden Deiner Misserfolge zu finden.

Menschen, die es im Leben zu nichts bringen, verfolgen die zweite der beiden Übungen mit Perfektion. Sie nutzen sie täglich mit kleinen Abwandlungen. Ich glaube allerdings, dass Du Dich entschieden hast, mehr der ersten Übung Nutzen zuzusprechen. Selbst wenn Du Dich für einen unglaublich optimistischen und positiven Menschen hältst, wird Dir das erste Gedankenexperiment Nutzen bringen. Es bringt mehr Tiefe und Struktur in Deine Denkprozesse.

**Übung 1: Der beste Tag in meinem Leben**
Eine weitere Strategie hilft Dir jeden Tag, ein bisschen mehr zum Optimisten zu werden. Wenn Du am Abend im Bett liegst, kannst Du es Dir zur Gewohnheit machen, Dir die Ereignisse des Tages noch einmal vor Augen zu führen. Das machst Du ja schon.

Es sollte Dir jedoch zur guten Gewohnheit werden, Dich hingebungsvoll mit den vielen positiven Erlebnissen des Tagesverlaufs zu beschäftigen. Schwelge in guten Gefühlen, die aus dem *assoziierten*↗ Wiedererleben resultieren. Befasse Dich mit möglichen Lösungsansätzen für Deine Projekte. Mit diesen Gedanken wirst Du gut gelaunt einschlafen. Dein Freund auf der anderen Seite, so nenne ich das Unterbewusstsein, wird Dir beim Finden kreativer Lösungen helfen, wenn Du eingeschlafen bist. Du wirst sie parat haben, wenn Du am Morgen frisch und erholt aufwachst.

Wenn Du meinst, Dir eher die schlechter und negativ verlaufenen Ereignisse des Tages vorstellen zu müssen, lerne wenigstens, sie mit der NLP-Technik des *Dissoziierens*⁷ zu erinnern. So kannst Du in den Schlaf mitnehmen, was Du aus den vermeintlich negativen Erlebnissen des Tages gelernt hast. Dann kannst Du verschiedene Verbesserungsszenarien durchspielen und bist für ähnliche Situationen in der Zukunft besser gerüstet. Den Rest Deiner Erlebnisse kannst Du beruhigt vergessen. Er nutzt Dir nichts.

Als mein Sohn noch klein war, hatten wir ein wunderbares Ritual zum Einschlafen. Nachdem wir aus einem Buch gelesen hatten, spielten wir jeden Abend das Spiel »Ich seh etwas …«. Wir erzählten uns gegenseitig die fünf schönsten Ereignisse des Tages. Wie leicht wird daraus eine nicht mehr abzulegende Gewohnheit für das ganze Leben eines junge Gemüts.

### Übung 2: Optimismus als NLP-Strategie
Und nun NLP. Ich habe ein Format für Dich entwickelt, mit dem Du die Strategie des Optimisten üben und in Dein Leben übernehmen kannst:

1. Stelle Dir vor, Du könntest eine neue Erfahrung machen. Du könntest damit etwas Neues lernen. Du könntest beispielsweise einen möglichen Kunden anrufen. Damit könntest Du über ein gutes Gespräch eine zukünftige Geschäftsbeziehung anbahnen.
2. Stelle Dir das Beste vor, das passieren kann. Gestalte Dein Gedankenbild als *dissoziiertes* Bild. Sieh Dich selbst in Deinem Gedankenbild als Hauptdarsteller. Verstärke die *Submodalitäten*⁷. Installiere einen starken und positiven *Ressourcenanker*⁷ und löse ihn aus. Stelle Dir einen *blauen Diamanten*⁷ vor, der sich glitzernd dreht.

3. Wenn Du Dein Bild fertig gestaltet hast, tritt in das Bild hinein (*assoziiere* Dich) und verstärke damit Deine guten Gefühle. Das solltest Du in Deinem Körper als gutes Gefühl wahrnehmen können.
4. Durchlaufe die Schritte 1 bis 3 mehrmals und ankere jeweils das damit verbunde Gefühl auf Deinen *blauen Diamanten*. Gewöhne Dich daran, beim Nachdenken über Projekte, Ziele und Träume automatisch die positiven Aspekte und die guten Gefühle wahrzunehmen. Kritik kannst Du später üben (siehe auch: *Die Walt-Disney-Methode*↗).
5. Betrachte jedes mögliche Scheitern als Chance, noch mehr zu lernen.
6. Führe einen *Future Pace*↗ durch.
7. Sprich mit Personen über Dein Vorhaben, die mit diesem Thema vertraut sind, und hole Dir professionelles Feedback. Prüfe, ob Dein Vorhaben in Dein Leben, in Deine Umgebung oder in Deine Beziehung passt.

**Optimist oder Pessimist – was ist besser?**
Hier ein paar Fragen zum Nachdenken für Dich und ein kleines Resümee:

- Für welchen Typus hast Du Dich bisher gehalten?
- Wofür hast Du Dich nach dem Lesen dieses Kapitels entschieden?
- Welche der oben genannten Strategien wirst Du in Zukunft anwenden?
- Kannst Du die Strategie für Optimisten in anderen Menschen installieren?

## Positives Denken einfach lernen

*»Schau mal, da hinten wird's schon heller!«* Es war Verlass darauf, dass an einem Regentag meine Mutter – aus dem Fenster blickend – diesen oder einen ähnlichen Satz von sich gab. Ihren grenzenlosen und pragmatischen Optimismus habe ich geerbt und fahre damit wirklich gut. In diesem Abschnitt ergreife ich Partei für ihre Art des Denkens und möchte Dir darlegen, dass es sich für Dich lohnen kann, die hellen Stellen an Deinem Gedankenhorizont zu finden.

### Halb voll oder halb leer

Das klassische Beispiel als Frage: Ist Dein Glas halb voll oder halb leer? Eigentlich sollte das doch egal sein, oder? Ich meine: Es ist NICHT egal! Das Ergebnis ist wohl dasselbe, aber die Art, wie Du das Glas betrachtest, macht etwas in Deinem Gehirn.

- Damit Du das Glas halb leer wahrnimmst, musst Du Deine Gedanken in Richtung *weniger geworden, fast alle* fokussiert haben.
- Damit Du das Glas halb voll wahrnimmst, musst Du Deine Gedanken in Richtung *aahh, noch so viel Genuss* fokussiert haben.

Das sind zwei grundsätzlich verschiedene Denkansätze. Und eines der beiden Denkmuster hast Du für Dich im Leben generalisiert. Es taucht an allen Ecken und Enden auf. Gemeinhin nennen wir die Menschen mit einem negativen Denkansatz die Pessimisten und solche mit einer eher positiven Grundtendenz die Optimisten. Das hast Du bereits auf den letzten Seiten erfahren. Warum schneide ich das Thema hier schon wieder an? Die Antwort ist einfach:

Damit Du vom Pessimismus zum Optimismus als generelle Haltung in Deinem Leben wechseln kannst, brauchst Du unbewusste Denkmuster, BEVOR Dein Gehirn handelt. Denke zum Beispiel an die *Submodalitäten*↗ im NLP: Alles, was Du Dir an Bildern und Filmen im Kopf vorstellst, löst auch Gefühle in Dir aus. An negative Szenarien zu denken sorgt aus diesem Grund auch für negative Gefühle. Und es ist wissenschaftlich erwiesen, dass negative Gefühle Deiner Gesundheit schaden. Dein innerer Chemiecocktail kippt ins Ungenießbare, wenn Du »schlechte« Gedanken denkst.

Es lohnt sich also, negative Gedanken zu vermeiden. Und wer will schon neutrale Gedanken haben, wenn es so einfach ist, positiv zu denken – immerhin hast Du Lesen, Schreiben und Rechnen gelernt. Auch das positive Denken kannst Du lernen.

**Positives Denken trainieren**
Damit Du eine Gewohnheit annimmst, braucht es etwa vier Wochen des konstanten Übens. Das ist Dein Zeitrahmen. Und dann: Halte einen Moment inne und denke nach:

Was war heute DEIN schönstes Erlebnis?

Solltest Du dies zum Frühstück lesen, wird Dein Gedächtnis bestimmt so weit reichen, dass Du den gestrigen Tag erinnerst. Wenn Du beginnst, darüber nachzudenken, bist

Du bereits in der positiven Spirale Deiner Gedanken gelandet. Damit Du für ein Ereignis entscheiden kannst, musst Du es auf der Gefühlsebene mit anderen Ereignissen vergleichen. Das passiert unbewusst, setzt aber voraus, dass Du Dir positive Gefühle zum Vergleichen gemacht hast. Fazit: Denke an positive Ereignisse und Du wirst positive Gefühle entwickeln.

**NLP-Strategie für positives Denken**
Du hast Dich beim Lesen dieses Buches bereits etwas mit NLP befasst und kennst auch die Submodalitäten. In diesem Falle meine ich die Submodalität *assoziiert/dissoziiert*⁷.

Du kannst Dich an ein negatives Erlebnis erinnern und prüfen, ob Du es *assoziiert* oder *dissoziiert* erinnerst. Assoziiert bedeutet, das Ereignis in Gedanken wie durch Deine Augen wahrzunehmen und das dazugehörige Gefühl auch im Körper zu fühlen. Dissoziiert bedeutet, Dich in der Erinnerung wie im Kino mit Dir als Hauptdarsteller zu sehen und die dazugehörigen Gefühle viel schwächer zu fühlen. Das ist doch interessant. Du besitzt mit der Fähigkeit *dissoziiert* und *assoziiert* zu erinnern ein Mittel, die Stärke Deiner Gefühle zu steuern. Man möchte also meinen, Du würdest dieses Wissen dafür einsetzen, Dir in Zukunft so viele positive Gefühle wie nur irgend möglich zu machen. Ich habe allerdings mit vielen Experimenten herausgefunden, dass wir Menschen häufig die Strategie gelernt haben, die negativen Erlebnisse *assoziiert* wahrzunehmen. Und die positiven Erinnerungen *dissoziiert* zu erinnern. Was für eine Tragödie! Und: Wie ist das bei Dir?

Stehst Du bei guten Gefühlen mitten in Deinem Bild oder betrachtest Du Dich von außen, wie Du gute Gefühle hast? Verändere doch zum Zwecke eines kleinen Experiments Dein erinnertes Erlebnis bei Bedarf von *assoziiert* nach *dissoziiert* oder umgekehrt.

### Gesunde Gedanken = gesunder Körper

*Geistige Reinigung sorgt auch für Dein körperliches Wohlbefinden.*
Jede Form von Zivilisation ist von Ordnung begleitet. Du reinigst und ordnest Deinen Schreibtisch, Dein Zimmer oder Dein Auto als Bestandteil eines erfolgreichen Lebens. Warum reinigst Du nicht auch Deine Gedanken? Keine Sorge, ich schlage Dir keine Gehirnwäsche vor, auch wenn dieser Begriff naheliegt. Ich meine es gut mit Dir – und Deinen Gedanken.

Leider herrscht in unserer Gesellschaft kein großes Bewusstsein darüber, wie Du Gedanken »reinigen« kannst. Da sind andere Kulturen bereits viel weiter. Lasse mich deshalb mit einer Erzählung aus Nepal beginnen. Mit meinen Teilnehmern am *TrainerTrack*⁷ fahre ich in jedem Jahr dorthin, um zu wandern und auch, um Ratschläge von klugen Menschen einzuholen. Wenn es seine Zeit erlaubt, besuchen wir in jedem Jahr einen *Rinpoche*⁷. Im buddhistischen Glauben ist er ein kostbarer Wiedergeborener, so der Name in wörtlicher Übersetzung. Er hört geduldig unsere großen Fragen zum Leben und steht uns Rede und Antwort. Bei einem unserer Besuche stellte ein Teilnehmer folgende Frage:

*»Rinpoche, wie lebe ich richtig?«*
Seine Antwort:
*»Füge Dir selbst kein Leid zu – und füge anderen kein Leid zu.«*
So einfach wäre es also. Das kannst auch Du Dir zum Grundsatz im Leben machen. Mich interessiert für dieses

Kapitel der Teil des »*Füge Dir selbst kein Leid zu*«. Ich meine nämlich, dass Du Dir viel zu häufig selbst Leid zufügst. Paradoxerweise geschieht dies in und mit Deinen Gedanken.

**Deine Liste zum persönlichen Glück**
Vielleicht willst Du wissen, wie weit Du auf Deinem Weg ins Glück bereits gegangen bist. Ich gebe Dir deshalb eine kleine Liste an die Hand, mit der Du dies überprüfen kannst. Dabei geht es weniger um NLP-Techniken als um allgemeingültige Einsichten. Die Wahrheit ist eben – wie so oft – einfach.

Wenn erst einmal Dein gesunder Menschenverstand bei Dir funktioniert, ist viel gewonnen. Am Anfang steht das Umdenken. Lass mich deshalb ein wenig an Deinem Weltbild und Deinen Glaubenssystemen rütteln.

Glaubst Du immer noch, andere wären schuld, an Deinem Leid, Deiner schlechten Laune und Deinem Schicksal? Glaubst Du, das Verhalten anderer Leute, das, was sie tun oder nicht tun, wäre dafür verantwortlich, wie Du Dich gerade fühlst? Meine Antwort: DU ALLEIN bist verantwortlich für Deine Stimmung und Laune. Wie wenige Menschen nach diesem Prinzip leben, wirst Du in Deinem Alltag immer wieder feststellen. Mein Ziel ist, Dir viele Mittel und Wege an die Hand zu geben, Deine Gefühle selbst zu steuern. Du kannst sofort damit beginnen. Beginne mit vier Aufgaben, die – richtig angewendet – Teil Deines zukünftigen Lebens werden:

**1. Sieh das Gute im anderen**
Fange an, die Menschen um Dich herum genauer zu beobachten. Finde Anhaltspunkte dafür, dass alles, was Deine

Mitmenschen tun, einer guten Absicht entspringt. Wenn Du beginnst, Dein Weltbild in diesem Sinne zu verändern, wird sich ganz automatisch auch Dein Verhalten verändern. Und damit setzt Du eine positive Spirale in Gang. Aus Deiner positiven Sicht auf Deine Mitmenschen resultiert dann auch anderes Verhalten. Diese »Angebote«, die Du Deinen Mitmenschen machst, werden ein anderes Verhalten Deiner Gegenüber auf den Plan rufen.

Das wäre doch eigentlich Motivation genug, Deinen Fokus darauf zu richten, dass alle Menschen Gutes von Dir und für Dich wollen. Damit inszenierst Du einen positiven Verstärker in Dir und Deiner Umwelt. Wenn es Dir gelungen ist, Deinen Fokus zu verändern, bist Du einen Schritt weiter. Dann möchte ich Dir noch eine zusätzliche Frage stellen.

**2. Kannst Du Dich selbst loben?**
Am Anfang gleich ein kleines Experiment. Stelle Dich vor den Spiegel in Deinem Badezimmer und lobe Dich selbst. Nicht grummelig und in Gedanken, nein, laut ausgesprochen, mit einem Lächeln auf den Lippen. Das bedingt natürlich, dass Du gelernt hast, zu lächeln. Wenn Dir dieses kleine Experiment schwerfällt, bist Du nicht alleine. Oft hat der Mangel an Selbstakzeptanz etwas mit einer ziemlich verschobenen Wahrnehmung zu tun. Was Du in Mode- und Fitnesszeitschriften abgebildet siehst, ist weder die Normalität noch entspricht es irgendeiner Alltagsrealität. Es entsteht durch die hervorragende Arbeit von Maskenbildnern, Fotografen und Photoshop-Nachbearbeitern. Wenn Du Dich einfach einmal in Deinem Alltag umsiehst: Wie viele Menschen haben solche Model-Körper? Und

solltest Du jemanden findest: Frage ihn, wie viele Opfer er dafür gebracht hat.

Du kannst lernen, Dich so zu akzeptieren, wie Du bist. Finde Dinge an Dir, die Dir gefallen und die Du loben kannst. Dieses kleine Experiment ist unabhängig davon, ob Du mehr Muskeln, größere oder kleinere Brüste, weniger Fett an Bauch oder Oberschenkeln haben willst. Also: Wie geht es Dir vor dem Spiegel?

### 3. Kannst Du singen?

Mir ist aufgefallen, dass in vielen Ländern, die nicht mit unserem Begriff von Reichtum gesegnet sind, das Singen, alleine und miteinander, ein wichtiger Bestandteil des täglichen Lebens ist. Jetzt ist er total übergeschnappt!, magst Du vielleicht denken. Kann schon sein. Doch denke mal nach: Fällt Dir überhaupt ein Lied ein, das Du singen kannst? Ein ganz einfaches? Oder, noch besser: Kannst Du einfach irgendeine Melodie erfinden und vor Dich hin singen?

Ach, Du bist nicht musikalisch? Du machst Dich nicht gerne zum Affen. Du kannst nicht singen? Das ist doch ein Gebiet, auf dem Du mit den bisher gelernten NLP-Techniken weiterkommst. Eigentlich ist es doch einfach. Es hört Dir ja niemand zu. Also singe! Vielleicht wirst Du nicht gleich wie Adele, Caruso, Barry White oder Tom Jones klingen. Na und! Gib einfach im Internet bei YouTube ein: »Singen lernen« Du hast Dutzende von Lehrern und Ansätzen, wie Du die ersten Schritte tun kannst. Menschen aus vielen Ländern der Welt werden Dich Nützliches lehren. Fange einfach damit an! Es ist nicht wichtig, perfekt zu sein, es ist wichtig, mit Aktion zu beginnen. Leider ist dies wieder einmal der einzige Weg, um Erfahrungen zu machen: Eben sie zu machen!

### 4. Kannst Du Komplimente machen?

Wenn Du angefangen hast, das Positive in anderen Menschen wahrzunehmen, und herausfindest, welch ein wunderbarer Platz die Welt ist, kannst Du dies auch SAGEN. Teile Deinen Mitmenschen mit, was Du toll an ihnen findest. Der Frau an der Kasse im Supermarkt, dem Busfahrer, der Mitfahrerin in der U-Bahn, einem wildfremden Passanten auf der Straße, Deinem Freund oder Deiner Freundin, Deinen Eltern, Deiner Umgebung.

Du wirst dabei viele Abenteuer erleben und großen Spaß haben. Mache es Dir zum Prinzip, jeden Tag mindestens zwanzig Komplimente an Deine Mitmenschen zu verteilen. Von »dick aufgetragen« bis »ganz subtil«.

Was das mit der »Reinigung Deiner Gedanken« zu tun hat? Alles! Reinigung heißt, die Fenster aufzumachen und ANDERE GEDANKEN in Dein Gehirn einzulassen. Die positive STIMMUNG wird nicht lange auf sich warten lassen.

## Mit schlechten Gefühlen besser umgehen

Alle Jahre wieder wird es Herbst. Die Tage werden kürzer und es kommt vor, dass die Sonne tagelang hinter grauen Wolken verborgen bleibt. Kein Wunder also, dass dann viele Menschen über miese Laune klagen. Auch zu anderen Jahreszeiten gibt es vermeintlich gute Gründe für schlechte Gefühle. Streit mit dem Partner, Stress mit Kollegen, der Chef will wieder mal nicht so, wie Du es gerne hättest, Deine Art, mit Deinem besten Freund umzugehen ... Die Liste lässt sich beliebig verlängern.

Schlechte Gefühle bekommst Du nicht einfach von irgendwoher. Das hast Du in diesem Buch schon öfter gelesen. Schuld ist nicht Dein Chef, der Kollege, der Partner oder wer auch immer. Du hast Dich entschieden, auf das, was Dein Gegenüber gesagt oder Dir vermittelt hat, mit schlechten Gefühlen zu reagieren. Sollten schlechte Gefühle »einfach so« gekommen sein, kann es sein, dass Du durch die Art, wie Du lebst, dafür gesorgt hast. Nun sind sie da und fühlen sich unangenehm an. Ich nehme an, Du möchtest sie loswerden. Das verstehe ich gut. Ein paar Ratschläge:

### 1. ERKENNE DEINEN ZUSTAND

Es hilft Dir bereits, wenn Du erkennst, dass Du gerade ein schlechtes Gefühl hast. Viele Menschen haben den Kontakt zu sich selbst verloren und liefern sich hilf- und bewusstlos dem kinästhetischen Chaos aus, das in ihnen beständig tobt. Nimm Dir ein paar Minuten Auszeit, setze oder lege Dich hin und fühle nach. Was ist gerade los in Dir? Wie würdest Du das momentane Gefühl in Deinem

Körper mit einem Wort beschreiben? Um ein Wort dafür zu finden, solltest Du wissen, welche Gefühle Du haben kannst.

Weißt Du, wie es sich anfühlt, ausgeglichen, motiviert, ärgerlich, wütend, glücklich oder traurig zu sein? Wenn Du eine Liste mit Worten brauchst, hilft Dir die *Gefühlsskala nach Hawkins*[7]. Du kennst bestimmt das Sprichwort vom Ärger, der auf den Magen schlägt. Jedes Gefühl verursacht eine Reaktion in Deinem Körper. Du kannst mit etwas Aufmerksamkeit herausfinden, wo das Gefühl in Deinem Körper passiert, das Du mit einem Namen belegst.

**2. AKZEPTIERE DIE REALITÄT**

Gefühle, auch die schlechten, sind Bestandteil Deines Lebens. Alle Gefühle gehören zum Leben, und kein Gefühl, das Du je hattest, ist nutzlos gewesen. Wenn Du zum Beispiel wütend bist, auf Dich selbst oder auf jemand anderen, hilft es, diesen Fakt zu akzeptieren. Es macht Deinen Kopf frei für die (interessante?) Beobachtung, was dieses Gefühl mit Dir anstellt.

Du kannst dem Gefühl auf den Grund gehen und Dich fragen: »Woher kommt diese Wut?« Es ist für den Umgang mit Deinen Gefühlen nicht wichtig, einen Grund zu haben, zu wissen, woher sie kommen. Vielleicht magst Du es jedoch für sinnvoll erachten, herauszufinden, woher gerade dieses Gefühl kommt. Das gilt besonders für den Bereich der Gefühlswelt von »Wut«, »Angst« und »Aggression«. Das Wissen über den vermeintlichen Grund seiner Entstehung sagt meist mehr über Dich aus als über Dein Gegenüber. Du findest den Weg, wenn Du Dich fragst: »Warum habe ich dieses Gefühl ausgerechnet jetzt?«

### 3. TRIFF EINE ENTSCHEIDUNG

Jede Deiner gewünschten Veränderungen braucht einen Anfang, einen ersten Schritt. Ein sinnvoller erster Schritt ist die bewusst getroffene Entscheidung, schlechte Gefühle zu verändern. Bleiben wir beim Beispiel des letzten Absatzes: Wenn Du wütend bist, kannst Du laut zu Dir sagen: »Ich werde meine Wut JETZT in gute Laune ändern!«

Probiere es aus! Die Entscheidung getroffen zu haben und sie laut auszusprechen, befördert Dich vom hilflosen Opfer Deiner Gefühle in die Zone des selbstbestimmten Menschen. Bist Du bereit?

### 4. VERÄNDERE DEINE GEFÜHLE MIT SUBMODALITÄTEN

*Submodalitäten*↗ sind die Eigenschaften Deiner Sinneseindrücke. Wenn Du ein Erlebnis erinnerst, kannst Du das, was Du erinnerst, in Gedanken beispielsweise als ein Bild oder einen Film sehen. Film oder Bild besitzen jeweils ganz bestimmte Eigenschaften. Das Bild mag eine bestimmte Größe haben und eine bestimmte Distanz entfernt sein. Diese Eigenschaften sind nicht festgeschrieben, Du kannst sie verändern und direkt oder indirekt die Gefühle Deiner Erinnerung verändern.

Du könntest das erinnerte Bild kleiner machen und würdest vielleicht feststellen, dass das dazugehörige Gefühl ebenfalls »kleiner« wird. Gefühle kannst Du auch auf direktem Wege verändern. Wenn Du herausgefunden hast, wo in Deinem Körper das negative Gefühl stattfindet, kannst Du den Ort willentlich verändern. Negative Gefühle scheinen Dich oftmals zu »überschwemmen«. Das bedeutet, sie haben ihren Ursprung an einem bestimmten Ort, zum Beispiel in der Bauchgegend, um sich dann über den ganzen Körper auszudehnen. Das macht sie stark – und unangenehm. Konzentriere Dich einmal darauf , das entsprechende Gefühl in Deine rechte Hand zu verschieben. Das gibt Dir die Information, das Gefühl in der Hand zu haben, ohne ihm gleich schutzlos »ausgeliefert« zu sein. Meine Techniken zur Veränderung der Gefühle hören sich vielleicht etwas seltsam für Dich an. Das allerdings nur, weil Du sie noch nicht ausprobiert hast. Etwas Übung gehört schon dazu.

Und noch etwas: Diese Technik funktioniert auch andersherum. Wenn Du das Gefühl von Glück nur an einer bestimmten Stelle im Körper fühlst, warum es nicht über den ganzen Körper ausdehnen und Dich DAMIT »überschwemmen«? Das kannst Du mit *hypnotischen Suggestionen*↗ und Techniken sogar automatisieren.

### 5. GEFÜHLE VERÄNDERN DURCH ABLENKUNG

Dies ist ein Rat aus der Praxis: Wenn Du schlechte Gefühle hast, räume Deine Wohnung auf, bügle einen Stapel Wäsche, entrümple Deinen Kleiderschrank. Meistens verfliegen schlechte Gefühle, wenn Du an etwas anderes denkst, Entscheidungen triffst oder Gutes für Dich oder andere tust. Am Ende freust Du Dich über eine saubere Wohnung oder einen entrümpelten Kleiderschrank.

Es hilft auch, Dich auf die Couch zu legen, den Kopfhörer aufzusetzen und ein Hörbuch zu hören. Ruhige klassische Musik und langsame Popmusik eignen sich hervorragend. Im Modell von NLP bezeichnet man eine Handlung, die eine andere unterbricht, als eine *Musterunterbrechung*↗. Sie ist nützlich, um Deinen Kopf frei zu machen.

## 6. VERÄNDERE DEINEN INTERNEN DIALOG

Eine andere Form der Veränderung von Submodalitäten findest Du in der Welt der auditorischen Sinneswahrnehmungen, also allem, was mit Schall zu tun hat. Du kannst beispielsweise die Art verändern, WIE Du mit Dir sprichst. Im Fachterminus nennt man dies, die *Analogs*↗ zu verändern. Sprich einfach einmal mit einer quakenden Entenstimme zu Dir, wenn Du wütend bist. Das kannst Du nicht sehr lange aufrecht halten. Irgendwann wirst Du über Deine Albernheit grinsen. Und was wäre besser geeignet, Dir die Nutzlosigkeit Deines Tuns (ich meine das Haben der schlechten Gefühle) vor Augen zu führen, als herzlich darüber zu lachen?

## 7. BENUTZE DIE HAHA-TECHNIK

Klar, nicht jeder bringt es zustande, herzlich über sich zu lachen. Das funktioniert meist dann nicht, wenn die schlechte Laune in Dir vorherrscht. Viele Menschen sind der Ansicht, ihre schlechten Gefühlen festhalten zu müssen. Das ist zwar widersinnig, aber leider total normal.

Macht nichts, Du kannst Dir einen NLP-Trick aus der Neurologie zunutze machen. Rolle mit Deinen Augen nach oben – in Richtung Himmel oder Zimmerdecke. Dann rolle mit den Augen nach links, dann nach rechts. Im Takt des Rollens sagst Du laut »Ha, Ha, Ha, Ha, Ha«. Sechs- bis zehnmal reicht. Damit zerstörst Du jedes schlechte Gefühl. Du glaubst es nicht? Probier es einfach aus.

## 8. LERNE DIE *SPRINGTECHNIK*↗

Diese Technik hilft mir, wenn ich am Abend nicht einschlafen kann, weil mich irgendwelche emotional heftigen

Ereignisse aufgewühlt haben. Es ist wieder eine Art von *Musterunterbrechung*↗, diesmal mithilfe der Technik der *Assoziation*↗. Ich beginne, an irgendein schönes Erlebnis meiner Vergangenheit zu denken. Wenn ich es gefunden habe, überlege ich kurz, womit dieses Ereignis zu tun hat, wie es mit Dingen zusammenhängt, die mir in den Sinn kommen, und spätestens da bin ich schon beim nächsten Ereignis gelandet.

Auch hier verweile ich nicht sehr lange, sondern finde durch schnelle Assoziation gleich wieder ein schönes Ereignis in meinem Leben. Das wiederhole ich für etwa 10 bis 15 Minuten konzentriert. Von einem positiven Ereignis zum nächsten. Ich tauche gerade so lange ein, bis ein Funken der damaligen positiven Gefühle in mir hängen bleibt.

Ein großer Fehler wäre es, Deine schlechten Gefühle durch Wiederholung Deines internen Dialogs weiter zu verstärken.

**Fazit:**
Wenn Du in der Lage bist, eine Strategie zu entwickeln, die in dem Moment greift, in dem Du schlechte Gefühle hast, bist Du einen weiteren Schritt in bewusster Lebensgestaltung gegangen. Der Trick im Umgang mit den schlechten Gefühlen besteht darin, Techniken in dem Moment anzuwenden, in dem Du glaubst, die Gefühle haben zu müssen. Ist Dir die Relativität Deiner schlechten Gefühle erst einmal bewusst geworden, sind es nur wenige Schritte zu viel mehr Ausgeglichenheit.

## Depression: Symptome und Ursachen

*Was tun, wenn Du eine dunkle Jahreszeit erlebst?* Für einen Winterblues gibt es gute Tipps, eine allgemeine Niedergeschlagenheit schnell zu lindern. Ab einem bestimmten Stadium jedoch nennen die Ärzte diesen Zustand »Depression«. Auch wenn Du meinst, der Herbst wäre der Anlass, können hinter solchen Zuständen langfristig wirkende Auslöser stecken. Sie erfordern eine gründliche Analyse und sollten, wenn sie länger andauern, zu einer Behandlung führen.

Viele Menschen, die sich mit dem Modell von NLP beschäftigen, hätten gerne einen magischen Knopf, der ihre schlechten Gefühle einfach abschaltet. Leider habe ich keinen solchen »Knopf« gegen den Zustand der Depression. Ja, es ist möglich, mit NLP-Techniken Deine Stimmung für einen Moment (der ziemlich lange andauern kann) dramatisch zu verbessern.

Was ist allerdings, wenn in wechselnden Zeitabständen Deine Symptome immer wieder auftauchen? Ein »Knopf«, der würde Dir kurz Linderung verschaffen, auf Dauer wird Dir jedoch nur die Veränderung Deines Verhaltens helfen. Was also, um zum Thema zurückzukehren, kannst Du tun, um langfristig einer möglichen Depression entgegenzuwirken?

### Saisonal abhängige Depression

Meist geht es um die jahreszeitlich bedingte Niedergeschlagenheit, die viele von uns in der dunklen Jahreszeit trifft und über die sich die wenigsten in ihren Auswirkungen bewusst sind. Es ist die »saisonal abhängige Depression«, kurz SAD. Die Ursache von SAD ist der Lichtmangel in der dunklen Jahreszeit. Ohne eine ausreichende Menge an Tageslicht verringert der Körper die Produktion des Glückshormons Serotonin. Dafür steigt der Melatonin-Spiegel im Körper an. Der steuert Dein Schlafbedürfnis und macht Dich, wenn er hoch ist, ständig müde und schlapp.

Woher weißt Du nun, dass Du bei Deinem vermeintlichen und momentanen Stimmungstief unter SAD leidest? Was sind die Anzeichen? Eine der tückischen Eigenschaften einer wirklichen Depression ist es, dass der Betroffene selbst keine Wahrnehmung dafür hat. »Es ist einfach so« und »Ich bin schon immer so gewesen!« sind zwei typische Aussagen.

Ich biete Dir deshalb zwei Tests an, die beide in die gleiche Richtung weisen. Der erste Test für Deine Symptome ist ein einfacher Selbsttest der Stiftung Deutsche Depressionshilfe. Ich habe ihn mit den Regeln des Modells von NLP sprachlich analysiert und die zehn Fragen modifiziert.

**Anzeichen und Symptome von Depression**

Der folgende Test ist in seinem Ansatz von der Schulmedizin beeinflusst. Dort glaubt man, Depression wäre gut mit Medikamenten behandelbar. Sie sollen nach Möglichkeit schon bei gelinden Stimmungsschwankungen helfen. Deshalb sollst Du auch möglichst früh zum Arzt gehen und seinen Rat einholen. Ja, das kannst Du tun, oder anders handeln. Ich bin gegen den Einsatz von Medikamenten bei Depression, dies ist allerdings meine persönliche Meinung und die steht auf einem anderen Blatt. Hier soll es darum gehen, ob Du vielleicht an einer schwereren Form des Herbstblues leiden könntest. Beantworte deshalb ehrlich die folgende Fragen.

Leidest Du *seit mehr als 2 Monaten* immer wieder unter …

- gedrückter Stimmung?
- Interesse- oder Freudlosigkeit, vielleicht sogar bei früher als angenehm empfundenen Ereignissen?
- Schwunglosigkeit oder träger Müdigkeit, verbunden mit innerer Unruhe?
- geringem Selbstvertrauen und Selbstwertgefühl?
- verminderter Konzentrationsfähigkeit und starker Neigung zum Grübeln?
- Unsicherheit, auch einfache Entscheidungen richtig zu treffen?
- starken Schuldgefühlen und vermehrter Selbstkritik?
- negativen Zukunftsperspektiven und Hoffnungslosigkeit?
- hartnäckigen Schlafstörungen?
- vermindertem Appetit?
- tiefer Verzweiflung oder sogar Todesgedanken?

Interessant ist, dass bereits bei zwei JAs in diesem Test die Empfehlung besteht, einen Arzt aufzusuchen. Bereits drei bis vier JAs attestieren Dir eine behandlungsbedürftige Depression. Du sollst dann sofort einen Arzt konsultieren. Dann kommt der Hinweis, dass Depressionen in der Regel gut behandelbar sind. Gemeint sind hier natürlich Medikamente. Wie gesagt, viele Menschen wollen lieber den »Knopf« drücken, indem sie eine Pille einnehmen, und sonst das Leben beim Alten lassen. Diesen Ratschlag kannst Du kritisch sehen – oder befolgen.

**Eine mögliche Depression rechtzeitig erkennen**
Den zweiten Test hat der Psychologe *Ivan K. Goldberg*↗ ausgearbeitet. Ich habe ihn geringfügig modifiziert. Trifft eine oder mehrere der folgenden Aussagen auf Dich zu?

- Ich verrichte meine Aufgaben nur langsam.
- Meine Zukunft erscheint mir hoffnungslos.
- Beim Lesen kann ich mich schwer konzentrieren.
- Mein Leben ist freudlos und ohne Vergnügen.
- Ich habe Schwierigkeiten, auch unwichtige Entscheidungen zu fällen.
- Dinge, die mich früher interessiert haben, sind jetzt uninteressant geworden.
- Ich bin oft unglücklich, traurig oder niedergeschlagen.
- Ich finde keine innere Ruhe, bin rastlos und fühle mich gehetzt.
- Ich bin häufig und ohne Grund auch über den Tag hinweg müde.
- Auch kleinere Aufgaben sind für mich eine große Anstrengung.
- Ich fühle mich schuldig und habe es verdient, bestraft zu werden.
- Ich fühle mich als Versager.
- Ich habe eine Leere in mir und fühle mich oft mehr tot als lebendig.
- Ich kann nicht einschlafen, schlafen und durchschlafen.
- Ich habe mich schon manchmal in Gedanken mit Selbstmord beschäftigt.
- Ich fühle mich gefangen.
- Selbst über schöne Dinge kann ich mich nicht freuen.
- Ich habe stark zu- oder abgenommen.

Wenn Du beim Durchlesen dieser Symptome noch nicht depressiv geworden ist, bescheinige ich Dir ein robustes Gemüt. Mal im Ernst: Wenn Du feststellst, dass einige oder vielleicht sogar die Mehrzahl der Aussagen für Dich zutreffen, empfehle ich Dir, einen Arzt oder Homöopathen aufzusuchen. Das ist die richtige Person, um über das Thema Depression zu sprechen.

Wenn Du sonst ein sonniges Gemüt hast, das aber nun in der dunklen Jahreszeit eine Trübung erfährt, kannst Du einfach davon ausgehen, unter SAD zu leiden. Dabei kannst Du SAD durch eine verhältnismäßig einfache und preiswerte Behandlung vermeiden oder lindern. Und wenn Du nicht unter SAD leidest, werden Dir meine Therapievorschläge trotzdem nützlich sein. Zumindest schaden sie Dir nicht.

## Depression: Vorbeugung, Hilfe, Behandlung

### 1. TRICK: AKTIVITÄT

In einer Umfrage geben sechs von zehn Betroffenen an, dass sie bei trübem Wetter nur dann nach draußen gehen, wenn es unbedingt sein muss. Jeder Zweite setzt sich stattdessen vor den Fernseher oder den Computer, um sich von seinem Seelenblues abzulenken. Statt zur Couch-Potato zu werden, hilft es Dir sehr, Dich aufzuraffen und eine halbe Stunde zu joggen, Yoga zu machen oder ins Fitnessstudio zu gehen. Wirklich: ALLE Arten von Aktivität helfen. Sehr einfach also. Wenn Du Dich bewegst, sorgst Du zusätzlich für eine vermehrte Ausschüttung stimmungsaufhellender Hormone.

## 2. TRICK: VIEL LICHT

Deine momentane Trägheit kommt meist vom Lichtmangel. Also, her mit dem Licht! Rausgehen hilft. Selbst an einem trüben, sonnenlosen Januartag liegt die Beleuchtungsstärke draußen bei mindestens 1000 Lumen und damit deutlich über der in geschlossenen Räumen. Eine normale Lampe schafft in etwa 300 bis 500 Lumen. Und wenn draußen die Sonne scheint, sind auch im Winter gleich 10 000 Lumen erreicht. Dazu kommen die Vorteile der Bewegung an der frischen Luft.

Eine sehr gute Idee für drinnen sind Tageslichtlampen. Die bekommst Du im Internet sehr einfach. Sie sind allerdings ziemlich teuer. Ich habe den Pflanzenzüchtern zugehört und mir eine preiswerte Vollspektrumlampe gekauft. Eine solche Lampe kostet viel weniger und funktioniert für mich ausgezeichnet. Ich habe sie einfach in die Lampenfassung geschraubt und tatata, die Sonne ging im Zimmer auf. Die Lampe ist wirklich hell (über 5000 Lumen), und ich habe eine davon bei mir am Schreibtisch leuchten. Aber aufpassen: Die Lampe soll vorsichtig behandelt werden, damit sie nicht in die Brüche geht. Denn dann besteht die Gefahr, dass giftige Dämpfe austreten.

Das Licht der Lampe muss übrigens nur die Netzhaut des Auges erreichen. Dann wird der Impuls zur Steigerung der Serotonin-Produktion an das Gehirn weitergeleitet. Es verhält sich also nicht so wie bei der Höhensonne oder der Sonnenliege, bei der UV-Strahlung über die Haut aufgenommen und in Vitamine umgewandelt wird.

### 3. TRICK: KUSCHELEINHEITEN

Der Leipziger Forscher Martin Grunwald empfiehlt »Kuscheleinheiten«. Wenn jemand anderes Deine Haut berührt, ob mit den Händen oder mit anderen Körperteilen, werden Serotonin, positive Hormone und Neurotransmitter ausgeschüttet. Das ist ein wichtiger Grund, sich nach einem Aufenthalt im Freien mit einer Person Deines Vertrauens ins Bett zu kuscheln, eine halbstündige Massage gegen den Herbstblues zu veranstalten oder sich auf andere, intimere Art und Weise nahe zu sein. Dazu vielleicht noch ein wohlriechendes Massageöl und Du wirst schnell süchtig. Übrigens: Deine eigenen Hände funktionieren an Deinem Körper leider nicht halb so gut.

### Ratschlag zur Umsetzung

Das sind aus meiner Sicht drei gute und praktische Tipps gegen aufkommenden Herbstblues. Denke dran: Mit guter und positiv optimistischer Stimmung triffst Du auch gute Entscheidungen. Ein Ratschlag noch. Wenn Du vielleicht denkst: Ach, ich hab keine Lust, rauszugehen. Vielleicht morgen. – Setze Dein Vorhaben gleich in die Tat um!

Finde heraus, wie gut Du Dich NACH einer Stunde Spazierengehen im Freien fühlst. Vielleicht nimmst Du einen Freund oder eine Freundin mit. Im Gehen plaudert es sich prima. So schlägst du gleich zwei Fliegen mit einer Klappe. Und dann käme da ja noch das Kuscheln danach …

## Gesund leben und glücklich sein

Ich stelle Menschen oft folgende Frage: »Was willst Du in Deinem Leben erreichen?« Am Ende läuft die Antwort auf einen hohen Chunk↗ hinaus, der oftmals zwei Lebensbereiche zusammenfasst: »Eigentlich will ich nur gesund und glücklich sein!« Zuerst stolpere ich über das kleine Wörtchen »nur« – Limitierung ohne Not. Oder wie's im Bayerischen so schön heißt: Des braucht's ja net.

In diesem Abschnitt soll es um die beiden anderen Begriffe »gesund« und »glücklich« gehen. Vielleicht kann ich Dich motivieren, kurz darüber nachzudenken, was Du mit NLP dazu beitragen kannst, beides reichhaltig in Deinem Leben zu haben. Und vielleicht kann ich Dich sogar dazu motivieren, den einen oder anderen Tipp von mir auszuprobieren.

### Reflexion über das Thema »Gesundheit«

Was Gesundheit bedeutet, definiert die Weltgesundheitsorganisation als »Zustand des vollständigen, körperlichen, geistigen und sozialen Wohlbefindens«. Gesundheit wird als Bestandteil des alltäglichen Lebens verstanden – nicht als Lebensziel. Das finde ich interessant, weil soziales Wohlbefinden nach dieser Definition eine Art von Glücklichsein bedeutet. Das würde »glücklich« als Bestandteil von »gesund« bedeuten.

In der umgangssprachlichen Definition grenzen wir mit dem Wort »glücklich« das »gesund« meist aus. Gesund ist nach allgemeinem Verständnis jemand, der nicht krank ist. Also die Abwesenheit von körperlichem und seelischem Leid. Meistens ist es jedoch so, dass der Mensch eine Menge tun muss, um gesund zu werden oder zu bleiben. Mit »Mensch« meine ich Dich und mich als Mitglieder einer Minderheit der Weltbevölkerung, der es richtig gut geht. Führe Dir das bitte vor Augen: Deine und meine »Probleme« im Hinblick auf Gesundheit und Wohlbefinden hätte der größte Teil der Weltbevölkerung wirklich gerne.

Allein: Die Erkenntnis, dass es anderen Menschen viel schlechter geht, hilft Dir bei Deinem Glücklichsein nicht weiter. Wie wäre es denn, einfach einmal mit ein paar hilfreichen Aktionen zu beginnen? Also tatsächliche Aktion und nicht nur der allseits bekannte Konjunktiv: »Ja, man müsste mal ...«

**Reflexion über das Thema »glücklich«**
Wie verhält es sich dann mit dem zweiten Wunsch, dem Zustand des Glücklichseins? Die Google-Suche bringt es an den Tag – jeder Mensch versteht darunter etwas anderes. Könnten wir Einigkeit herstellen für einen Maßstab von Glück? Quantitativ etwa: »Ich habe gerade 125 Milliglück«? Leider gibt es hierfür noch keine Skala. Dann können wir uns vielleicht auf den Ort einigen, an dem Glück entsteht: Dein Körper. Jeder Mensch nimmt den Zustand des Glücks als Gefühl in seinem Körper wahr. Ja, das ist endlich etwas, woran Du Dich festhalten kannst!

Alles, was Du im Leben tust, alles, was Du in Deinem Gehirn veranstaltest, läuft darauf hinaus, die Gefühle in Deinem Körper möglichst angenehm zu gestalten. Nur beschreiten viele Menschen sehr krumme Wege, um dies zu erreichen. Während es für den Urmenschen, unabhängig vom Wohlfühlen, ausschließlich um das Überleben ging, stehen Dir seit einigen Hunderttausend Jahren in unserem

Körper wirksame Mittel zur Verfügung, angenehme Zustände jenseits subbewusster Überlebensprogramme zu erreichen. Glückshormone wie *Beta-Endorphin*↗ und *Serotonin*↗ sind zwei dieser Mittel, NLP ist ein anderes – Ja, wirklich!

Hormone und NLP können Dich motivieren, Dinge zu tun, die ein intensives Glücksempfinden hervorrufen. In all Deinen Handlungsstrategien ist dieses Prinzip eingebaut – oder sollte es zumindest sein. Dein internes Testkriterium für den Erfolg von Lebensstrategien benötigt ebenfalls ausschließlich positive Gefühle. Mit anderen Worten: Motivation und Erfolg brauchen mindestens EIN gutes Gefühl. Das ist meine Erfahrung aus vielen Stunden des *Modellings*↗. Ich finde, diese Erkenntnis ist extrem wichtig für Dein Leben.

Im Klartext heißt das nämlich: Was Du im Leben erreichen möchtest, MUSS mit positiven Gefühlen besetzt sein. Das klingt banal, ist es allerdings in seiner konkreten Ausführung meist nicht. Im Kontext des *Ankerns*↗ bedeutet das: Je intensiver und positiver Du kinästhetische Zustände ankerst, desto besser funktioniert die Strategie dahinter.

**Lust auf ein Experiment?**
Stelle Dir eine sehr positive Situation aus Deiner näheren Vergangenheit vor. Vielleicht wählst Du eine sexuelle Praktik, die bei Dir positiv besetzt ist. Nur keine Scheu! Die Vorstellung muss gar nicht Deinen tatsächlichen Erlebnissen entsprechen. Betrachte Dich in Deiner Vorstellung. Rufe Dir die die Geräusche der (vorgestellten) Situation in Erinnerung. Nach einigen Augenblicken, manchmal nach genussvollen Minuten, solltest Du ein wirklich positives Gefühl in Deinem Körper wahrnehmen.

Erforsche, wo genau im Körper Du diese positiven Gefühle wahrnimmst. Konzentriere Dich nicht nur auf Deinen Genitalbereich! Beachte, dass sich Gefühle im Körper bewegen müssen, damit sie von Dir wahrgenommen werden. Diese Bewegungsmuster kannst Du ändern und herausfinden, ob dadurch das Gefühl stärker oder schwächer wird. Die Veränderung des Ortes ist eine gute Technik, positive Gefühle zu verstärken. Sei darum großzügig mit Dir! Dein Leben kann auf diese Weise zum großen Kino werden.

Vielleicht hast Du von deiner Partnerin oder Deinem Partner schon einmal zu hören bekommen, Du seist nicht in Kontakt mit Deinen Gefühlen. Wäre das nicht ein Grund zum (heimlichen?) Üben mit der obigen Übung? Positive Gefühle haben können, selbst gestalten, verstärken und dann auf eine Situation Deiner Wahl *ankern*. Damit kannst Du Deinen Partner beim »nächsten Mal« positiv überraschen. Und Du hast noch eine Menge dabei gelernt.

Um Dich auf die richtige Fährte zu bringen: Es würde Dir nützen, wenn Du Dir einen *Anker* bastelst, der mit dem »richtigen« Auslöser Deinen Körper so sensibel macht, dass selbst die leiseste Berührung Schauer von wohligen Gefühlen auslöst. Und: Nimm bei diesem Gefühl NICHT einen Bereich Deiner Intimregion als Auslöser. Es wäre ja schade, wenn Du die »Schauer von Wohlgefühl« als Bestandteil Deiner zukünftigen Motivationsstrategie nur durch einschlägige Stimulation erfahren kannst.

## Übungen für Deinen besten Zustand

*Mehr Selbstbewusstsein und Ausstrahlung.* Du setzt Dich ab jetzt mehr mit Deinen Stimmungen auseinander, Du achtest auf Deine Gesundheit. Sehr gut. Dann der nächste Bereich: Wie steht es eigentlich um Dein Selbstbewusstsein? Glaubst Du vielleicht, zu wenig davon zu haben? In diesem Abschnitt vermittle ich Dir einige NLP-Strategien, mit denen es Dir gelingt, Dein Selbstbewusstsein zu steigern. Wenn Du vier Wochen diesen Ratschlägen folgst, bist Du ein anderer Mensch. Versprochen! Weniger als zwei Minuten pro Tag werden Dich in wenigen Tagen zu einer dramatischen Zunahme Deiner Ausstrahlung führen. Die Nebenwirkungen solltest Du jedoch beachten: Zuneigung, Aufmerksamkeit, Erfolg. Wenn Du dies akzeptieren (und aushalten) kannst, mache Dich auf den Weg.

### Mangelndes Selbstbewusstsein ist ein Glaubenssatz

Darf ich Dich zuerst auf einen Denkfehler aufmerksam machen? Du glaubst vielleicht, Du hättest »zu wenig« Selbstbewusstsein. Im NLP nennen wir das einen *Glaubenssatz*↗ und zu allem Überfluss ist das ein *limitierender Glaubenssatz*↗. Das, was Du glaubst, hindert Dich daran, Dein wahres Potenzial zu erreichen.

Tatsächlich verhält es sich anders: Du hast nicht zu wenig Selbstbewusstsein, Du wendest Strategien an, die Dich daran hindern, das zu bekommen, was Dir zusteht. Oft hast Du und hat Dein Unterbewusstsein einfach die Strategie »Selbstbewusstsein« noch nicht gelernt.

### Test: Wie viel Selbstbewusstsein hast Du?

Es ist vielleicht eine gute Idee, für Dich herauszufinden, wie viel Selbstbewusstsein Du »nicht« hast, und Dir Deiner Strategien bewusst zu werden, mit denen Du Dein natürliches Selbstbewusstsein quasi vernichtest.

**TEST 1:**

Stelle Dich wieder einmal nackt vor einen großen Spiegel. Das kennst Du schon aus einem anderen Kapitel. Dort kannst Du Dich ganz betrachten. Sieh Dich an. Betrachte Dich vom Scheitel bis zur Sohle, mehrere Minuten lang.

- Wer steht da vor Dir?
- Achte auf Deine innere Stimme.
- Kritisierst Du Dich?
- Gefällt Dir, was Du siehst?

Ich kenne 25-jährige Jungs, die mit gnadenlos guter Figur vor dem Spiegel stehen, eine Fresse ziehen und zu sich sagen: »So sieht mich keine Frau an! Da geht viel mehr!«

Ja, und dann beschäftigen sie sich wieder mit der wichtigsten Person in ihrem Leben – nämlich mit sich selbst. Du merkst schon, in diesem Abschnitt kommst Du mehr als nur Deinem mangelnden Selbstbewusstsein auf die Spur.

**TEST 2:**

Gehe in ein Café. Nimm Dir vor, Kontakt mit einem wildfremden Menschen aufzunehmen. Egal, welches Geschlecht, Alter, Aussehen. Nimm Dir eine Strategie vor. Beispielsweise kannst Du zu einer einzeln sitzenden Person treten und sagen: »Hallo, ich sehe Sie da sitzen und Sie sehen so interessant aus. Haben Sie Lust, ein bisschen mit mir zu plaudern?« Dabei lächelst Du.

Wichtig ist wieder einmal, VORHER auf Deinen *internen Dialog*↗ zu achten. Was sagst Du zu Dir, wenn es ernst wird? Wie verhinderst Du möglicherweise Deine Aktion? Wenn Du englische Bücher liest, sieh Dir einmal die Bücher von *Leil Lowndes*↗ an. Sie ist bekannt geworden durch ihr Buch *How to talk to anyone!*. Das kann ich Dir nur wärmstens ans Herz legen. Damit lernst Du die klassische Strategie des gesellschaftlichen Small Talks.

### Drei noch schnellere Strategien für Selbstbewusstsein

**STRATEGIE 1:**
**BEEINFLUSSE DEINEN INTERNEN DIALOG IN DREI STUFEN.**
Wenn Du Test 2 absolviert hast, weißt Du, welch große Rolle der *interne Dialog* in der Gestaltung Deines Selbstbewusstseins spielt. Er beeinflusst Deine Ausstrahlung massiv. Es liegt nahe, durch die Veränderung deines *internen Dialogs* auch die dazugehörige Stimmungslage zu verändern. Das kannst Du in drei Stufen tun:

**Stufe 1:** Verändere den Inhalt Deines *internen Dialogs*.
Statt: »Das kann ich nicht!«, kannst Du zu Dir sagen: »Oh, eine interessante Herausforderung. Lass mal sehen, wie ich sie mir möglichst mühelos gestalten kann!«

**Stufe 2:** Verändere die *analogen Anteile* Deines internen Dialogs. Das geht verhältnismäßig einfach. Als *internen Dialog* bezeichnet man das, was Du mit Dir an Sprache in Deinem Kopf veranstaltest, ohne dass es andere Leute hören können. Die meisten Menschen achten nicht auf die Qualität ihres *internen Dialogs*, weil sie meinen, ihre Umgebung würde nicht mithören, was sie im Kopf zu sich sagen. Leider stimmt das nicht. Über Deine nonverbale Kommunikation, Deinen Gesichtsausdruck und andere Mechanismen bemerken Deine Mitmenschen verhältnismäßig genau, was Du zu Dir sagst und wie Du es zu Dir sagst. Wenn Du einsam, verlassen und selbstmitleidig in einer Ecke stehst, während die anderen Leute sich köstlich amüsieren, dann ist es bestimmt nicht das, was Du Dir vorstellst, was mit Dir passieren könnte oder sollte.

Achte auf Deinen *internen Dialog*. Achte darauf, was Du sagst, wenn Du mit einer Gruppe anderer Menschen Zeit verbringst. Lautet er vielleicht so ähnlich:

- »Hier mag mich bestimmt keiner.«
- »Mit dem Reden brauch ich erst gar nicht anfangen.«
- »Ich bin ja nicht so wichtig.«

Das Ergebnis ist immer dasselbe: Du stehst alleine in der Ecke herum. Wie wäre es, wenn Du Dir stattdessen im Kopf eine Situation vorstellst, in der Du redselig nach außen gekehrt bist, in der Du ganz einfach Kontakt hast und ihn genießt? Achte darauf, was Du in dieser Situation zu Dir sagst. Und achte nicht so sehr auf den Inhalt, also das, WAS Du sagst, sondern WIE Du es sagst.

»Äh ... Keiner mag mich«, wenn Du diesen Satz wie ein Mantra wiederholst, wird es nach einigen Minuten zu viel geringerem Selbstwertgefühl führen.

»Wow ... Heute bin ich aber gut drauf. Mmmm, es geht mir heute richtig gut!« Dieser Satz klingt doch schon ganz anders. Wiederhole diesen Satz mit der entsprechenden Betonung als Dein Mantra und Du wirst schnell spüren, wie sich durch die Art, in der Du Inhalt und Betonung verändert hast, Deine Stimmung zum Positiven verändert. Probiere es einfach aus. Ich mache Dich darauf aufmerksam, dass Du auf diese Weise Deine Gefühle ganz bewusst steuerst!

**Stufe 3:** Transportiere Deine Ressourcen mit einem Anker. Hier ist er wieder: Dein Freund, der automatische, sich selbst kalibrierende *Ressourcenanker*⌐. Diesen Anker kannst Du anwenden, damit Du jede beliebige Ressource Deiner Vergangenheit in jede beliebige Situation transportieren kannst. Es gibt bestimmt eine Menge Situationen in Deinem Leben, in denen Du über ein gesundes Selbstbewusstsein verfügst. Wenn es Dir beim nächsten Mal in einer Situation die Kehle zuschnürt und Du Dich ganz klein fühlst, kommt Dir diese Technik vielleicht gut gelegen. Im Internet und in meinen Workshops vermittle ich Dir diese wichtige Technik auf einfache Weise.

**STRATEGIE 2:**
**LERNE, DEINE AURA AUSZUDEHNEN.**

Begib Dich in Gedanken in einen leeren Raum. Spüre Deine Aura, jenes Energiefeld, das jeden lebenden Menschen umgibt. Stelle Dir vor, wie sich Deine Aura auszudehnen beginnt, wie sie strahlt und leuchtet und bald den ganzen Raum ausfüllt. Das kannst Du so lange üben, bis es Dir mühelos gelingt.

Dann gehst Du in einen belebten Raum. Vielleicht in ein Café. Dehne Deine Aura vorher aus und fülle den Raum mit Deiner Aura, wenn Du den Raum betrittst. Du wirst erstaunt sein, wie viele Menschen Dich plötzlich beachten. Genieße es!

**STRATEGIE 3:**
**ERFÜLLE DEINE WORST-CASE-SZENARIEN.**
Was wird passieren, wenn Du Dein mangelndes Selbstbewusstsein überwindest und endlich in die Aktion kommst? Ein hübsches Mädchen oder einen sexy Jungen ansprichst? Wirst Du stottern, rot werden, kein Wort herausbringen, in Tränen ausbrechen, in allen Aktionen versagen, im Erdboden versinken? Du kannst Dir viel vorstellen. Nachdem Du weißt, was Schlimmes passieren wird, kannst Du das auch ausführen und einfach KEIN Selbstbewusstsein zeigen.

Ich rate Dir zu einem kleinen Experiment: Setze Dich auf eine Parkbank neben eine fremde Person. Beginne ein Gespräch und zeige alle Symptome Deines mangelnden Selbstbewusstseins. Stottere, werde rot, brich meinetwegen auch in Tränen aus. Nur im Erdboden solltest Du nicht versinken. Sprich über Deine Gefühle. Ich wette, es wird Dir nicht gelingen, mangelndes Selbstbewusstsein zu vermitteln. Probier es aus!

### Ein Ratschlag zur Umsetzung

Wahrscheinlich bist Du jetzt, nach dem Lesen dieses Abschnitts, motiviert, Aktion zu ergreifen. Gut so! Ich schlage Dir Veränderungen nach dem Motto vor: Steter Tropfen höhlt den Stein. Wenig üben, dafür aber regelmäßig, hilft Dir mehr, als alle Techniken dieses Kapitels einmal auszuprobieren und sie dann zu vergessen. An der Sache dranbleiben ist die Devise.

Es könnte sein, dass Du mit dieser Politik der kleinen Schritte wirklich Gefallen daran findest, Dein Selbstbewusstsein zu erziehen. Dann kann es sein, dass Du plötzlich nicht genug bekommst und beginnst, gerne mit anderen Menschen in Kontakt zu treten. Stelle Dir vor, wie viele verschiedene Ansichten, Welten, Erkenntnisse und Erfolgsgeschichten auf Dich warten.

### Angst überwinden – Dein Weg durch die Furcht

*Lerne einen konstruktiven Umgang mit Deinen Unsicherheiten.*
Angst ist der große Klotz am Bein jedes Menschen. Ich meine die Form von Angst als etwas, das Dich daran hindert, Deine Pläne konsequent umzusetzen. Das auch tatsächlich zu tun, wozu Du Dich entschieden hast. Der älteste Teil deines Gehirn, das limbische System, ist darauf programmiert, Dir Deine tägliche Arbeit auf vielfältige Weise zu vereinfachen. Dieser Teil ist auf Überleben programmiert und funktioniert deshalb nach dem Prinzip, dass »alles Neue« bedrohlich für Dich wäre. Aus diesem Grunde belegt es auf der unbewussten Ebene alles Neue erst einmal mit Angst. Das hat den Vorteil, dass es Dich und damit die menschliche Rasse besser überleben lässt. Es hat aber leider den Nachteil, Dich an einem abwechslungsreichen und abenteuerlichen Leben zu hindern.

So kommt es, dass Du tief in Deinem Unbewussten ein Programm am Laufen hast, das Dich mit der Peitsche (Angst) dazu bringt, lieber mehr vom immer Gleichen zu tun und Neues abzulehnen. Ganz anders verhält es sich mit den höher entwickelten Bereichen in Deinem Gehirn. Hier sitzt das bewusste und logische Denken und der Ursprung Deines freien Willens. Das führt Dich in ein Dilemma: Du kannst Dich streng logisch und aus freiem Willen dafür entscheiden, Neues tun zu wollen. Du kannst Dich entschieden haben, dieses neue Verhalten für gut zu erachten. Und trotzdem wirken unbewusste Kräfte in Dir, die auf einer anderen Ebene gegen diese Entscheidung arbeiten.

**Bewusstsein versus Unterbewusstsein**
Es ist ein großes Glück für Dich, dass Du bewusst und logisch denken kannst. So kannst Du Dir nämlich Strategien ausdenken, die Dich gegen unbewusste Angst handeln lassen. Du kannst Dir beispielsweise neues Verhalten so gestalten, dass es sich unglaublich gut anfühlt und Dir Spaß macht. Die *Ankertechnik*⁊ im Modell von NLP ist eine Möglichkeit für so eine Strategie. Besser wäre es natürlich, die undefinierte und unbewusste Angst vor Neuem auf einer anderen Ebene einfach für immer aufzulösen.

Um Deinen Mut im Alltag ist es ja häufig nicht so großartig bestellt. Was könnte in Deiner Vorstellung nicht alles schieflaufen? Die Unsicherheit des Gelingens und die vielen Möglichkeiten des Versagens können sehr störende Hindernisse auf dem breit verlaufenden Weg des Lebens sein. Die meisten Menschen sind ja lieber unglücklich als unsicher.

Vielleicht hast Du Dir in der Vergangenheit ganz energisch Ziele gesetzt, hast Projekte gestartet – nur um erkennen zu müssen, dass Deine Angst vorm Ungewissen ein schlechter Lebensgefährte ist. Es geht in diesem Absatz deshalb um Strategien, Deine verborgene Angst, die sich durchaus logisch manifestiert, ans Tageslicht zu zerren, damit zu arbeiten und sie aufzulösen. Damit wirst Du entscheidungs- und handlungsfähiger im Alltag.

**Angst – Es gibt eine Lösung**

Eine mögliche Lösungsstrategie präsentierte sich mir gleich nach meinem Studium, in meinem ersten Job. Verantwortungsvoll und gut bezahlt war er der Anfang meiner sicheren Karriere. Der erfüllte Traum all meiner Freunde, Verwandten – und natürlich meiner Eltern. Nur ich selbst war unglücklich und depressiv. Ich fühlte mich wie in einem täglich rotierenden Hamsterrad. Zu viel Lebenszeit ging mir jeden Tag verloren. Zu wenig Zeit, das zu tun, was ich eigentlich wollte: Die weite Welt kennenlernen, große Abenteuer erleben, viele Menschen positiv beeinflussen!

Ich träumte von einem erfüllten Leben, ohne den Mut aufzubringen, diese Träume auch in die Tat umzusetzen. Eines Tages, es war im Fieberinnen einer herbstlichen Erkältung, hatte ich eine hilfreiche Eingebung: Warum schreibe ich nicht einfach auf, was im schlimmsten Fall passieren würde? Festlegen und aussprechen, was sonst jeden Tag meine Aktionen im Leben verhinderte. Aufschreiben, das fiel mir leicht:

*»Ich würde kündigen und in ein fremdes Land reisen. Weit weg von allem. Reisen in ein Land, dessen Sprache ich nicht sprechen würde. Statt all der erträumten Abenteuer würden böse Menschen sich meiner Habseligkeiten bemächtigen. Und ich würde krank werden. Meine Reise wäre zu Ende, bevor sie richtig begonnen hätte. Wieder zu Hause, wären mir alle Chancen verbaut. Jeder würde mich verachten, und ich würde keinen adäquaten Job finden. Ich müsste den Rest meines Lebens in anspruchsloser Tätigkeit dahinsiechen, bis ans Ende meiner Tage.«*

Schon während ich meine Gedanken notierte, aktivierte sich mein *Gegenbeispielsortierer*↗ und produzierte eine Menge an alternativen Handlungen und Strategien. Damit würde ich meine schlimmsten Vorstellungen vermeiden. Mir fiel ein:

*»Es gibt da einen Onkel in Südamerika. Der kann mir vielleicht helfen, in einem für mich fremden Land die ersten Schritte zu tun. Und mit der richtigen Strategie sollte es in weniger als sechs Wochen gut möglich sein, die Sprache so zu sprechen, dass ich im Land herumreisen kann.«*

Auf diese Weise ging es weiter, Idee nach Idee. Es passierte auch eine Menge mit meinen Gefühlen. Plötzlich fiel mir eine Last von den Schultern. Meine vorherige, diffuse Angst wich einem aktiven Tatendrang. Der Rest der Geschichte ist Teil meines weiteren Lebenslaufes. Ich kündigte und reiste für ein Jahr nach Südamerika. Dort erlebte ich eine Menge an wundervollen Abenteuern, spreche seither die spanische Sprache leidlich gut und gewann während meiner Reise Klarheit darüber, welche weitere Richtung mein zukünftiges Leben nehmen sollte.

### Sechs-Schritte-Strategie gegen unbestimmte Angst

Nicht alles von dem, was ich mir damals erträumte, ist später auch Wirklichkeit geworden. Eines jedoch habe ich gelernt: Wenn eine schwierige Entscheidung ansteht und wenn ich dazu neige, sie aufzuschieben, wenn ich eine diffuse Abneigung habe, trotz logischer Entscheidung aktiv zu werden, weiß ich, dass es eine Instanz in mir gibt, die meine Aktionen erschwert: meine unsichtbare Angst. Dagegen habe ich eine Strategie entwickelt, die mich in sechs bewusst ausgeführten Schritten durch meine Angst führt.

**1. DEFINIERE DEN SCHLIMMSTEN FALL ...**

... von dem, was Du glaubst, dass passieren wird. Schritt für Schritt. Schreibe es auf. Eins nach dem anderen. Meistens gestaltest Du Deine *Worst-Case-Szenarien* sehr detailliert. Das hast Du an meinem Worst-Case-Szenario gesehen.

**2. WORST CASE GRADING UND WAHRSCHEINLICHKEIT**

Bewerte in diesem Schritt jeden einzelnen Punkt, den Du Dir notiert hast, mit einem »Worst Case Grading« von 1 bis 10.

1: Es wird nicht viel passieren, wenn dieses Szenario eintritt.
10: Es wird ein dauerhafter und katastrophaler Schaden für Dein Leben eintreten, wenn dieses Szenario eintritt.

Daneben bewertest Du von 1 bis 10, wie wahrscheinlich es ist, dass wirklich eintritt, was Du Dir vorstellst. Bewerte jeden der aufgeschriebenen Punkte ebenfalls mit einem Wert auf einer Skala.

1: Wahrscheinlich wird der Fall nicht eintreten.
10: Der Fall tritt mit absoluter Sicherheit ein.

Sortiere auf diese Weise die einzelnen Worst Cases nach Priorität. Ganz oben stehen die schlimmsten Fälle mit katastrophalen Konsequenzen. Du kannst Dir nach einiger Zeit Deine Notizen wieder vornehmen und wahrscheinlich herausfinden, dass Du Dir wieder einmal viel zu viele Gedanken über den schlimmsten Fall gemacht hast.

### 3. FINDE PLANBARE GEGENMASSNAHMEN

Für jeden Deiner notierten Schritte werden Dir relativ einfach mehrere Gegenmaßnahmen einfallen. Das sind Optionen, aus denen Du dann die beste wählen kannst. Erfolgreiche Menschen finden automatisch mehrere Optionen für einen Plan B, C, D usw. Wenn Du gut planen willst, denke VORHER über Deine Optionen nach.

Aus dem vorherigen Schritt weißt Du, in welcher Reihenfolge Du Deine Strategien abarbeiten kannst, wenn ein »schlimmer Fall« eintritt. Meistens kommt es gar nicht so weit, dass Du einen Plan B brauchst.

Siehst Du, so schnell hast Du Deinen Fokus geändert. Von »Oh Gott, das werde ich nicht überleben!« zu »Oh, ich kann mein Missgeschick ja erkennen und es sogar verhindern!«. Weiter zum nächsten Schritt:

### 4. DIE VORTEILE DES PLAUSIBLEN SZENARIOS

Du planst ja eigentlich für einen »besten Fall«, der eintreten soll. Nur spiegelt Dir Dein Unbewusstes vor, dieser würde nicht oder nur selten eintreten. Was tust Du, wenn passiert, was meistens passiert, dass nämlich alles gut geht? Ich meine, Du solltest für einen besten Fall ebenso viel Energie investieren wie für den schlimmsten! Es lohnt sich, eine genauso lange Liste im Kopf oder, noch besser, auf dem Papier zu haben. Sie sollte alle Vorteile Deiner eigentlich angstbesetzten Entscheidung aufführen. Denke auch an weniger offensichtliche Nebenergebnisse wie Selbstbewusstsein, Sicherheit, Mut, Erfahrung und so weiter. Nicht immer geht es nur ums Geld.

Ist Dir aufgefallen, dass es viel mehr Spaß und bessere Gefühle macht, sich mehr mit den positiven Ergebnissen

Deiner Zukunftsplanung zu befassen? Ja? Dann hast Du gerade wieder etwas Entscheidendes für Dein Leben gelernt.

Wenn Du meiner Strategie bis hierher gefolgt bist, hast Du eine Liste der »schlimmsten Ereignisse«, eine Liste der Gegenmaßnahmen und eine Liste der besten Ereignisse. Statt wie ein hypnotisiertes Kaninchen den Kopf in den Sand zu stecken, begibst Du Dich damit in Deine persönliche Schreckenskammer und kannst darin ordentlich aufräumen. Pass auf, das kann zu einer dauerhaften und guten Gewohnheit werden. Es ist eine weitere Strategie erfolgreicher Menschen. Und wir sind noch nicht einmal am Ende.

**5. DER FINANZIELLE ASPEKT IST DURCHAUS WICHTIG**
Häufig geht es bei Deinen Ängsten und Sorgen um das liebe Geld, nicht wahr? Was, wenn Du kündigst und keinen Job mehr bekommst? Was, wenn durch ein unvorhergesehenes Unglück all Deine Wertpapiere oder Habseligkeiten in Rauch aufgehen und Du ins finanzielle Desaster rutschst? Es lohnt sich, über die finanziellen Aspekte Deiner Worst- und Deiner *Best-Case-Szenarien*↗ nachzudenken.

Zuerst nimmst Du Dir die Worst-Case-Szenarien vor. Welche finanziellen Auswirkungen wird es haben, wenn die einzelnen Szenarien eintreten? Denke kurz- und langfristig. Finde Strategien, den finanziellen Schaden so gering wie möglich zu halten. Dann nimmst Du Dir die Liste der positiven Ergebnisse vor. Ebenfalls jeden einzelnen Punkt. Was wirst Du finanziell gewinnen, wenn Deine Planungen eintreten? Dann kannst Du noch besser entscheiden, ob Du das Risiko eingehen willst. Ist die Summe der schlechten Ergebnisse so groß wie das, was Du finanziell gewinnen kannst?

## 6. IST DIE ZEIT REIF FÜR DICH?

Wenn Du Deine Hausaufgaben gemacht hast, wenn Du die Listen erstellt und bewertet hast, wirst Du einen wirklich guten Überblick über Deine zukünftigen Projekte bekommen haben. Du kennst die finanziellen Auswirkungen und weißt vermutlich, dass ein Erfolg wahrscheinlicher ist als ein Misserfolg. Und nun kannst Du Dir die alles entscheidende Frage stellen: Worauf warte ich eigentlich?

### JA, worauf wartest Du eigentlich?

Bist Du genau wie alle anderen, die Ausreden finden, um keine Aktion ergreifen zu müssen? Oder wirst Du zu denen gehören, die es zu etwas bringen im Leben? Im Ernst. Erstelle eine weitere Liste. Schreibe darauf Deine Argumente, die Du finden kannst, nicht sofort mit Deinem Projekt zu beginnen.

Und schreibe schließlich auch auf, was es Dich kostet, zu warten. Ich meine finanziell, psychisch und physisch. Praktiziere angewandtes NLP. Nutze Deine *TimeLine der Zukunft*↗. Stelle Dir vor, Du lägest auf Deinem Sterbebett und reflektierst über Dein Leben. *Assoziiert*. Lasse den Film Deines Lebens ablaufen und reflektiere über die vielen guten Gelegenheiten, die Du verpasst hast. Gelegenheiten, in denen Du nicht gehandelt hast. Sagst Du dann Sätze wie »Hätte ich mal lieber ...« oder »Wäre ich nur ...«?

Wenn Du es weniger dramatisch haben willst, projiziere Dich zehn Jahre in die Zukunft: Wie fühlt es sich an, Bedauern zu fühlen, die vielen Gelegenheiten nicht beim Schopfe gepackt zu haben? Wie fühlt es sich an, ärgerlich über Dich zu sein, gute Gelegenheiten nicht genutzt zu haben?

Vielleicht ein zusätzliches Argument, wenn Du über das Risiko zum Eintritt des »schlimmsten Falles« nachdenkst: Deine Inaktivität ist das größte Risiko, das Du eingehen kannst.

**Inaktivität ist eine große Gefahr**

Das ist es, was ich vor über 40 Jahren mit ultimativer Klarheit realisierte. Ich schrieb meine innere und äußere Kündigung und machte mich auf den Weg. Ich wollte kein Leben wie alle anderen, die nur auf eine weitere »gute Gelegenheit« warten und mit Warten ihr Leben vergeuden.

Ich weiß nicht, wie oft ich mir vor Angst fast in die Hosen gemacht habe. Ich erinnere, dass ich mir oft hundertprozentig sicher war, dass trotz aller positiver Erwartung der allerschlimmste Fall eintreten würde. Und weißt Du was: Bisher habe ich noch jeden Tag meines Lebens überlebt. Nicht nur das, dieses Überleben hat mir trotz meiner oft gegenteiligen Erwartungen jede Menge an wunderbaren Abenteuern beschert. Ich tendiere sogar dazu, aus meiner Erfahrung heraus zu glauben, dass die schlimmen Fälle, die ich mir immer wieder ausmale, meistens nur in meinem Kopf passieren.

## Überwinde Deinen inneren Schweinehund

*Was ich von einem Marathonläufer gelernt habe.* Der letzte Sonntag im September ist ein besonderer Tag in Berlin: Marathon. Mit über 40 000 Läufern am Start und den meisten Straßen in der Innenstadt entweder gesperrt oder unpassierbar, bleibt dem nicht am Marathon teilnehmenden Bürger in Berlin (also auch mir) meist nur die Flucht nach draußen, ins Grüne. An einem dieser Tage in der S-Bahn, auf dem Weg zum Wandern in Brandenburg, blieb ich nicht vom Geist des Marathons verschont. Ein Sportler saß mir gegenüber, der seine 42 Kilometer in knapp dreieinhalb Stunden gelaufen war. Für mich eine beachtliche Leistung, für ihn eher unbefriedigend. Sein Grund: »Ich bin über meinen inneren Schweinehund gestolpert!«

Aus seiner Bemerkung entspann sich ein Gespräch über die Gefahren des inneren Schweinehundes und verschiedener Möglichkeiten, diesen zu überwinden. Obwohl er von NLP noch nichts gehört hatte, war ihm aufgefallen, wie sehr seine »innere Stimme« dazu beitrug, sich entweder zu motivieren oder das Gegenteil zu erreichen. Meine Frage nach den Strategien zur Überwindung seines inneren Schweinehundes beantwortete er strukturiert:

### 1. Das große Ziel

»Es hilft Deiner Motivation gewaltig, wenn Du weißt, wofür Du etwas tust. Setz Dir Dein großes Ziel. Für mich sind es die 180 Kilometer, die ich in der Woche zu absolvieren habe, um meiner späteren Herausforderung zu begegnen. Dann kommt der Marathon. Ich habe buchstäblich ein großes Ziel, das mich vorwärts zieht!«, sagte er zu mir.

Ich wiederum konnte ihm helfen, indem ich ihm aus dem Modell von NLP erklärte, was es heißt, das Ziel, das er sich gesetzt hat, auch erreichen zu können. Ich erklärte ihm die Grundlagen der Veränderung seiner *Submodalitäten*, also der Veränderung von Eigenschaften seiner inneren Bilder. Seine Augen glänzten, er sagte: »Ich stelle mir mein Ziel so leuchtend und positiv vor, dass es mich magnetisch dahin zieht. Ich stelle mir tatsächlich einen Staubsauger hinter meinem Bild vor, der mich ansaugt. Lange kann ich mich gegen die Macht dieses Bildes nicht wehren, es gewinnt irgendwann immer!« Diese Aussage habe ich mir gemerkt und wende sie in meinen Seminaren mit großem Erfolg an.

## 2. Teile Deine Ziele in erreichbare Unterziele ein

Für viele Menschen stellt »das große Ziel« manchmal auch ein großes Hindernis dar. Die Motivation kapituliert vor der schieren Größe der gestellten Aufgabe. Da hilft es Dir, Dein Ziel in einfach erreichbare Unterziele zu zerlegen. Der Läufer erzählte mir:

»30 Kilometer an sechs Tagen in der Woche, das kann ich in meinen Lebenslauf einfach eingliedern. Abends nach der Arbeit diese Strecke laufen, danach Kohlenhydrate essen und ich schlafe wunderbar.«

Vielleicht willst Du Dir ein Beispiel nehmen und Dein gestecktes Ziel in leichter erreichbare Unterziele aufteilen. Das *Metamodell*[7] im NLP hilft Dir dabei. Frage Dich:

*Wann genau? Wie viel genau? Wie genau?*

Leg jeden Schritt, der Dich zum großen Ziel führen wird, genau fest. Schreibe das nächste Ziel auf ein Blatt Papier und pinne es an die Wand. Schreibe in der »Ich-Form« und formuliere einen ganzen Satz. Hier ein Beispiel:

»Morgen, am Sonntag, den 29. April 2046, werde ich um 6 Uhr am Morgen aufstehen und von 6:15 Uhr bis 6:45 Uhr mit Freude meine Yoga-Übungen absolvieren!« Das könnte auf Deinem Blatt stehen, wenn Du Dir vorgenommen hast, jeden Tag Yoga zu üben.

### 3. Der Beginn vom Ende Deines inneren Schweinehundes

Bleiben wir doch einen Augenblick beim Beispiel der halben Stunde Yoga am Morgen. Diese Praxis tut meinem Körper und meinem Geist gut und ist einfach zu bewerkstelligen. Eine halbe Stunde früher aufstehen, das ist doch keine Monsteraufgabe. Die Stärke und Dauer der einzelnen Übungen kannst Du selbst bestimmen. Danach bist Du energetisiert, wach und Dein Körper fühlt sich richtig gut an. Kennst Du eigentlich das beflügelnde Gefühl, etwas Gutes für Dich getan zu haben, bevor der Tag richtig begonnen hat?

Wie Du bestimmt aus eigener Erfahrung weißt, ist nicht jeder Tag gleich. Deine Bettdecke fühlt sich manchmal so gut an, es ist schön warm im Bett und Dein innerer Schweinehund meldet sich: »Einmal aussetzen, das macht doch keinen Unterschied. Ich bleibe liegen!« Und oft habe ich seinen Rat auch befolgt. Und wie oft sind dann aus einem Tag mehrere geworden und dann ist es wieder einmal viel zu lange her, dass ich morgens Yoga geübt habe. Das kennst Du sicherlich auch, von vielen Situationen in Deinem Leben.

Es geht auch anders. Wieder kann Dir NLP dabei helfen. Stelle Dir vor, ein Chor wundervoller Menschen singt in Deinem Kopf *Dein Aufstehlied*, und intoniert es mit großem Orchester, mit Pauken und Trompeten. Wen hält es da noch im Bett? Vielleicht bist Du mehr visuell orientiert. Stelle Dir vor, wie Du gleich energetisch aus dem Bett springen wirst und gut gelaunt Yoga machst. Dein realer Körper liegt allerdings noch im Bett und wacht gerade auf.

### 4. Gewohnheit und Ritual

Ein weiterer Trick besteht darin, täglich wiederkehrende Notwendigkeiten immer gleich zu absolvieren. Etwa so wie das Zähneputzen nach dem Aufstehen am Morgen. Probiere aus, Dir die Zähne an einem Tag nicht zu putzen. Du wirst herausfinden, dass Dir etwas fehlt. Diese Gewöhnung kannst Du nutzen und Dir Dein Morgenritual ganz nach Deinen Erwartungen gestalten. Du wirst erstaunt sein, wie schnell Du Dich daran gewöhnt hast. Es braucht nur etwa 20 Wiederholungen, bis eine Tätigkeit zum unverzichtbaren Ritual geworden ist.

Ich gebe Dir ein Beispiel. Zum Schreiben meines Newsletters lege ich mich meist bequem auf die Couch. Mit dem Laptop auf den Knien schreibt es sich entspannter und kreativer. Laptop auf den Knien heißt für mich: Newsletter ist angesagt. Weiteres Beispiel: Das Geräusch des Wasserkochers am Morgen heißt für mich: Yoga beginnt gleich. Wenn Dir bewusst ist, welche Macht Deine täglichen Rituale für Dich haben können, kannst Du sie im Tagesablauf sehr zu Deinen Gunsten einsetzen.

### 5. Erst einmal beginnen ...

In meinem Gespräch mit dem Läufer hatte er noch einen wichtigen Ratschlag parat: »Wenn ich meine Laufschuhe angezogen habe (Ritual) und erst einmal an der frischen Luft bin, habe ich das Wichtigste bereits geschafft. Ich sage zu mir: ›Ich laufe mal einfach nur ein bisschen los.‹ Wenn ich dann laufe, geht es fast von selber weiter!«

Ich habe es ausprobiert: »Ich fange einfach mal mit Yoga an. Eine Yoga-Übung reicht mir heute!« Dabei bleibt es meist nicht. So verhält es sich mit vielen Aktionen in Deinem Leben: Nur ein paar Sätze schreiben …! »Die Schuhe anziehen«, dieser Ausdruck ist für mich zum Synonym geworden für die kleinen Aktionen, die den Stein der folgenden, längeren Aktivität ins Rollen bringen.

Als ich nach 20 Minuten angeregten Gesprächs mit dem Läufer aus der Bahn ausstieg, fühlte ich mich und mein Leben bereichert. Ich hatte neue Einsichten gewonnen und sehr gute Tipps und Techniken erhalten. Seinen Namen habe ich nie erfahren, mein innerer Schweinehund heißt seit diesem Gespräch »Sarastro«. Die Bedeutung kannst Du im Internet nachschlagen

Ein erfolgreicher Unternehmer gab mir noch etwas mit auf meinen Lebensweg, was gut hierher passt: »Diejenigen, die im Leben etwas erreichen, haben wirksame Techniken, ihren inneren Schweinehund zu überwinden. Wer seinen Hund an der Kette hat, erreicht mehr im Leben!« Das habe ich mir zu Herzen genommen. Mehr dazu im nächsten Absatz.

### Mehr Selbstdisziplin

*»Selbstdisziplin ist die Fähigkeit, das zu tun, was Du tun sollst, egal, ob Du Dich gerade danach fühlst oder nicht.«* Das ist ein Zitat von Elbert Hubbard. Ich halte diese Definition für griffig und sie hat mehrere sinnvolle Aspekte. Zuerst schalte ich meine NLP-Maschine ein und frage mit dem *Metamodell der Sprache*[7]: »*Was Du tun sollst …*« – »Was genau soll ich denn

tun?« und weiter »... *ob Du Dich danach fühlst ...*« wer legt sie eigentlich fest, diese Gefühle?

Darf ich Dich auf ein Paradoxon aufmerksam machen? Ich stelle Dir dazu eine Frage, die Du auf ein Blatt Papier schreiben kannst und an Deinen Spiegel kleben kannst:

*Deiner Einsicht folgend, hast Du Dich entschlossen, eine Handlung mit Selbstdisziplin regelmäßig zu vollziehen. Welcher Instanz in Dir erlaubst Du dann, diesen Entschluss wieder rückgängig zu machen?*

Für mich erschließt sich das Thema Selbstdisziplin aus dieser Position. Es sind ja oft weniger die materiellen Dinge, die Du im Leben erreichen willst. Oft ist es die Qualität Deiner Persönlichkeit, die Du verbessern willst. Sie soll dazu führen, Dinge zu erreichen, die als Ziele in Deinem Kopf herumspuken. Du kannst jedes Ziel in Deinem Leben erreichen, wenn Du die nötige Selbstdisziplin dazu aufbringst. Wenn Du Dir vornimmst: Ich werde niemals aufgeben!

**Von erfolgreichen Menschen lernen**

*»Der Weg zur Hölle ist mit guten Vorsätzen gepflastert!«* Kennst Du diesen Ausspruch? Aus dem Englischen kommt der Satz:

*»Verlierer machen Ausreden – Gewinner machen Fortschritte!«*

Was bedeuten die beiden Sprüche für Dich? Weniger erfolgreiche Menschen beneiden die Erfolgreichen um ihre Talente, die jene vermeintlich haben. Talent war NOCH NIEMALS der Grund für Erfolg. Talent kannst Du schnell erwerben. Mit NLP geht es noch einfacher: Du kannst einfach glauben, Du verfügtest über Talent. Das reicht. Was ist es dann, das erfolgreiche Menschen so erfolgreich macht?

*Malcolm Gladwell*↗ schreibt in seinem Buch *Überflieger*, dass sich gerade diejenigen, von denen wir annehmen, sie hätten es mit viel Talent geschafft, ihren Erfolg vor allem durch Disziplin und harte Arbeit verdient haben. Er hat herausgefunden, dass schlappe 10 000 Stunden der Übung aus jedem Menschen einen Experten der Weltklasse auf einem bestimmten Gebiet machen. Also: Auf welchem Gebiet wolltest Du schon immer Experte sein? Ach so, nun stöhnst Du ob der »vielen« Stunden, die Du dafür investieren müsstest?

Na gut, ich schalte einen Gang zurück. Vielleicht willst Du gar kein Weltmeister werden. Dann kannst Du bereits viel schneller wunderbare Ergebnisse erreichen. Exemplarisch kannst Du Dir die Strategien aus dem Buch *The 4 Hour Chef* von *Timothy Ferris*↗ aneignen. In diesem Buch geht es nicht nur darum, Kochen zu lernen. Ferris zeigt Dir DEN KURZEN WEG zum Erfolg. Leider brauchst Du auch für diesen kurzen Weg die Eigenschaft der Selbstdisziplin. Daran führt kein Weg vorbei.

### Die Voraussetzungen für Selbstdisziplin

Damit Du Selbstdisziplin überhaupt entwickeln kannst, brauchst Du sogenannte *Precursive Activities*↗. Übersetzt und Klartext: Fähigkeiten und Aktivitäten, die UNBEDINGT vorhanden sein müssen, damit Du ein bestimmtes Verhalten daraus generieren kannst. Im Falle der Selbstdisziplin sind diese Fähigkeiten sehr einfach abzugrenzen. Du brauchst dazu:

- Entscheidungsfähigkeit (decision)
- Motivation (motivation)
- Die Fähigkeit zur Planung (planning)
- Verbindlichkeit der Zusage (commitment)

All diese Aktivitäten und die Eigenschaft, gerne etwas Neues lernen zu wollen, kannst Du mit einem Wort zusammenfassen: »Selbstdisziplin«. Diese Eigenschaft ist dafür verantwortlich, dass der eine im Leben mehr und der andere weniger erreicht. Ganz einfach, oder? Ich sehe jeden Tag, wie viele meiner Mitmenschen keine oder nur wenig Selbstdisziplin aufzubringen imstande sind. Genau das soll sich bei Dir in Zukunft ändern, oder?

### Selbstdisziplin wider Willen?

Wenn Du erwartest, in diesem Buch ein selbstlaufendes Programm zu bekommen, das Dich, vielleicht gegen Deinen Willen, dazu zwingt, mehr Selbstdisziplin haben zu müssen ... bist Du hier falsch. Ein Leser meines wöchentlichen Newsletters hat mir zur »Erhöhung der Selbstdisziplin« vorgeschlagen, eine Art »Brain Machine« zu entwickeln, die er den »Eier-Elektrisierer« nennt. Er soll neurophysiologisch tätig werden, wenn bei ihm (oder Dir) ein *interner Dialog*⤴ auftaucht, der die sofortige Ausführung nützlicher Handlungen verschieben will. Wie diese App funktionieren soll, sagt bereits der Name.

So eine App hätte mehrere Nachteile. Für den größten halte ich, dass sie nur bei Männern wirksam ist. Der zweite Nachteil ist, dass sie, zumindest bei mir, mit unangenehmen Gefühlen assoziiert wäre. Und ein dritter Nachteil ist, dass der Auslösemechanismus nur für einen *internen Dialog* mit bestimmter Tonalität oder Inhalt gelten würde.

Ja, ich kenne einige dunkle Orte in Berlin, wo Du hingehen kannst und wo Dir im direkten körperlichen Kontakt solche »Strategien« vermittelt werden. Die dazugehörigen Gefühle sind nicht immer positiv. In diesem Buch geht es jedoch um gute Gefühle. Sie haben sich in meiner Erfahrung als nachhaltiger erwiesen. Wenn Du dieser Vorbedingung zustimmst, wird alles gut. Lies einfach weiter.

**Zwei essenzielle Merksätze für mehr Disziplin**
Aus zwei Verhaltensfehlern leite ich wichtige Glaubenssätze ab, die Du trainieren kannst, um Deine Selbstdisziplin zu erhöhen:

*1. Kurzfristiger Vorteil bringt langfristige Nachteile*
Eigentlich weißt Du das ja. Du bist damit konfrontiert, wenn Du gerne jetzt eine Tafel Schokolade oder ein Stück Kuchen isst, statt in einen Apfel zu beißen, wenn Du morgens gerne im Bett liegen bleibst, statt rechtzeitig aufzustehen und zur Arbeit zu gehen, wenn Du am Abend lieber die Beine hochlegst und den Fernseher anschaltest, statt noch kurz im Fitnessstudio vorbeizuschauen oder Dich um den Haushalt zu kümmern.

Oft ist es im Leben so, dass sich ein kurzfristiger Vorteil gut anfühlt, aber später mit größeren Nachteilen für Dich verbunden ist. Die schnelle Belohnung ist für viele Menschen attraktiver als der schwieriger zu erreichende, langfristige Vorteil. Interessanterweise lernen Kinder erfolgreicher Eltern früh im Leben, die Strategie des kurzfristigen Vorteils zu unterwandern. Gilt das auch für Dich?

2. *Erfolgreiche Menschen machen es sich zur Gewohnheit, Dinge gerne zu tun, die erfolglose Menschen nicht tun (möchten).*
Meist spielt Dir Dein *interner Dialog* einen Streich. Du diskutierst mit Dir über Vor- und Nachteile und die mögliche Sinnfälligkeit einer Handlung, von der Du weißt, dass sie Dir längerfristig Vorteile bringt. Und dann gewinnt die bequeme Seite. Ist das nicht pervers?

All das findet in Deinem Gehirn statt. Trotzdem tust Du so, als wären unterschiedlichste Personen daran beteiligt. Vielleicht fragst Du Dich bei Gelegenheit, wie einfach es sein kann, gute Gefühle bei dem zu haben, was zu tun ist. Mit Grundkenntnissen in NLP kannst du Dir einen *Anker*↗ schaffen, der das für Dich erledigt, ganz automatisch. Wenn Du willst.

**Wozu brauchst Du eigentlich mehr Selbstdisziplin?**
Zum weiteren Verständnis hier eine kleine Aufgabe für Dich: Es geht um Deinen Lebensplan. Hier eine kurze Zusammenfassung: Überlege Dir, wie Dein ideales Leben sein könnte, und beantworte die nachfolgend aufgelisteten Fragen. Schreibe Deine Wünsche und Ziele in den unterschiedlichen Lebensbereichen auf ein Blatt Papier:

**BETRIEB, BUSINESS/ARBEIT UND KARRIERE**
Was willst Du in diesen Bereichen erreichen (nicht Deine Eltern, Chefs, Freunde …)?

**BEZIEHUNG/FAMILIE/FREUNDSCHAFT**
Bei einem idealen Sozialleben, beschreibe, wie Du lebst.

**GESUNDHEIT**
Wie würdest Du Dich fühlen?
Wie viel wiegen?
Was essen?
Wie viel Sport würdest Du treiben?

**FINANZEN**
Wenn Du genug Geld hättest, wie viel genau wäre das?
Wie viel Geld hättest Du auf der Bank?
Wo hättest Du investiert?
Wie hättest Du Dein Geld verdient?

Die Beantwortung Deiner Lebensfragen soll Dir Spaß machen. Wenn Dir die Übung keinen Spaß macht, mache sie nicht. Niemand zwingt Dich dazu, ein erfolgreiches Leben zu führen. MITTELMÄSSIGKEIT ist die Wahl der weitaus meisten Menschen auf der Welt. Daran ist nichts Schlechtes. Auch im Mittelmaß lebt es sich gut. Viel wichtiger ist, dass Du Dir kein schlechtes Gewissen machst. Das macht Dich auf Dauer krank.

Selbstdisziplin WILLST Du haben – Du MUSST sie nicht haben! Du bist Herr über Dich. Niemand zwingt Dich zu irgendetwas. Du kannst mit freiem Willen und allem Recht ein mittelmäßiges und langweiliges Leben haben und glauben, dass Deine Umstände und Deine Umgebung daran schuld sind! Wie ich schon so oft gesagt habe: Ausreden für alle Arten von Bequemlichkeit wirst Du finden.

### Keine Ausreden mehr: Los geht's!
Wenn Du mit großer Lust Deinen Lebensplan erstellt hast, haben Deine Überlegungen dazu geführt, Handlungen zu

planen, bei denen Du eingesehen hast, dass ihre Ausführung Deine Lebensqualität und Deine Aussichten auf Erfolg erheblich verbessern würde. Das ist etwas umständlich formuliert, trifft die Sache allerdings. Im nächsten Schritt kommt es darauf an, diese Handlungen auch auszuführen. Ist es eine Handlung, die Du nur einmal auszuführen hast, ist Deine Motivation meist groß genug.

Viele Menschen haben jedoch Probleme damit, etwas kontinuierlich und zuverlässig auszuführen. Jede Woche einen Newsletter zu schreiben, jeden Morgen Yoga zu machen. Was immer es ist, das, regelmäßig ausgeführt, Dein Leben erfolgreich macht ... Diese Regelmäßigkeit scheint nicht jeder leisten zu können. Hier kommt die Selbstdisziplin ins Spiel.

**Chris Mulzers selbstdisziplinarische Inquisition**
Ich frage mich: »Habe ich genügend Selbstdisziplin?« Antwort: Ja. Auf vielen Gebieten kann ich meine Selbstdisziplin einschalten. Ich weiß, dass es etwas gibt, das Selbstdisziplin in mir »macht«. Darüber hinaus weiß ich, dass ich diesen Prozess, zumindest teilweise, auch bewusst steuern kann. Dabei ist es sehr wichtig für mich, einen »Ausreden-Eliminator« eingebaut zu haben. »Ach, heute fühle ich mich nicht nach Yoga!« So etwas eliminiere ich gleich im Anfangsstadium über den *internen Dialog*:

»Nix da, so fangen wir gar nicht an, Herr Mulzer! Ran an die Buletten!« – So etwa läuft es in meinem Kopf ab.

Dabei halte ich die Tonalität freundlich autoritär, etwas väterlich. Mein *Meta-Interndialog*, der diesen *internen Dialog*↗ kommentiert, sagt dann:

»Na gut, hilft ja nix. Du (gemeint ist der *interne Dialog*) gibst ja eh keine Ruhe, ich weiß ja, dass ich mich danach richtig gut fühlen werde!«

Du kannst Dir selbst einen ähnlichen *internen Dialog* konstruieren. Achte darauf, dass er jene Attribute hervorhebt, die als positive Vorteile nach der Ausführung für Dich gelten. Belohne Dich für wiederholte Ausführungen! Wenn Du eine Woche lang Deiner selbst verschriebenen Diät gefolgt bist, kannst Du Dir eine modische neue Hose kaufen. In die wirst Du passen, wenn Deine Diät erfolgreich gewesen ist. Achte auf Zweckmäßigkeit: Als Belohnung besonders viel an einem Tag essen halte ich für keine gute Strategie. Viele Diätbücher preisen genau dies an.

Mit diesen Erkenntnissen gestaltest Du die ersten drei Schritte einer »Strategie für Selbstdisziplin«.

1. Prüfe, ob Selbstdisziplin für Deine Entscheidung angebracht ist.
2. Bei JA: Schalte die Selbstdisziplin ein.
3. Bei NEIN: Prozess für Selbstdisziplin erst mal nicht einschalten. Ausreden-Eliminator schaltet sich automatisch ein und führt zu JA.
4. Bei NEIN und nicht ausgeführter Handlung: Nächster, verbindlicher Termin für Ausführung wird festgelegt.

**Trainiere Deine Selbstdisziplin**
Um Deine Ziele zu erreichen, brauchst Du immer wieder Motivation. Das zu tun, was notwendig ist, dafür brauchst Du Selbstdisziplin. Die Fähigkeit zur Selbstdisziplin scheidet unsere Gesellschaft in zwei Gruppen: Diejenigen, die

über sie verfügen, und all die vielen anderen, die ständig Ausreden erfinden, weil sie keine Selbstdisziplin »haben«. In den weitaus meisten Fällen (zufällige Lottogewinner ausgenommen) ist die erste Gruppe die erfolgreiche. Zur zweiten Gruppe zählst Du diejenigen, die ihr Leben auf Ausreden gründen und andere Menschen für ihre Misserfolge verantwortlich machen. Erfolg durch Selbstdisziplin ist nicht einfach zu haben. Er kostet jedoch auch kein Geld. Willst Du Deinen Kurs im Leben verändern und zu denen gehören, die erfolgreich werden? Kannst Du haben.

»Warum ist der eine im Leben – im Beruf, im Finanziellen erfolgreich, der andere aber nicht?« Ich finde, das ist eine gute Frage, die mir viele Menschen stellen. Erinnere Dich daran, dass die Antwort auf die Frage nach einem Warum einen Glaubenssatz liefert. Oft dient dieser Glaubenssatz als Entschuldigung und spiegelt vermeintliche Hinderungsgründe vor. Meistens liefert die Antwort auf dieses »warum ...« einen erfundenen Grund dafür, gerade jetzt nichts tun zu können. Meist ist es etwas, das außerhalb der Einflusssphäre des Befragten liegt. Das ist eine gute Strategie, die Selbstdisziplin zu torpedieren.

Dann höre ich in der weiteren Folge den berühmten zweiten Satz: »Irgendwann werde ich damit anfangen!« So wird das nichts, denke ich mir. Dann werde ich nachdenklich und frage mich, wie viele Menschen denn Wissen und Bewusstsein darüber haben mögen, was die wirklich wichtigen Erfolgskriterien im Leben sind. Was ist das, was den Unterschied macht?

### Fünf hilfreiche Grundannahmen zur Selbstdisziplin

1. Wenn ich mich entscheide, eine Tätigkeit auszuführen, weiß ich, dass ich dazu Selbstdisziplin brauchen werde.
2. Ich beziehe diese Bereitschaft zur Selbstdisziplin in meine Entscheidungsfindung ein.
3. Ich realisiere, dass ich Selbstdisziplin aufbringen WILL. Ich entscheide mich, meine Energie dafür einzusetzen.
4. Ich weiß, dass ich zur kleinen Minderheit der Menschen gehöre, die das Leben AKTIV nach ihren Vorstellungen gestalten.
5. Es fühlt sich gut an, aus dieser Entscheidung heraus anders als die anderen zu sein.

### Sechs Schritte hin zu mehr Selbstdisziplin

#### SCHRITT 1: VORFREUDE
Schon lange bevor es an die tatsächliche Ausführung der Handlung geht, freue ich mich darauf, ebendiese Handlung auszuführen. Ich freue mich auch auf das gute Gefühl, das ich haben werde, wenn ich die Handlung ausgeführt habe. So freue ich mich schon vor dem Schreiben eines Newsletters auf das gute Gefühl, anderen Menschen etwas zum Nachdenken gegeben und vielleicht sogar im einen oder anderen etwas bewegt zu haben.

#### SCHRITT 2: SORGFÄLTIGE PLANUNG
Ich plane die Ausführung sorgfältig. Tägliche oder regelmäßig auszuführende Handlungen mache ich zu einem positiven Ritual bei immer gleichem Zeitrahmen. Mein

Tag zu Hause hat deshalb einen sehr gleichmäßigen Rhythmus, bei dem gelegentliche kleinere Abweichungen Spannung bringen.

**SCHRITT 3: INTERNER DIALOG**

Ich nutze meinen *internen Dialog*↗, um »mich in Stimmung zu bringen«. Dabei habe ich begriffen, dass besonders die Tonlage des Dialogs seine Wirksamkeit beeinflusst. Es gibt Töne von mir und anderen – bevorzugt in einer horizontalen Lage und in ganz speziellem Kontext, die hervorragend in meinen *internen Dialog* passen.

**SCHRITT 4: VISUALISIERUNG DES ERGEBNISSES**

Ich stelle mir bildlich und *assoziiert*↗ vor, wie ich die Handlung bereits ausgeführt habe und wie ich mich *dissoziiert*↗ dafür lobe und wie mich beliebige *Avatare*↗ (Gedankenkonstrukte) für meine Handlung loben. Dies ist eine Art des generativen *Future Pace*↗.

**SCHRITT 5: SPEICHERN DER POSITIVEN GEFÜHLE**

Die daraus resultierenden guten Gefühle habe ich *geankert*↗. Ich lasse sie als unendliche Schleife laufen. Dies hat zum Ergebnis, dass meine guten Gefühle umso stärker werden, je mehr von der Handlung erledigt ist.

**SCHRITT 6: DER WEG IST DAS ZIEL**

Ich genieße jeden Schritt der Handlung als Manifestation meiner wachsenden Selbstdisziplin und Schöpfungskraft und all die guten Gefühle, die daraus resultieren.

## Selbstdisziplin – zwei große Fehler

Eine gut trainierte Selbstdisziplin verschafft Dir viele Vorteile. Zwei Strategien halten Dich davon ab:

### 1. DER WEG DES GERINGSTEN WIDERSTANDS

Die meisten Menschen nehmen lieber den einfachsten Weg, der sich anbietet. Auch wenn die erzielten Ergebnisse nicht optimal sind, wählen sie die Möglichkeiten aus, die ihnen den einfachsten und schnellsten Erfolg versprechen. Wenn ich Dir anbiete, Dir beizubringen, mühelos Klavier spielen zu lernen, wirst Du wahrscheinlich auf mein Angebot eingehen. »Ich bringe Dir das Klavierspielen bei, ABER Du wirst viel üben müssen. Und es wird länger dauern!« Wenn ich Dir dies sage, wirst Du wahrscheinlich weniger motiviert sein. Leider ist im Leben dieser Weg meistens der realistischere.

### 2. BEQUEMLICHKEIT JETZT STATT OPTIMUM SPÄTER

Die meisten Menschen wählen die zweckmäßigste oder bequemste Lösung, die sie JETZT SOFORT bekommen können. Sie entscheiden sich nicht für eine optimale Lösung, die sie eben später für diese Entscheidung entlohnen würden. Zwei gegensätzliche Beispiele:

In Amerika beurteilt man Unternehmenszahlen nach jedem Quartal, um die Investoren zufriedenzustellen. In asiatischen Ländern denkt man in Generationen. Ein japanischer Drechsler bereitet heute das Holz für seinen Sohn vor, während er das Holz seines Vaters bearbeitet. Welche Herangehensweise schätzt Du effektiver ein?

### Die »Hans im Glück«-Technik

Bis hierher habe ich Dir mehr Glück in Deinem Leben versprochen. Jetzt frage Dich: Willst Du das überhaupt? Ich habe eine funktionierende NLP-Strategie entwickelt, die mehr Glück in Dein Leben bringt.

Selbstbestimmung ist für viele Menschen eher eine Last. Sie lassen sich durchs Leben treiben und treffen ihre Entscheidungen so, wie sich diese eben gerade präsentieren. Sie gehen den Weg des geringen Widerstands. Daran ist erst einmal nichts Falsches. Die Ergebnisse sind entsprechend. Wenn Du ein SELBSTbestimmtes Leben willst, solltest Du Dir irgendwann die Frage stellen: »Was will ich im Leben erreichen?« Willst Du durchs Leben treiben oder willst Du Dein Leben aktiv gestalten?

#### Vom Nachdenken zur Landschaft und zur Landkarte

Im persönlichen Gespräch befrage ich Teilnehmer an meinen Workshops häufig, warum sie zu mir kommen. Die häufigste Antwort in einem Satz zusammengefasst:

»Ich will ja nur ein bisschen mehr Glück!«

»Glück«, das ist ein unbestimmtes Hauptwort und im NLP hast Du gelernt, dass die Hintergründe für Glück deshalb für jeden Menschen anders definiert sind. Dieses Phänomen möchte ich mit Dir genauer betrachten. Dabei hilft uns eine NLP-Grundannahme:

> **Deine Landkarte ist nicht die Landschaft.**

Mehr Glück ist danach nicht etwas, was in der Realität in einer bestimmten Menge vorhanden wäre *(die Landschaft)*. Es ist vielmehr etwas, das in Dir durch die Art Deiner Betrachtung erst entsteht *(die Landkarte)*. Wie kann es Dir gelingen, eine nützlichere Landkarte zu gestalten und mehr Glück wahrzunehmen?

**Von der Landkarte zu Deinen Glaubenssätzen**
Wenn Du glaubst, Du wärest glücklich, dann ist es so. Diese Erkenntnis führt Dich zu den NLP-*Glaubenssätzen*↗ im Modell von NLP. Noch mal: Wenn Du glaubst, Du bist glücklich, dann ist es so! Wenn Du mehr Glück im Leben willst, hast Du Deine Landkarte »richtig« gezeichnet. Leider scheinen die wenigsten Menschen dies einfach glauben zu können. Du kannst Dich fragen: »Bin ich glücklich?« Wenn die Antwort JA lautet, brauchst Du nicht weiterlesen.

Die meisten Menschen glauben, sie hätten nicht genug Glück im Leben. Deshalb machen wir uns gemeinsam auf den Weg und suchen nach Möglichkeiten, Deinen Glaubenssatz zu ändern. Was würde Deinen Glaubenssatz (und damit Deine Landkarte) ändern? Ein Beweis, dass Du Glück im Leben hast, wäre ein wichtiger Schritt zur Veränderung Deines Glaubens. Wenn Du Dich mit NLP beschäftigst, ahnst Du, worum es gleich geht: Um die Veränderung Deiner *Glaubenssätze*↗.

Du brauchst Beweise dafür, dass ständig Glück in Dein Leben kommt. Beweise dafür, dass Du einen Prozess am Laufen hast, der ständig mehr Glück in Dein Leben bringt. Deine Aufgabe wird sein, diese Beweise zu finden. Du magst einwerfen: »Chris, wo ist denn dann all das Glück für mich versteckt? Ich kann es nicht wahrnehmen!«

Könntest Du Deinen bisherigen Glaubenssatz, nicht genug Glück im Leben zu haben, gegebenenfalls verändern? Sicher kannst Du das! Nächste Frage: Welcher Beweis, welche Erkenntnis wird dann Deinen Glaubenssatz (Deine Landkarte) so verändern, dass Du glauben wirst, dass Glück in Dein Leben kommt?

**Von den Glaubenssätzen zu den Beweisen**
Die Erkenntnis des Glücks in Deinem Leben kommt nicht von alleine. Viele Menschen haben eine ganz andere Strategie. Sie erinnern sich an traumatisch oder negativ verlaufene Erlebnisse in ihrer Vergangenheit und verknüpfen sie auf unselige Weise mit der Gegenwart. Dies tun sie in bester neuro-linguistischer Weise, indem sie eine negative *»weil-deshalb«-Verknüpfung* aufbauen. Beispiel: »Weil ich als Kind von meinem Vater geschlagen wurde, habe ich heute Schwierigkeiten mit der Autorität meiner Vorgesetzten.«

Gegen diese Erkenntnis ist nichts einzuwenden und eine verantwortungsvolle Arbeit an Deiner Persönlichkeit wird es Dir nicht ersparen, solche Themen anzugehen. Die DAUERNDE Beschäftigung mit Deiner Vergangenheit und der ausufernde Gebrauch der *»weil-deshalb«-Verknüpfung* liefert Dir jedoch nur den Beweis, warum Du so wenig Glück in Deinem Leben hast. Der übermäßige Gebrauch der *»weil-deshalb«-Verknüpfung* schafft Dir den Glaubenssatz, Glück wäre nichts, was von selbst in Dein Leben kommt. Das willst Du verändern.

Nehmen wir modellhaft dafür einmal an, es gäbe nur eine bestimmte Menge an Verarbeitungskapazität für Erlebnisse in Deinem Gehirn. Je mehr Du Dich also mit vergangenen Erlebnissen beschäftigst, desto weniger

Kapazität bleibt für Deine Gegenwart und die Planung Deiner Zukunft.

**Wer Beweise sucht, der findet sie auch**
Was würde passieren, wenn Du Dich jetzt dafür entscheiden würdest, Dich in Zukunft mehr mit Deiner Gegenwart (und Deiner Zukunft) zu beschäftigen? Für die Gestaltung Deiner Landkarte könntest Du zum Beispiel jetzt nach Beweisen dafür suchen, dass TROTZ aller Erlebnisse in Deiner Vergangenheit jeden Augenblick so viel Glück in Dein Leben strömt. Das wäre der konstruktive Ansatz.

Du findest die Beweise für alles, wenn Du suchst. So einfach. Halte einen Moment inne und beantworte folgende Frage: *»Was geschieht gerade in diesem Moment, im Hier und Jetzt, das dazu beiträgt, Dich glücklicher zu machen?«*

Wenn sich die Wahrnehmung des Glücks in einer bestimmten Situation nicht einstellen will, kannst Du es als ein Zeichen dafür nehmen, dass diese Situation nicht stimmt. Veränderung ist angesagt.

Es ist ein wirksames Lebensprinzip, aktiv nach Beweisen zu suchen, dass Du von Minute zu Minute glücklicher wirst. Du wirst sie finden. Massenhaft. Damit veränderst Du die Grundfesten Deiner Persönlichkeit. Du beginnst, die Wahrnehmung Deiner Lebensrealität unbewusst anders zu programmieren. Und Glück kannst Du auf vielen Ebenen finden!

Brauchst Du Beispiele? Gleich eines zu den großen Fragen, die Dich bewegen: Warum ist es ein Glück, dass Du am Leben bist? Ist es nicht ein großes Glück, dass Du einen funktionierenden Körper hast, der Deine Seele und Deinen Geist beherbergt? Würde es Dich vielleicht noch glücklicher machen, mehr für ebendiesen Körper zu tun?

Wie wäre es eine oder zwei Ebenen tiefer: »Warum macht mich das, was gerade in meiner Umgebung passiert, jetzt glücklich?« – oder unglücklich. Dann wäre – auch hier – Veränderung angesagt.

**Ein paar gute Tipps für mehr Glück**
Programmiere Dein Mobiltelefon mit einer App oder der Weckfunktion so, dass Du etwa alle drei Stunden über den Tag eine kleine Erinnerung bekommst. Am besten zufällig. Dann kannst Du einen Augenblick innehalten und Dich fragen: *»Was ich gerade tue oder sage – wie macht mich das glücklicher?«*

Diese kleine Übung hast Du erfolgreich abgeschlossen, wenn Du drei Beweise gefunden hast, die Dich gerade glücklicher gemacht haben. Du kannst Deinen Fokus von der passiven Wahrnehmung (was passiert gerade …) auch auf eine proaktive Gestaltung legen: *»Was kann ich jetzt gerade tun oder sagen, das mich oder eine andere Person glücklicher macht?«* Du hast es bestimmt schon bemerkt: Wenn Du einen anderen Menschen glücklich machst, bringt das auch Glück in Dein Leben! Du kannst Dich jederzeit dazu entschließen, diesen Schritt zu tun – und sei es auch nur aus egoistischen Motiven. Wichtig ist das Ergebnis.

Jetzt hast Du eine ziemlich gute Strategie für mehr Glück in Deinem Leben. Gewöhne Dich nicht etwa daran, die obigen Fragen automatisch zu stellen und die Ergebnisse in Dein Leben zu integrieren. Das wäre fatal! Dann hättest Du nämlich aus Deinem Experiment eine LEBENS-HALTUNG gemacht. Das würde vielleicht dauerhaft dazu führen, ein glücklicheres Leben führen zu müssen. Wer will das schon …

## Steigere Deine geistige Flexibilität

*Ein neues Thema für Dich:* »Flexibilität«. Das ist ein viel strapaziertes Wort im Modell von NLP. Es leitet sich von der NLP-Grundannahme ab:

> **Wenn das, was Du tust, nicht funktioniert,
> tue etwas anderes.**

Ja, wenn das so einfach wäre. Oft bist Du stur auf eine Richtung eingefahren und siehst die einzige Möglichkeit im *Mehr des Selben*. Schon 1988, in den Anfangsjahren des NLP, hat *Charlotte Bretto Milliner*[7] in ihrem Buch *A Framework for Excellence* ein Format beschrieben, das die Teilnehmer der ersten NLP-Übungsgruppe entwickelten. Sie wollten damit ihre Flexibilität trainieren: Sie nannten es den *New Orleans Flexibility Drill*.

### Der New Orleans Flexibility Drill

Dein Ziel: Entwickle Flexibilität in Deinem Verhalten. Das stellt Dir mehr Ressourcen im Umgang mit anderen Menschen zur Verfügung. Vielleicht gibt es Menschen in Deinem Leben, die durch ihr Verhalten, durch Schrägheit zum Erfolg kommen und an Dir vorbeiziehen, obwohl sie weniger Fähigkeiten haben als Du. Einfach nur, weil Deine Flexibilität geringer ist. Derjenige mit mehr an Flexibilität bestimmt nun mal in einer Interaktion die Richtung. Es kann durchaus sinnvoll sein, Deine Umwelt im Glauben zu lassen, mit ihren schrägen Aktionen erfolgreich zu sein, während sie es in (Deiner) Wirklichkeit nicht ist. Der Flexibility Drill lehrt Dich, die Fähigkeit der Verhaltensflexibilität auf zwei Ebenen zu bekommen.

Die Übung funktioniert am besten zu dritt. Ich benenne die Übenden als Anwender, Begünstigter und Copierprofiteur (Eselsbrücke für A, B und C). Jede Person hat innerhalb des Formats wichtige Aufgaben. Es ist sinnvoll, die Übung mehrmals zu durchlaufen.

**SCHRITT 1: ZUSTAND DER GERINGEN RESSOURCE BESCHREIBEN**
Der Begünstigte beschreibt dem Anwender ein Verhalten, das er bei anderen Menschen als störend empfindet. Der Anwender zeigt daraufhin so gut wie möglich das beschriebene Verhalten. Ziel des Anwenders ist, im Begünstigten den weniger ressourcenvollen Zustand zu triggern. Der Copierprofiteur beobachtet beide und hilft dem Anwender, seine Rolle möglichst gut zu spielen.

**SCHRITT 2: ZUSTAND DER GERINGEN RESSOURCE ERZEUGEN**
Der Anwender wiederholt das Verhalten mehrere Male, auch mithilfe des Copierprofiteurs. Das kann sehr lustig sein, aber auch dramatisch werden. Ziel ist es, den Begünstigten zu verärgern, ihn wütend zu machen, hilflos oder welche Emotionen er zuvor als »wenig ressourcenvoll« beschrieben hat. Je besser der Anwender darin ist, den Begünstigten zu provozieren, desto besser wird das Ergebnis sein.

**SCHRITT 3: RESSOURCENANKER ERZEUGEN**
Der Begünstigte sucht in sich die Ressourcen, die er braucht, um mit Personen wie dem Anwender umzugehen.

Er *ankert*⁷ diese Ressourcen. Wenn der Begünstigte mehrere Ressourcen braucht, kann er diese auf gleichem Platz *ankern* (Stapel-Anker). Der Copierprofiteur kann den Begünstigten darin unterstützen, Ressourcen zu finden, zu *ankern* und zu verstärken.

**SCHRITT 4: RESSOURCENANKER TESTEN**
Danach testet der Anwender die neu gefundenen Ressourcen des Begünstigten, indem er ihn erneut provoziert. Der Begünstigte löst seinen *Anker* aus – und hat entweder Erfolg, widersteht der Provokation und zeigt neues, »ressourcenvolles« Verhalten – oder erliegt ihr erneut. Wenn der Begünstigte erfolgreich widersteht, folgt Schritt 5. Ansonsten geht er zurück zu Schritt 3 und erzeugt einen stärkeren Ressourcenanker.

**SCHRITT 5: RESSOURCENANKER EXTERNALISIEREN**
Der Begünstigte startet eine neue Interaktion mit dem Anwender. Er löst seinen *Anker* aus und genießt das Gefühl, innerlich entspannt und voller Ressourcen zu sein. Nach außen zeigt er das gleiche Verhalten wie am Anfang. Dies macht er so lange, bis sein äußerlicher Zustand ins Positive (Ressourcenvolle) wechselt.

**SCHRITT 6: DIE ROLLE DES COPIERPROFITEURS**
Der Copierprofiteur beobachtet die gesamte Übung, gibt Feedback und unterstützt den Begünstigten darin, seine Ressourcen zu finden und zu *ankern*. Er hilft dem Anwender dabei, eine möglichst authentische »Vorstellung« zu geben, und interveniert, wenn die Situation eskaliert. Nach der Übung achten alle beteiligten Personen darauf, in einem

ressourcenvollen Zustand zu sein, bevor die Rollen gewechselt werden. Ziel der Übung: Lerne Flexibilität. Denn wenn das, was Du tust, nicht funktioniert, TUE ETWAS ANDERES, und eben nicht – wie bereits eingangs erwähnt – »mehr von demselben«.

Meist stehen Dir Deine eigenen Glaubenssysteme im Weg. Es gibt Verhalten, das Du vielleicht abstoßend findest, wo es jedoch nützlich für Dich sein könnte, Dich so verhalten zu können. Diese Übung lehrt Dich die Flexibilität, Dich, anders als sonst, konstruktiv zu verhalten.

Ein Verhalten, das Du bei dieser Übung sehr gut optimieren kannst, ist Dein flüssiges und mitreißendes Sprechen vor Gruppen. Falls Dir also kein Verhalten einfällt, stelle Dir doch einfach vor, wie Du Dich in einer U-Bahn-Station auf eine Bank stellst und vor den Anwesenden eine Rede hältst.

### Geduld ist eine lohnenswerte Tugend

*»Wer Geduld sagt, meint Mut, Ausdauer, Kraft.«* – Marie Freifrau von Ebner-Eschenbach[↗]. Eine Sekunde ist das 9 192 631 770-fache der Periodendauer der Strahlung, die dem Übergang zwischen den beiden Hyperfeinstrukturniveaus des Grundzustandes von Atomen des Nuklids $^{133}$Cs entspricht. Jetzt weißt Du, wie lange eine Sekunde dauert. Was Du allerdings aus dieser Sekunde oder dem 60-fachen davon (einer Minute) oder wiederum dem 60-fachen davon (also aus einer Stunde) machst, ist Dir überlassen. Auch überlassen ist Dir, wie Du die gefühlte Länge dieser Zeiteinheiten bemisst.

Dir ist sicherlich aufgefallen, dass sich eine Stunde sehr kurz oder sehr lang anfühlen kann, je nachdem, was gerade passiert. Führe ein gutes Gespräch mit einem Freund, und die Zeit scheint zu fliegen. Warte darauf, dass Dein verspäteter Flug endlich zum Boarding freigegeben wird, und eine Stunde fühlt sich endlos an. Deine Wahrnehmung von Zeit ist also relativ. Noch relativer ist die Bewertung der Zeitperiode des Wartens auf etwas, das Du Dir intensiv wünschst.

**Das Dilemma des Wartens**
Bist Du geduldig oder willst Du oft die Dinge in Deinem Leben von jetzt auf sofort? Kannst Du ruhig abwarten, wenn etwas länger dauert? Bleibst Du ruhig, wenn Du länger auf etwas warten musst? Und wie kommst Du damit zurecht, wenn die Dinge wieder einmal länger dauern, als Du es Dir erhoffst?

Geduld wird in unserer Gesellschaft als Tugend angesehen. Ein altes Wort für Geduld ist Langmut, den Mut zu haben, die Länge von etwas zu ertragen. Das bringt es doch gut auf den Punkt, oder? Im Gegensatz zu unserer schnelllebigen Zeit ist es bestimmt eine Tugend, das abwarten zu können, was Du zeitlich nicht beeinflussen kannst. Darüber hinaus verriet mir ein buddhistischer Mönch einmal sein Geheimnis eines ausgeglichenen Lebens:

*»Ich meine, es ist die Fähigkeit, eine Entwicklung betrachten zu können und die Dinge an ihren Platz fallen zu lassen!«*

Geduld ist die Fähigkeit, auf etwas warten zu können. Geduld bedeutet, dass Du einen Schokoriegel nicht jetzt gleich haben musst, sondern einen Tag, eine Woche oder für immer auf die Befriedigung dieses Bedürfnisses verzichten kannst. Geduld bedeutet, Dich auf Geschehnisse zu freuen, ohne gleich hibbelig zu werden, weil es schon wieder nicht schnell genug geht. Geduld bedeutet, warten zu können, ohne lethargische Inaktivität in Dein Leben zu lassen. Es geht um die richtige Balance zwischen dem Warten und der Eile.

**Geduld und Achtsamkeit**

Geduld braucht auch die Fähigkeit zur Achtsamkeit. Das ist wahrlich eine buddhistische Tugend. Ich halte Achtsamkeit im Hier und Jetzt für eine wichtige Eigenschaft. Sie manifestiert sich in vielen Alltagssituationen. Achte darauf, welche Gefühle Du Dir schaffst. Achte auf Deine Mitmenschen. Achte auf Deine Motivation. Du kannst Dich entscheiden, welche Gedanken Du haben willst, wenn Du im Supermarkt an der Kasse in einer ewig langen Schlange stehst. Höre auf Deinen *internen Dialog* – und verändere ihn, wenn nötig. Es gibt viele Situationen im täglichen Leben, die Geduld und Achtsamkeit brauchen können. Hier ein paar Beispiele:

▸ Wie entscheidest Du Dich, wenn Du an einem längeren Projekt arbeitest, das sich über Monate oder Jahre hinzieht, und wenn Dein Ziel noch in weiter Ferne liegt?
▸ Was machst Du, wenn Du endlich ein lange aufgeschobenes Projekt angehen willst und sich die Dinge einfach nicht so entwickeln, wie Du es gerne haben würdest?
▸ Wie verhältst Du Dich, wenn die Bahn mal wieder Verspätung hat, weil es nieselt und Du 45 Minuten auf dem Bahnsteig in Kälte und Regen verbringst?

- Wie verläuft Dein Leben, wenn Du vor großartigen Ideen, die Du umsetzen willst, förmlich übersprudelst, aber vorher noch anderes zu Ende bringen musst?
- Was passiert mit Dir, wenn Du krank und bettlägerig bist? Wenn draußen das Leben an Dir vorbeizieht, während die Zeit verstreicht und Du darauf wartest, endlich wieder arbeiten, Sport machen und ausgehen zu können?

In solchen Situationen ist es wichtig, Dich in Geduld und Achtsamkeit zu üben. Und warum ist das oft gerade in kritischen Situationen so verdammt schwer? Eine mögliche Antwort: Du hast die Geduld verlernt oder sie nie in Dein Leben gelassen. Wieso auch warten? Die moderne Konsumgesellschaft hat Dich dazu erzogen, so gut wie alles, was Du willst, sofort und gleich jetzt zu bekommen. Die meisten Sachen sind für Dich nur einen Klick entfernt.

**Geduld neu lernen**
Ich erinnere mich, wie ich in meiner Schulzeit für ein Referat in die örtliche Stadtbibliothek gehen musste und im umfangreichen Katalog mein Wunschbuch heraussuchte. Und wenn es verliehen war, musste ich warten. Heute erfahre ich, was ich wissen will, innerhalb weniger Millisekunden im Internet.

Ich bekomme Erdbeeren im November im Supermarkt und jederzeit reife Mangos von weit her. Weder muss ich bis zum Sommer warten noch darauf, im Urlaub im Warmen zu sein. Und wenn mir abends um 9 Uhr einfällt, dass ich vergessen habe, Milch zu kaufen, bedeutet das nicht, dass es für heute keine Milch mehr gibt. Ich gehe um die Ecke, dort hat der Supermarkt 24 Stunden geöffnet. Weil es mit den Erdbeeren, der Mango und der Milch funktioniert, erwartest Du es auch in anderen Bereichen Deines Lebens. Das nennt man im NLP eine *Generalisierung*↗ – Resultat: Alles soll Dir jederzeit zur Verfügung stehen.

Wenn Dir jemand verspricht, zehn Kilo in drei Tagen verlieren zu können, entspricht das Deinen Erwartungen. Auf keinen Fall bist Du bereit, dafür ein halbes Jahr im Fitnessstudio zu schuften und überdies auf den geliebten Schokoriegel zu verzichten. Dann doch lieber die Wunderkur! Ist zwar leider teuer, dafür wird Dir Einfachheit vorgespiegelt – und vor allem brauchst Du keine Geduld dazu. So einfach, wie es Dir versprochen wurde, ist es dann meist doch nicht. Aber bis Du zu dieser Erkenntnis kommst, hast Du Dein Geld schon verbraten.

**Ändere Deine Glaubenssätze**
Und dann ist da noch die Sache mit dem Erfolg. Der ist ja auch über Nacht möglich. Vom Studenten direkt zum Millionär. Das suggerieren Dir Hunderte von Selbsthilfebüchern. Selbst schuld, wenn Du noch auf Ausbildung und harte Arbeit setzt. Bezahle ruhig die 99 Euro für das Geheimrezept, das Dir verspricht, in drei Tagen Millionen über das Internet zu verdienen. Ich habe noch niemanden getroffen, der ohne harte Arbeit einfach so zu Erfolg gelangt wäre. Meine erfolgreichen Freunde und Bekannten arbeiten allesamt geduldig und hart an ihrem Erfolg.

Mein Rat: Finde Dich damit ab, dass Dein Weg steinig und lang sein wird. Spätestens jetzt wirst Du erkennen, warum Geduld im Leben von Vorteil ist. Sie hilft Dir, bei Schwierigkeiten und Problemen nicht gleich aufzugeben, und Du verlierst Deine Ziele nicht aus den Augen. Du bemerkst sicherlich, dass Du mit der Anwendung von NLP eine Menge bewirken kannst. Achte einmal besonders darauf, welche Glaubenssätze in Form Deines *internen Dialogs*↗ Dich dazu bringen, genau so zu handeln, dass Deine Ungeduld überhandnimmt. Meist schaffst Du es ja, gerade in den Augenblicken, in denen Du Geduld bräuchtest, Deine Ungeduld in den Vordergrund treten zu lassen.

### Geduld kannst Du lernen – ein paar Ratschläge

Du hast auf den letzten Seiten gelernt, dass Ungeduld ein lästiger Begleiter im Alltag ist. Sie macht Dich oft nervös und unausgeglichen. Die U-Bahn kommt zu spät, die Warteschlange vor dem Geldautomaten scheint endlos. Und wieso ist Dein guter Freund wieder einmal nicht pünktlich zu Deiner Verabredung gekommen? Solche Situationen können Dich entspannen, wenn Du sie richtig angehst. Geduld begleitet Dich in jedem Moment deines Seins, sie beeinflusst Dein ganzes Leben. Geduld bestimmt Dein Leben von der Wiege bis zur Bahre. Sowohl beruflich als auch in Beziehungen. Sogar im Suchtverhalten spielt sie eine ausschlaggebende Rolle. Kein Mensch ist nur geduldig oder nur ungeduldig. Du kannst in einem Bereich sehr geduldig und in einem anderen extrem ungeduldig sein. Hier ein paar Ratschläge, wenn Du Dich für einen ungeduldigen Menschen hältst:

#### 1. BEMERKE DEINE UNGEDULD
Kämpfe nicht gegen Deine Ungeduld. Damit setzt Du Dich nur unnötig unter Druck. Begrüße Deine Ungeduld wie einen alten Bekannten. Prüfe, ob Dich vielleicht sogar ein

Quäntchen Ungeduld in diesem Falle weiterbringt. Es kann ja sein, dass sie eine unangenehme Situation schneller beendet. Führe Dir vor Augen, welche Vor- und Nachteile Deine Ungeduld mitbringt.

- Sind es Druck, Stress, Ärger, Anspannung, schlechte Laune, Unzufriedenheit und Konzentrationsprobleme?
- Wird dadurch Dein eigentliches Problem gelöst oder wenigstens kleiner?
- Wird Dein Projekt schneller fertig? Springt die Ampel an der Kreuzung schneller auf Grün, nur weil Du ungeduldig bist?

Ich weiß, Du gibst Dein Bestes, die Ungeduld in Dir zu überwinden. Du tust, was Du kannst. Auch Dir sind Grenzen gesetzt. Manchmal kannst Du nicht noch schneller arbeiten oder die Aufgabe nicht noch besser ausführen. So werden Dir von außen Grenzen auferlegt, die Du mit keiner noch so starken Willenskraft beeinflussen kannst. Dann wird es wichtig, den richtigen Rahmen zu wählen und Deine Grenzen zu erkennen.

**2. NUTZE DEINE ZEIT**

Warten nervt nur, wenn Du es als verschwendete Zeit betrachtest und endlich fertig werden willst. Wie wäre es damit, geschenkte Momente sinnvoll zu nutzen? Freue Dich über zusätzliche Zeit, die Du zum Lernen oder zur Entspannung gewinnst. Eine Verspätung gibt Dir wertvolle Zeit, endlich einmal Deine Notizen durchzusehen, alte Fotos von guten Erinnerungen auf Deinem Mobiltelefon zu betrachten oder gar in einem interessanten Buch zu lesen.

Wenn Du es schaffst, Deine Umgebung aufmerksam zu betrachten, ohne Dich abzulenken, bist Du einer Meditation schon ziemlich nahe. Das tagelange Warten auf ein Feedback gibt Dir Zeit, soziale Kontakte zu pflegen oder einfach früher Feierabend zu machen. So kannst Du Energie für die Fortsetzung Deines Projekts tanken.

Willst Du da von verlorener Zeit sprechen? Du könntest Dir genau für solche Momente eine Liste anfertigen, auf der Du interessante Zeitungsartikel oder Bücher notierst. Auf deinem Smartphone herumzudrücken macht Dir kein ruhiges Gemüt. Für kurze Wartezeiten ist es eine gute Lösung. Vielleicht gibt es trotzdem in Dir noch den Teil, der sich wehrt, Stillstand hinzunehmen. Dann kommt vielleicht der Begriff der inneren Ruhe zum Tragen.

Menschen, die über innere Ruhe verfügen, sind nicht so schnell aus der Fassung zu bringen. Sie lassen die Vergangenheit hinter sich und die Zukunft auf sich zukommen. Sie wissen, was sie erreicht haben und welche Fehlschläge sie dafür einstecken mussten. Entscheidend ist, dass sie sich von diesen Erfahrungen emotional distanzieren können und die gemachten Fehler in einem rationalen Kontext betrachten. *Dissoziiert*, wenn Du das NLP-Fachwort dazu brauchst.

### 3. LERNE, IM HIER UND JETZT ZU LEBEN

Geduld hat etwas damit zu tun, Dich im Hier und Jetzt wiederzufinden. Wenn Du Dich und Deine Ungeduld einmal genauer beobachtest, wirst Du in vielen Fällen herausfinden, dass Du Dich aus einer unangenehmen Situation wegwünschst. Es quälen Dich die Gedanken an die Zukunft oder es belasten Dich Erinnerungen aus der Vergangenheit.

Beides ist wenig hilfreich. Im NLP hast Du erfahren, dass sowohl die Zukunft als auch die Vergangenheit nichts mit Deiner Realität in diesem Moment zu tun hat. Du kannst den Fokus auf die Gegenwart legen und damit einen guten Weg finden, zur Ruhe zu kommen.

Viele Menschen leben so sehr in der Zukunft, in ihren Plänen und Zielen, dass sie das Hier und Jetzt nicht wahrnehmen. Ein großer Fehler! Häufig entgeht Dir sensorischer Genuss in den *Repräsentationsebenen*↗. Du stellst Dir etwas vor, das sich meist anders entwickelt. Das ist vergebliche Liebesmüh. Besinne Dich lieber auf das, was Dich gerade in diesem Augenblick beschäftigt.

### 4. KÖRPERLICHE ÜBUNGEN FÜR GEDULD

Dein Körper kann ein hilfreiches Instrument für mehr Gelassenheit und Geduld sein. Beim Yoga beispielsweise verharrt Dein Körper oft lange in einer Position. Dabei können Deine Gedanken zur Ruhe kommen und trotzdem genug Fokus behalten, solange Du in Deiner Position bleibst. Zusätzlich hilft Dir eine Yoga-Sitzung, Deine Muskelverspannungen und Verkrampfungen zu lösen. Täglich eine kleine Übung, nur ein paar Minuten, und das bringt Dich einen großen Schritt weiter. Und dann ist da bei aller Geduld auch noch die leidige Frage nach dem Fokus, der Konzentration.

## Wie Du Deine Konzentration steigern kannst

Pro Tag wirst Du von über 10 000 Werbekontakten bombardiert. Kaum zu glauben, oder? Und dann fordert Dein ganz normaler Alltag über den Tag noch viel mehr Aufmerksamkeit: Ein kurzes Video hier, eine schnelle WhatsApp-Nachricht da – all das fördert keine Konzentration, sondern eher Deinen Konsum. So ist es kein Wunder, dass es bei vielen Menschen mit der Konzentration nicht mehr weit her ist.

Mangelnde Konzentration ist lästig, manchmal allerdings sehr gefährlich. Denke nur an einen Mangel an Konzentration beim Autofahren, wenn Dich gerade rechts ein Radfahrer überholt. Also: Was kannst Du tun, um Deine Konzentrationsspanne zu steigern?

**KONZENTRATIONSSCHWÄCHE DURCH ABLENKUNG IM ALLTAG**
Wie in jedem Jahr war ich auch in diesem mit meinen Trainern in Nepal unterwegs. Am letzten Abend des Trainer-Tracks übernachteten wir in Ghorepani, auf 2800 Meter Höhe. Draußen herrschte Kälte und alles scharte sich um die Holzbänke am bullernden Kanonenofen. Ganz nebenher kam ich mit drei Jungs aus den USA ins Gespräch. Sie absolvierten gerade ein mehrwöchiges Praktikum in einer Sozialeinrichtung. Was für ein Chaos herrschte da! Das Gespräch pendelte zwischen dem Thema der Freundschaft, der Politik, Einwürfen über das Verhalten von Freunden, Checks der neuesten Nachrichten auf WhatsApp und Reaktionen auf das Verhalten anderer Trekker.

Für mich als Gesprächspartner, der konzentrierte, intensiv reflektierende Gespräche liebt, war dieses beständige Springen der Aufmerksamkeit von einem Thema auf das nächste grauenvoll. Die durchschnittliche Konzentrationsspanne meiner Gesprächspartner lag bei gefühlten fünf Sekunden. Entspanntes Nachdenken über das, was ich sagen wollte, war unmöglich.

Ich sprach darüber mit meinen Trainern und sie berichteten mir, dies wäre ein »allgemeines Alltagsphänomen«. Was ist es, das Dich ablenkt? Du kennst es bestimmt:

- Am Computer: eintreffende E-Mails, Chatfenster mit blinkenden, optischen Zwischenrufen, das »blingbloing« neuer Facebook Einträge.
- Im Arbeitsumfeld: mit »kannst Du mal schnell ...« unterbrechende Kollegen, aggressiv klingelnde Telefone, drängende Termine, nörgelnde Kollegen.
- Im Privatleben: vielschichtige akustische und visuelle Forderungen des Handys, Freizeitstress, die Antwort auf die Frage, ob Du Dich auf einen schnellen Kaffee wann und wo treffen willst, Partys, die Du unbedingt besuchen musst.

In einem Satz: Die dauernde Ablenkung vom Wesentlichen. Wie sehr die Medien von unserem Leben Besitz ergriffen haben, ist mir beim Trekken in Nepal mit den Trainern bewusst geworden. Dort konnte ich einen interessanten Vergleich anstellen: Etwa die Hälfte der Trainergruppe entschied sich für ein freiwilliges »digitales Fasten«. Am Abend gab es also eine Gruppe, die miteinander diskutierte, und eine, die E-Mails checkte, Bilder bei Facebook einstellte und Freunde und Bekannte über die Erlebnisse des Tages informierte. Rate mal, welcher Gruppe ich angehörte und welche mehr lachte?

**WIE FUNKTIONIERT KONZENTRATION?**

Dabei ist es doch wirklich einfach: Jeder gesunde Mensch kann sich konzentrieren – manche besser, manche schlechter. Das wirkliche Problem ist, dass Du Deine Aufmerksamkeit nicht sowohl auf Deinen Laptop als auch gleichzeitig auf Dein Handy richten kannst. Aber Du versuchst es. Andauernd.

Damit Konzentration entsteht, müssen verschiedene Teile Deines Gehirns in komplexer Weise zusammenspielen. Am einfachsten fällt Dir Konzentration, wenn Du in einer bedrohlichen Situation bist. Würdest Du bemerken, dass neben Deinem Schreibtisch der Papierkorb brennt, würde sich Deine Konzentration automatisch auf diese Gefahr hin ausrichten. Diese Reaktion steuert im Wesentlichen Dein limbisches System. Das ist eine feine Sache, die Dein Überleben in kritischen Situationen wahrscheinlicher macht. Leider ist aber auch jede eingehende Push-Nachricht auf Deinem Handy in diesem Sinne ein brennender Papierkorb, eine plötzliche Gefahr.

Dazu kommen die Aktionen in Deinem präfrontalen Cortex. Dort steuerst Du die bewusste Entscheidung, ob Du zu Deinem Handy greifst oder eben nicht. Es geht also um Wissen, was die Ablenkung auslöst, und es geht ebenfalls darum, Dich zu entscheiden, nicht auf einen solchen Reiz hin zu reagieren.

Deine Fähigkeit, Dich zu einer Unterbrechung entscheiden zu können, ist in anderem Kontext sehr nützlich. Wenn Du Deine Arbeit bewusst nach etwa einer Stunde geplant unterbrichst und Dich fünf Minuten erholst, hat das den Effekt einer unvollendeten Handlung. Nach einer kurzen Pause hast Du dann mehr Lust, weiterzumachen. Wenn Du dagegen arbeitest, bis Du merkst, dass Du jetzt aber wirklich eine Pause brauchst, wird es Dir schwerer fallen, nach Deiner Pause wieder in Deine Arbeit zurückzufinden. Rechtzeitig Pause machen hilft Dir also, Dich zu konzentrieren.

### Vier gute Tipps, Deine Konzentration zu steigern

Wenn Du lernen willst, im Alltag mehr Konzentration zur Verfügung zu haben, helfen Dir vier kleine Tipps. Damit steigerst Du Deinen Fokus und hast mehr Zeit für die wichtigen Dinge.

#### 1. ELIMINIERE ALLE ABLENKUNGSREIZE

Reduziere Deine Tätigkeit auf das Wesentliche. Lass Dich einfach nicht ablenken. Wenn Du Dich auf ein Projekt konzentrierst, eliminiere alle anderen Ablenkungsreize. E-Mails einmal am Vormittag, einmal am Nachmittag checken, das reicht. Schließe ALLE Nachrichtenfenster, RSS-Feeds und Chatfenster. Stelle WhatsApp auf lautlos – und dann arbeite konzentriert an Deinem Projekt.

#### 2. KONTROLLIERE DEINEN INTERNEN DIALOG

Dein *interner Dialog*⁊ ist das, worüber und vor allem, WIE Du mit und zu Dir selbst sprichst. Die Wahrnehmung und Veränderung ihres *internen Dialogs* fällt vielen Menschen erst einmal nicht so leicht. Das ist auch der Grund, warum ich im NLP-Practitioner verstärkt mit hypnotischen Techniken arbeite. Im tief entspannten Zustand geht es sehr viel leichter, Dir über die inneren Stimmen klar zu werden und Dich über längere Perioden entspannt zu konzentrieren. So kommst Du schnell in eine Art von Flow.

Achte einmal darauf, wie viel Du über Deine innere Stimme mit Dir selbst ausmachst. Motivation, Gefühlszustände, Ablehnung – all das steuerst Du über die Qualität

Deines *internen Dialogs*. Mit Qualität meine ich, WIE Du zu Dir sprichst, nicht WAS Du sagst. Probiere doch einmal, die Art, wie Du im Kopf mit Dir sprichst, zu verlangsamen und Deine innere Stimme ganz entspannt klingen zu lassen. Du weißt schon, so, wie Du gleich nach dem Aufwachen klingst. Schon einige Sekunden reichen, damit Du einen dramatischen Stimmungswandel verspürst. Diesen Trick kannst Du jederzeit einfach anwenden, wenn Dir einmal wieder alles zu viel ist. Zusätzlich habe ich eine hervorragende Übung für Dich entworfen:

### 3. DER KONZENTRATIONSFÖRDERNDE RESSOURCENANKER

Suche Dir ein ruhiges, längeres Musikstück aus. Ich verwende klassische Musik, aber das ist meine persönliche Präferenz. Manchen Menschen hilft Musik, die auf Alphawellen komponiert wurde. Bei dieser Art von Musik wurde wissenschaftlich nachgewiesen, dass sie die Konzentrationsfähigkeit fördert. Gib einfach »Alphawellen Musik« bei YouTube ein.

Nun ist es eine Möglichkeit, diese Musik einfach abzuspielen, während Du an Deinem Projekt arbeitest. Wenn Du dann auch noch ungestört bleiben kannst, ist das wunderbar. Es gibt darüber hinaus eine NLP-Technik, die Dir viel eleganter hilft, über längere Zeit hinweg konzentriert zu arbeiten.

Lege Dich dazu in einer ruhigen Stunde auf die Couch und setze Deinen Kopfhörer auf. Höre die gleiche Musik, die Du Dir ausgesucht hast. Entspanne Dich, lasse Deine Gedanken für ein paar Minuten fließen, achte auf Deinen Atem und Deine allmählich nachlassende Muskelspannung. Dann fokussiere Deine Gedanken. Denke an ein

Erlebnis, bei dem Du ganz besonders konzentriert und im Flow warst. Du weißt schon, dann, wenn Die Welt um Dich herum versank. Hast Du einen längeren Brief mit der Hand geschrieben, ein Bild gemalt oder Dich im spannenden Inhalt eines Buches verloren? Vielleicht warst Du so in ein Gespräch vertieft, dass Du einfach die Zeit vergessen hast? Das sind alles sehr gute Beispiele.

Versetze Dich mitten in Dein Erlebnis hinein. Im Modell von NLP spricht man von *assoziiert*↗. Und dann ändere Deinen *internen Dialog*↗. Was sagst Du, wenn Dir etwas sehr gut gefällt? »Aahhhh…! Mmhhhhh…« Wenn Du solche Geräusche nutzt, öffnen sie den »Flowkanal« Deines Gehirns. Dieser Teil erfordert etwas Konzentration, lohnt sich aber. Nacheinander kannst Du mehrere Situationen und unterschiedliche *interne Dialoge* zu einem wunderbaren Ganzen für Dich kombinieren, solange sie zu intensiven positiven Ergebnissen führen. Durch die Art der Musik und Deine Übung hast Du Dir so einen akustischen *Anker* geschaffen, den Du zukünftig einfach nutzen kannst.

Setze Dich dazu an ein Konzentration forderndes Projekt, eliminiere alle äußeren Reize und höre die gleiche Musik, mit der Du Deinen *Anker*↗ »programmiert« hast. Dann beginne zu arbeiten. Du wirst überrascht sein, wie schnell die Zeit vergeht und wie viel Du plötzlich schaffst. Wahrscheinlich bist Du relativ schnell in einem Zustand von *Flow*↗ gelandet.

**4. MEDITATION ZUR KONZENTRATION**

Wenn Du etwas Erfahrung mit der letzten Übung gesammelt hast, kannst Du Dich auf den Pfad der großen Meister begeben. Gute Meditation IST pure Konzentration. Wenn

Du erfahren bist, lernst Du beispielsweise, ein Bild, einen Gedanken oder eine Assoziation über beliebig lange Zeit fokussiert in Deinem Kopf zu behalten. Lasse mich also mit einem ersten Ratschlag beginnen. Weitere Übungen zur Vertiefung Deiner Fähigkeiten kannst Du schnell im Internet finden. Ich zitiere sinngemäß Mouni Sadhus Buch *Konzentration und Verwirklichung*.

Setze Dich aufrecht auf einen Hocker. Atme gleichmäßig. Schließe Deine Augen und stelle Dir eine Wand in einer bestimmten Farbe vor. Wenn die Gedanken abschweifen, hole sie zurück und bleibe dabei, Dir die Wand vorzustellen. Beginne mit einer Zeitspanne von zwei bis drei Minuten. Stelle Dir den Wecker auf dem Telefon. Wenn Dir drei Minuten leichtfallen, erweitere die Zeitspanne, bis Du mühelos etwa eine Stunde Deinen Fokus halten kannst.

Welche Farbe Du Dir vorstellst, wird Dein Befinden beeinflussen: Rosenrot stimuliert die Aufmerksamkeit und erhöht Deinen Energielevel. Orange regt an und reinigt Dein System. Grün entspannt, Violett reinigt und energetisiert die spirituellen Kanäle. Weiß fördert den Eintritt in den Zustand des Samadhi. Wenn Du willst, kannst Du Dir auch meine Chakra-Meditationen besorgen und damit üben. Du wirst schnell feststellen, welch positive Auswirkungen schon eine kleine Zunahme Deiner Konzentrationsspanne auf Dein Alltagsleben hat.

Wenn Du glaubst, nicht spirituell orientiert zu sein: Es muss nicht unbedingt Meditation sein. Geeignet zur Konzentrationsförderung sind alle Tätigkeiten, bei denen Du Dich mit Deiner Aufmerksamkeit bei einer Sache hältst. Das kann auch Bogenschießen, das Herumschrauben am Motorrad oder das Kochen für Freunde sein. Solche

Tätigkeiten helfen Dir ebenfalls zu lernen, Dich bewusst zu konzentrieren, auch wenn Dir einmal eine Aufgabe nicht ganz so viel Spaß macht.

**Die schnelle Lösung für mehr Konzentration**
Hast Du Dir beim Lesen des zweiten Absatzes gedacht, die »langsamen« Strategien überspringen zu wollen und eine schnelle Lösung zu bevorzugen? Siehst Du, dann bist Du einer derjenigen, die den Lohn für etwas haben wollen, ohne die Arbeit dafür geleistet zu haben. Kein Wunder, die Werbung ist voll solcher Versprechen: »Jetzt kaufen, später bezahlen!« oder »Ganz einfach, ohne Mühe ...!«. Hauptsache Du gibst Dein Geld her, die Wahrheit kannst Du später verdauen. Merke Dir das alte deutsche Sprichwort: »Ohne Fleiß kein Preis!« oder »Vor den Erfolg haben die Götter den Schweiß gesetzt!«.

Für viele Menschen ist die Vorstellung, Arbeit und Mühe in etwas zu investieren, mit negativen Gedanken verbunden. Das Ideal eines erfolgreichen Lebens bestünde für sie in einem Dasein als Couch-Potato – und nebenher ein glücklicher Millionär zu werden. So funktioniert das Leben leider nicht. Jeder Mensch braucht Aktivität und Arbeit, um seinem Leben Sinn zu geben. Vielleicht willst Du in diesem Sinne die Haltung zu Deinem Leben überdenken und Strategien von Arbeit und Mühe in Zukunft positiv besetzen.

# KAPITEL 3

Zwischenmenschliche Lektionen

## Glücklich leben – das geht nur mit anderen

*Erkenne das Beste im anderen!* Wenn Du nach Rom reisen möchtest, hilft es Dir wenig, die Richtung nach London einzuschlagen. Es heißt zwar »Viele Wege führen nach Rom«, aber niemand hat gesagt: »Viele Wege führen ähnlich effizient, direkt und für alle Beteiligten sinnstiftend nach Rom.« Dieses Prinzip gilt auch für ein persönliches Gespräch. Schon das *Setting*⁊ bestimmt, wie effektiv Du Deinem Gegenüber etwas vermitteln kannst.

Es lohnt sich, darüber nachzudenken, welche Position Du im Gespräch mit Deinen Mitmenschen einnehmen willst. Einem guten Gespräch wird es nicht dienlich sein, wenn Du auf Dein Gegenüber herabsiehst. Diese Erkenntnis sollte selbstverständlich sein. Ich führe aus beruflichen Gründen sehr viele Gespräche mit verschiedensten Persönlichkeiten und merke, wie wenig in unserer Gesellschaft eine herzliche Akzeptanz des Gegenüber etabliert ist. Das ist doch kein Weg!

### Ein erster Schritt zum besseren Leben

Schauen wir einmal gemeinsam auf eine der NLP-Grundannahmen:

> **Deine Landkarte ist nicht die Landschaft.**

Genauer beschrieben bedeutet dies, dass Du Dir im Gehirn ein Abbild (die Landkarte) der Realität bastelst. Das bewerkstelligst Du mit Deinen Sinnesorganen und einer nachgeschalteten Bearbeitung durch Filtern, Verzerren, Löschen und andere unbewusst stattfindende Techniken. Vielleicht sind Deine Sinnesorgane in ihrer »Unbestechlichkeit« nicht beeinflussbar, die nachgeschalteten Prozesse kannst Du jedoch sehr wohl beeinflussen.

Wie Du aus dem vorigen Kapitel bereits weißt, ist es Dir tatsächlich erlaubt, zu wählen, ob Du glaubst, dass Du Dich in der besten aller Welten befindest oder in einer, die Dir Böses, Schlechtes und Unangenehmes will. Für beide Glaubenssätze kannst Du Beweise suchen und finden. Und immer noch bin ich der Meinung, dass es eine gute Idee ist, zu glauben, dass Deine Mitmenschen ausschließlich Dein Wohlergehen im Sinn haben.

Dafür lohnt es sich, täglich viele Beweise zu suchen und zu finden. Das wäre die logische Entscheidung aus dem letzten Kapitel. Vielleicht hast Du Dir ja bereits ein Beweistagebuch angelegt, um Deine Ergebnisse schriftlich festzuhalten.

**Jetzt bitte den Projektor ausschalten**
Der zweite Schritt, nachdem Du Beweise für derlei Annahmen zuhauf in Deinem Leben gefunden hast, wäre es, damit aufzuhören, auf Deine Umgebung und Deine Mitmenschen schlechte Absichten zu projizieren. Denn das Sprichwort sagt:

*»Der Hehler ist so schlecht wie der Stehler!«*

Im Kontext dieses Buches heißt es: Was Du Deinen Mitmenschen misstrauisch unterstellst, hast Du erst selbst gedacht. Du kannst auch genau andersherum beginnen: Schneide Dir das Stück der positiven Welt aus der Torte Deiner Wahrnehmung der Welt.

Ein Beispiel: Bevor Du am Morgen aus dem Haus gehst, kannst Du Dir vornehmen, am Vormittag mindestens vier Menschen ein »offensives Kompliment« zu machen. Offensiv heißt, direkt zu sagen, was Dir gerade an Positivem auffällt.

»Warst Du beim Friseur? Deine Haare leuchten so!« oder »Einen tollen Pullover hast Du heute an!«. Wichtig: Sei ehrlich – auch wenn es Dir anfangs schwerfällt. Wahrscheinlich machst Du Dir in diesem Moment keinen Begriff davon, wie viel Positives Du an und in anderen Menschen entdecken kannst, wenn Du nur etwas aufmerksam bist und Dich auf Deinen »Positiv-Trip« begibst.

### Mittendrin – in der wichtigsten Übung Deines Lebens

Die nächste Stufe kann es sein, jedem Menschen, dem Du begegnest, auf Deine ganz eigene Art ein positives Gefühl zu vermitteln. Ganz gleich, ob er oder sie gerade gut oder schlecht drauf sind. Dein Lebensmotto: Ich hinterlasse jeden Menschen mit einem besseren Gefühl als dem, mit dem ich ihn vorgefunden hatte.

Das hat viel mit Deiner Gestaltung der Landkarte, also mit Deiner »Realität« zu tun. Ich meine allerdings ebenfalls und auf gleicher Ebene Deine Haltung während eines Gespräches mit einem Gegenüber.

Vielleicht denkst Du Dir gerade: Na, das hätte ich auch alles ohne den Chris gewusst!

Ja, meine Erfahrung ist es, dass die wenigsten Menschen mit der weiter oben vorgeschlagenen Haltung durchs Leben schreiten. Es lohnt sich wirklich, eine stille Minute zu nutzen und darüber nachzudenken, wie Du anderen Menschen begegnen möchtest – und Dein Verhalten stufenweise danach auszurichten.

**Auf dem Weg in Dein selbstbestimmtes Leben**
Irgendwie muss es doch eine »Technik« des selbstbestimmten Lebens mit Glück und guten Gefühlen geben. Eine, die Du tatkräftig und mit der Hilfe des Modells von NLP auch für Dich umsetzen kannst. In diesem Kapitel findest Du den ersten Schritt. Gehe mit leuchtendem Beispiel voran und fange an, die Menschen, denen Du im Alltag begegnest, zu »bestrahlen«.

Du wirst erstaunt sein, welche Wendung Dein Leben nehmen wird. Ich wünsche Dir das Durchhaltevermögen, so lange zu üben, bis sich Dein Unbewusstes daran gewöhnt hat. Vielleicht wirst Du so süchtig, dass Du nicht mehr ohne die damit verbundenen guten Gefühle auskommst. Dann ist es zu spät, wieder wie vorher durchs Leben zu schreiten. Und genau das wünsche ich Dir. Bedenke:

*»Was Du siehst, hängt davon ab, wohin Du schaust!«*

**Der positive Wert des Menschen**

*Ganz kurze Anleitung für ein angenehmes Leben.* Franz ist neu in der Klasse. Schon zum dritten Mal hat er die Hausaufgaben schlampig abgeliefert und ist unkonzentriert im Unterricht. Er ist aufsässig und bockig. »Er ist ein schlechter Schüler«, so hat ihn die Lehrerin beurteilt. So schnell kann es gehen. Dass die pflegebedürftigen Großeltern zu Hause fast all seine Aufmerksamkeit beanspruchen und er sich alleine um die Familie kümmern muss, weil der Vater vor Jahren abgehauen ist … Dass die schwer übergewichtige Mutter sich kaum bewegen kann … Das sieht niemand. All das konnte seine Lehrerin nicht in die Waagschale legen. Du meinst, dieses Beispiel sei an den Haaren herbeigezogen? Ein Klassenkamerad und guter Freund meines Sohnes hat dieses Leben über die Jahre seiner Jugend hinweg ertragen und verschwieg es seiner Umwelt. Lieber nahm er schlechte Noten in Kauf, als sich anderen mitzuteilen. Das aufzuarbeiten, daran arbeitet er heute noch. Die Folgen haben seinen Lebenslauf beeinflusst.

Mit diesem Beispiel möchte ich Dir verdeutlichen, wie einfach es sein kann, einen Menschen abzustempeln – auf der Basis der wenigen und unvollständigen Informationen, die Dir zur Verfügung stehen.

Wie oft mag es Dir selbst schon passiert sein, dass Du in einer Beziehung wegen einer Kleinigkeit die gesamte Beziehung infrage gestellt hast? Nach dem Motto: »Wenn er (oder sie) das tut, dann macht die ganze Beziehung doch keinen Sinn.« Das zeugt von Gedankengut, das den positiven Wert Deines Gegenübers als Ganzes schnell infrage stellt. Dazu gibt NLP einen interessanten Beitrag. Lies die Grundannahme Nummer 5 genauer:

> **Dein positiver Wert als Mensch bleibt bei Fehlverhalten konstant. Der Wert und die Angemessenheit Deines Verhaltens können bezweifelt werden.**

Wenn der positive Wert eines Menschen konstant bleiben soll, muss er zuerst vorhanden sein. Und das ist einer der Gründe, warum ich begann, mich mit NLP zu beschäftigen: Im Modell von NLP hat jeder Mensch zuerst einmal einen ausschließlich positiven Wert. In der NLP-Welt gibt es keine schlechten Menschen, nur fehlgeleitete Absichten.

Wie schön wäre es, wenn Du diesen Ansatz auch in Dein Leben lassen könntest. In meinen NLP-Ausbildungen lege ich großen Wert darauf, dass sich die Teilnehmer nach diesem Prinzip verhalten. Wenn mich eine gequälte Seele in einem Workshop anspricht, denke ich mir oft: Wie einfach könntest Du es haben, wenn Du Dir nicht dauernd selber im Weg stehen würdest! Wenn Du glauben könntest, Du wärest ein guter Mensch!

Und dann arbeite ich daran, die Hindernisse, die sich meine Teilnehmer in den Weg gelegt haben, aus dem Weg zu räumen. Ich finde, es fügt Deinem Leben und Deiner Wahrnehmung eine wichtige Perspektive hinzu, wenn Du beginnst, zuerst die positiven Teile eines Menschen (inklusive Deiner eigenen) wahrzunehmen. Diese Perspektive hast Du übrigens als Automatismus in Dir eingebaut: Erinnere Dich nur einmal daran, als Du richtig verliebt warst. Da hast Du ganz automatisch die überwiegend positiven Eigenschaften dieses Menschen und der Welt um Dich herum wahrgenommen.

Wenn Du also NLP anwenden wolltest, könntest Du die *Submodalitäten*↗ der Erinnerung Deines Verliebtseins herausfinden, *ankern*↗ und als »Kennenlern-Anker« in jede beliebige Situation in Deinem Leben übertragen. Augenblicke, in denen es wichtig ist, anderen Menschen ein positives Grundvertrauen entgegenzubringen. Ein kühner Gedanke zu einer Zeit und in einer Welt, in der eher Misstrauen herrscht und gelehrt wird. Wenn Du also mit dieser positiven Grundeinstellung das Fundament für den ersten Teil der Anwendung der fünften Grundannahme gelegt hast, kannst Du Dich ihrem zweiten Teil zuwenden. Auch hier eine stillschweigende Voraussetzung: DEIN Verhalten ist verantwortlich für Deine Ergebnisse im Leben. Und jetzt denke einen kleinen Schritt weiter: Wenn Du Dich das nächste Mal beklagst, dass andere Menschen Dir übel mitspielen, wie wäre es dann, wenn Du annimmst, dass Du selbst diese Menschen so programmiert hast, dass sie genau das tun, was Du gerade beklagst?

Neben einer sehr interessanten Perspektive hat diese Sichtweise den Vorteil, dass sich die Dynamik Deiner Klage dann leicht verändern lässt – eben durch DEIN anderes Verhalten. Das war übrigens der Ansatz der Familientherapeutin *Virginia Satir*[7], von deren Arbeit diese Grundannahme abgeleitet wurde.

Wie Du beim Lesen bemerkt hast, stecken in der fünften Grundannahme eine Menge Möglichkeiten, durch eine veränderte Perspektive und mit Ansätzen für ein anderes Verhalten zu einem positiveren Lebensansatz zu finden. Das ist der Sinn dieses Kapitels. Vielleicht ist es mir darüber hinaus gelungen, das Bewusstsein in Dir zu erwecken, dass Du selbst der Urheber für Deine Klagen gegenüber dem Rest der Menschheit sein könntest … Dann ist Dir mit diesem Abschnitt mehr gelungen als nur das Lesen der fünften NLP-Grundannahme.

### Mehr Lob mit echten Komplimenten

*Vanilleeis auf dem Schokokuchen des Lebens.* Jede Art der Kommunikation hat – neben ihrem sachlichen Inhalt – noch andere Ebenen (siehe das *Vier-Seiten-Modell* von *Schulz von Thun*[7]). Eine Ebene ist die emotionale Bedeutung der Kommunikation für denjenigen, an den sie sich richtet. Diese Bedeutung kann zwei Richtungen haben. Sie kann lobend oder tadelnd gemeint sein. Du kannst loben, Du kannst tadeln. Was die meisten Menschen nicht berücksichtigen: Ob Lob oder Tadel, das Resultat wirkt sich bei Deinem Gegenüber UND bei Dir selbst aus. Wäre es da nicht eine gute Idee, Deine Kommunikation eher am Lob auszurichten?

Die meisten Menschen tendieren, selbst wenn sie ein Kompliment machen wollen, eher zu negativierenden Aussagen. »Heute siehst Du wirklich nicht schlecht aus!« Dieser Satz gilt vielen schon als großes Kompliment. Zerlege diesen Satz in seine Komponenten und Du wirst herausfinden, das operative Wort in diesem Satz ist »schlecht«. Zuerst musst Du Dir also bei der obigen Aussage (unbewusst) vorstellen, wie Du schlecht aussiehst. Dann muss Dein Gehirn Strategien finden, dieses »schlecht« ins Gegenteil zu verkehren. Ein großer Aufwand für ein kleines Kompliment, findest Du nicht auch?

**Erst einmal: Gewissen erforschen**
Loben ist eine Fähigkeit, die Du mit großem Effekt einfach lernen kannst. Zum Wohle für Dich und Deine Umwelt. Beobachte Dich einmal selbst und danach Deine Umwelt. Achte darauf, wer wem wann und wie viele Komplimente macht. Wahrscheinlich wirst Du herausfinden, wie selten Dir und Deiner Umwelt echtes Lob über die Lippen kommt.

Ich meine ein Lob, das Du ganz bewusst aussprichst.

> **Beginne mit einem Kompliment –
> und Dir öffnen sich viele Türen.**

Vor einiger Zeit veranstaltete ich ein interessantes Experiment in einem meiner Workshops. Ich verlangte von meinen Teilnehmern, vor jede Frage, die sie mir in der Fragestunde stellten, ein Kompliment zu setzen. Ich wollte damit eine deutlich markierte Bestandsaufnahme starten. Alles, was vor einer Frage gesprochen würde, wäre ja dann zwangsläufig als Lob oder Kompliment gemeint.

»Chris, heute siehst Du wirklich nicht schlecht aus, aber ich habe da eine Frage!« So begann der erste Teilnehmer. Was meinst Du, was in dieser Fragestunde als Lob oder Kompliment vor die eigentlichen Fragen gesetzt wurde? Häufig war ich so irritiert, dass ich nachfragen musste, ob das, was gesprochen wurde, als Kompliment gemeint war. Seltsam, wie wenig ICH erkannte, was als Lob gemeint war. Das bringt mich zum nächsten Punkt: Lob ist das, was bei Deinem Gegenüber ankommt, und nicht das, was Du sagst. Das ist eine der Grundregeln effektiver Kommunikation.

Im *NLP-Practitioner*[7] arbeite ich in einer Übung mit erfundenem Lob und vorgestellten Lebensläufen. Ein wichtiges Ergebnis ist, dass die Stimmung umschlägt und eine Atmosphäre der positiven Schwingung entsteht.

Genauso nehme ich das in den vielen Gesprächen wahr, die ich mit anderen Menschen führe. Vielleicht hast Du wenig Erfahrung mit Komplimenten – ob aktiv oder passiv.

Da trifft es sich doch gut, dass ich gleich ein kleines Experiment vorschlage, das Abhilfe schaffen kann:

## Zum Lob in fünf kleinen Schritten

Als wichtige Voraussetzung für Dein ehrliches Kompliment wirst Du Dich mit Deinem Gegenüber befassen und ihm dies zeigen, indem Du direkten AUGENKONTAKT aufnimmst.

**SCHRITT 1: AKTIVIERUNG**
*»Komplimente passen immer!«*
1. Mache das Thema »Loben« zu Deinem Thema.
2. Schlage im Internet nach, was Du darüber findest.
3. Schreibe Dir ein paar schöne Komplimente auf.
4. Entscheide Dich, für eine bestimmte Zeit (eine Woche ...?) jeden Tag vielleicht drei bis fünf Komplimente pro Stunde aktiv zu geben.

**SCHRITT 2: POSITIVE EINSTELLUNG**
*»Das wird ein tolles Gespräch werden!«*
Ändere den Fokus Deiner Wahrnehmung. Nimm das Positive in Deinem Gegenüber wahr. Auch wenn Dein Gegenüber es Dir vermeintlich schwer macht, Komplimente zu geben: Er steht sich doch nur selbst im Weg. Erst Deine Komplimente zeigen ihm, wie er wirklich ist! Nimm darüber hinaus an, Dein Gegenüber wäre darauf aus, auch bei Dir nur positive Eigenschaften wahrzunehmen.

**SCHRITT 3: POSITIVE WAHRNEHMUNG**
*»Was fällt mir heute besonders positiv an diesem Menschen auf?«*
Beginne Deine Kommunikation mit etwas Positivem.

Mit etwas, das Du tatsächlich bei Deinem Gegenüber wahrgenommen hast. Jeder Mensch trägt viel Positives in sich. Du brauchst nur den Filter einzuschalten. Das kann durchaus auch eine Kleinigkeit sein.

**SCHRITT 4: MARKIERE DAS GESPRÄCH**
*»Welche Teile des Gesprächs gefallen mir am besten?«*
Flechte in das entstehende Gespräch *Feedforward-Schleifen*↗ ein. Das sind positive Anmerkungen über zum Beispiel den Fortgang Eurer Zusammenarbeit, über die Qualitäten Deines Gegenübers oder ganz allgemein über den positiven Verlauf des Gesprächs oder sogar positive Anmerkungen zum Leben ganz allgemein.

**SCHRITT 5: WIEDERHOLUNG UND ÜBUNG**
*»Das mache ich jetzt immer so.«*
Mache Dir durch Wiederholung diese vier Schritte zu einer notwendigen Gewohnheit. Dazu kannst Du für etwa zwei Wochen bewusst bei jedem Gespräch daran denken, diese fünf einfachen Schritte zu befolgen.

Ich vermute, dass schon nach einigen Tagen die Sonne in Deinem Leben am Horizont aufgehen wird. Deine Mitmenschen werden Dir Komplimente über DEINE positive Ausstrahlung machen und das Universum wird aufmerksam auf Dich. Es wird Dich mit Erfolg, Geld, lieben Menschen und jeder Menge anderer Dinge beschenken. Du glaubst mir nicht? Beweise mir das Gegenteil ...

## Lerne die zwischenmenschliche Ebene kennen

*Beziehung, Bekanntschaft, Freundschaft, Partnerschaft, Liebe, Sex.* Ohne Deine Mitmenschen ist kein Leben möglich. Die Beziehungen zu anderen Menschen ernähren Dich. Das Thema der Interaktion zwischen den Menschen und der Bindung an andere Menschen beschäftigt Dich ein Leben lang. Ich gebe Dir in diesem Abschnitt subjektive Definitionen, Unterscheidungen und handfeste Ratschläge, wie Du den jeweiligen Status Deiner Verbindung zu anderen Menschen einschätzen und gegebenenfalls optimieren kannst.

Ich beginne mit der »Bekanntschaft«, dann kommt die »Freundschaft«, als Nächstes die »Partnerschaft«, schließlich die »Beziehung« und am oberen Ende der Fahnenstange schreibe ich über die »göttliche Begegnung«, also den Himmel auf Erden. Ich möchte darstellen, was den jeweiligen Status kennzeichnet und nach welchen guten Regeln Du leben kannst, damit alle Beteiligten möglichst viel profitieren.

Gestatte mir das Bild eines Trichters. Der ist am Einguss am breitesten und wird nach unten hin allmählich immer enger, bis er schließlich an der engsten Stelle gerade genug durchlässt, was den engen Hals des jeweiligen Gefäßes passieren kann. Ähnlich ist es mit der Verbindung zu anderen Menschen. Aus der Menge der Bewohner dieser Erde generiert sich eine bestimmte Menge Personen, die Deine Bekannten werden. Deren Geschicke kreuzen sich mit Deinen auf die unterschiedlichste Weise und definieren damit die Art der Bekanntschaft. Darüber sprechen wir jetzt.

## Über die Freude der Bekanntschaft

Eine Bekanntschaft ist die unverbindliche Form einer Verbindung zwischen zwei Menschen. Ein Bekannter ist jemand, dessen Namen Du kennst, dessen Interessen Du in der einen oder anderen Form teilst und über den Du gerade so viel weißt, dass ein gelegentlicher sozialer Umgang bequem möglich ist. Bekannte benennst Du beispielsweise durch Umgang im sozialen Umfeld. Bekanntschaften sind nichts Schlechtes, ganz im Gegenteil. Aus Bekanntschaften können ja irgendwann Freundschaften werden.

Ein Bekannter kann jemand sein, der immer zur gleichen Stunde mit Dir im Fitnessstudio trainiert und mit dem Du an der Fitnessbar ins Gespräch kommst. Es kann eine zufällige Begegnung im Kino oder im Konzert sein, wo das Schicksal Euch nebeneinandergesetzt hat.

### Wie Du Bekanntschaften machen kannst

Vielleicht glaubst Du, es wäre schwierig, Bekanntschaften aktiv zu generieren. Wahrscheinlich geht es Dir wie allen anderen: Bekanntschaften geschehen andauernd und von selbst. Bekanntschaft kannst Du machen, wann und wo Du willst. Sprich einfach jemanden an. Dafür wirst Du nicht bestraft. Wenn Dein Gegenüber kein Interesse an einem Gespräch hat, wird er es Dir vermitteln, verbal oder nonverbal.

Darf ich Dir, wenn es mit dem ersten Kontakt geklappt hat, einige mehr oder weniger formelle Regeln im Umgang mit Bekannten vermitteln? Achte im Gespräch darauf, ehrliches Interesse an Deinem Gegenüber zu zeigen.

Du wirst Deinem Gegenüber nicht gerecht, wenn Du jede Begegnung als eine Möglichkeit zur Selbstdarstellung nutzt. Ich weiß, manche »Erfolgsbücher« schlagen Dir vor, bei jeder sich bietenden Gelegenheit in enervierenden Monologen Deine eigene Großartigkeit zu transportieren. Der *Elevator Pitch*↗ ist gut und wichtig – wenn er passt. Wenn Du über ehrliches Interesse am anderen eine beiderseitige Kommunikation erreichst, in der BEIDE Teilnehmer über sich erzählen und sich austauschen können, ist das eine hervorragende Basis für ein gegenseitiges Kennenlernen. Wenn es das Ergebnis eines solchen Gespräches ist, dass Dein Gegenüber denkt: Das ist aber eine interessante Person!, dann hast Du Dein Ziel besser erreicht, als ihm in jedem zweiten Satz eines Monologs unter die Nase zu reiben, warum Du so absolut grandios bist.

Häufig bauen unsichere Menschen eine Mauer aus projizierter Großartigkeit auf, die einer eingehenderen Betrachtung niemals standhalten würde. Aber solche Menschen wollen ja auch gar nicht in Gänze gesehen werden. Und wenn sie durchschaut werden, gehen sie gleich zum nächsten Unschuldigen. Es gibt ja jede Menge an potenziellen Opfern, die zur Zielscheibe solcher »Verbalvergewaltigungen« werden können.

Eine gute Basis für ein erstes Gespräch ist es, über die offensichtlichen Gemeinsamkeiten hinaus, mögliche weitere Gemeinsamkeiten herauszufinden. Für eine spätere Freundschaft – oder sogar Partnerschaft – sollte mehr als eine Gemeinsamkeit vorhanden sein, sonst hält nach meiner Erfahrung eine solche Beziehung nicht lange.

### Wie viel Kontakt braucht eine Bekanntschaft?

Manche Bekannte trifft man öfter. Entweder, weil äußere Faktoren (zum Beispiel durch den Besuch des Fitnessstudios) ein regelmäßiges Treffen fördern oder weil das Interesse an einer Weiterführung dieser Bekanntschaft groß ist. Ich habe Bekannte, die ich im Fitnessstudio kennengelernt habe. Mittlerweile gehen wir gemeinsam in die Oper. Unserer Liebe zur Oper, die unsere jeweiligen Partner nicht teilen, können wir auf diese Weise nachgehen. Und unsere Partner machen an diesen Abenden einfach etwas anderes.

Im möglichen Verlauf einer Bekanntschaft gibt es eine weitere wichtige Regel. Kümmere Dich um Deine Bekannten! Halte den Kontakt, rufe regelmäßig an und verabrede Dich zu Treffen. Auch Bekanntschaft braucht Aktion. Nein, ich meine keinen »Anstupser« bei Facebook und ähnliche elektronische Pseudoersatzkramsdinge. Ich meine ein richtiges Telefonat, mit Wörtern und Sätzen, mit Rede und Gegenrede.

### NLP-Techniken zur Vertiefung der Bekanntschaft

Ich liebe es, meine Kenntnisse im Modell von NLP zu vertiefen, indem ich im Gespräch mein Gegenüber beispielsweise einzelnen *Metaprogrammen*↗ zuordne. Wenn ich die Zugehörigkeit zu einzelnen »Unterabteilungen« prüfe, erschließt sich für mich die Persönlichkeit anders, als wenn ich es dem Zufall des Gesprächsverlaufs überlassen würde.

Vielleicht probierst Du solche Zuordnungen einfach einmal aus. Du lernst mehr über das Modell von NLP und bekommst einen Blick für die Eigenheiten der Persönlichkeit. Du kannst auch mit dem *Metamodell der Sprache*↗ arbeiten. Es verschafft Dir schnell viel mehr Information.

Ein großes Hinderniss wirst Du überwinden müssen, wenn die Bekanntschaft dauern soll. Wenn sich beide Seiten nicht um die Fortführung des Kontaktes bemühen, schläft er bald wieder ein. Jetzt bist DU gefragt. Gerade schüchterne Kandidaten, die das Aufeinanderzugehen und Kontakthalten am dringendsten bräuchten, haben diese Eigenschaft am wenigsten. Und damit haben sie die wenigsten Sozialkontakte, sind zum Alleinsein verdammt und befinden sich auf direktem Wege in eine strategische Gefühlskatastrophe. Vielleicht machst Du in Zukunft öfters den ersten Schritt, wenn Du erkannt hast, dass sonst eine Bekanntschaft nicht dauerhaft wäre.

### Einige Regeln im Umgang mit Deinen Bekannten

Du kannst aus diesem Abschnitt die eine oder andere wichtige Regel für Dich herausziehen. Ich fasse zusammen:

- **Du brauchst Menschen** (Bekanntschaften) in Deinem Leben. Jeden Augenblick in Deinem erwachsenen Lebens solltest Du etwa 20 AKTIVE Bekanntschaften haben. Nimm Dir ein Blatt Papier und liste auf, wen Du kennst. Du wirst überrascht sein, wie viele Menschen Du mehr oder weniger kennst, mit denen Du gelegentlich oder öfters Umgang pflegst.
- **Aktive Bekanntschaft:** Suche von Dir aus den Kontakt zu Deinen Bekannten. Als Faustregel gilt: einmal Du, einmal Deine Bekanntschaft. Bei manchem hängt das Segel eher zur aktiven und bei manch anderem eher zu einer passiven Fortführung.
- **Halte Deine Bekanntschaften aktiv** und triff Dich in regelmäßigen Zeitabständen auch persönlich. Telefon,

Skype, E-Mail und Facebook sind Hilfsmittel, aber kein Ersatz für ein persönliches Gespräch. Es ist viel einfacher, eine einmal gemachte Bekanntschaft aktiv zu halten, als dauernd neue Menschen kennenzulernen. Am besten ist beides.

- **Größere Zeitabstände:** Manche Bekanntschaften vertragen längere Zeitabstände zwischen den einzelnen Treffen. Dazu zählen zum Beispiel Urlaubsbekanntschaften, die Du einmal im Jahr wiedertriffst. Andere Bekanntschaften schlafen ein, wenn Du sie nicht wenigstens einmal pro Woche aktivierst.
- **Dein Arbeitsumfeld:** Mache die Menschen, mit denen Du aufgrund Deiner beruflichen Tätigkeit eher oberflächlich zu tun hast – Kollegen, Schulkameraden, Kommilitonen –, zu aktiven Bekanntschaften. Die Menschen in Deiner Umgebung werden erst zu Bekannten, wenn Du Dich auf persönlicher Ebene näherst. Ein »Hallo, wie geht's?« ist ein Anfang, wenn es nicht nur bei dieser Grußformel bleibt.

Wenn Du glaubst, diese Regeln nicht zu brauchen, wunderbar! Für viele Menschen ist es praktisch, den momentanen Umgang mit anderen einmal zu quantifizieren. Hast Du genügend Kontakte für eine gesunde Psyche? Siehe oben! Lässt Du Dich eher anrufen, als selbst zum Telefon zu greifen? Siehe oben!

Vielleicht führt dieser Abschnitt dazu, dass Du alte Bekannte, die Du lange nicht angerufen hast, einmal von Dir aus zu einem Besuch einlädst.

## Nutze das Geschenk der Freundschaft

Du hast in Deinem Leben wahrscheinlich eine Menge an Bekanntschaften gemacht. Bekanntschaften, die Du pflegst und aktiv aufrechterhältst. Befinden sich darunter auch echte Freunde? Unter »Freund« verstehe ich weniger die allzeit erhältlichen Facebook-Freunde. Davon habe ich mehrere Tausend.

Vage gesprochen ist die Freundschaft zwischen der Bekanntschaft und der Beziehung angesiedelt. Bei einer Freundschaft geht es um eine andere Qualität der zwischenmenschlichen Kommunikation. Eine Bekanntschaft braucht diesen Anspruch (noch) nicht. Qualität in einer Freundschaft wird zum Beispiel durch den Faktor Zeit bestimmt. Einen Freund hat man nicht nach drei Tagen. Jemanden seinen Freund zu nennen, das dauert. Ich meine damit durchaus ein oder zwei Jahre.

Eine Freundschaft kann sehr aktiv sein. Und es mag sein, dass Du mit einem Freund (oder einer Freundin) sehr viel Zeit verbringst. Dann ist das Qualitätskriterium, dass Du Dich trotz dieser vielen Zeit in seiner Gegenwart wohlfühlst und so sein kannst, wie Du bist. Gleiches gilt auch umgekehrt. Bei der Freundschaft geht es auch um die gegenseitige Akzeptanz.

### Wie viel Zeit brauchen Freunde?

Es kann sein, dass Du aus Gründen, die das Leben mit sich bringt, eine Freundschaft nicht aktiv halten kannst. So kann es kommen, dass manches Mal Jahre zwischen einzelnen Treffen liegen. Eine gute und funktionierende Freundschaft hält so etwas aus. Dann geht es bei jedem

Treffen einfach da weiter, wo es beim letzten Mal aufgehört hat. Vielleicht braucht es ein paar Sätze, um die Veränderungen zu erläutern, die das Leben mit sich gebracht hat. Man kennt sich einfach. Das Fundament steht, bestenfalls kommt Verputz hinzu.

Das bereitet vielen Menschen Schwierigkeiten. Sie bleiben lieber auf der Basis der unverbindlichen Bekanntschaft stehen, als sich ausgewählten Menschen gegenüber zu öffnen. Aus der Psychologie kenne ich den Begriff der Grob- und Feinkörnigkeit. Je enger eine menschliche Verbindung, desto »feinkörniger« der Umgang miteinander. Was meine ich damit?

**Fein wie Sand oder grob wie Kies?**
Ein Beispiel: In allgemeinen zwischenmenschlichen Beziehungen spielt Wahrheit oft eine untergeordnete Rolle. Den Begriff »Lüge« möchte ich dabei nicht gleich in den Mund nehmen. Denke nur an Deine Situation in einem Bewerbungsgespräch. In solchen Situationen bist Du bemüht, einen positiven Eindruck zu hinterlassen. Dein Gegenüber soll sich für Dich interessieren. Es könnte sein, dass Du Dich im Umgang mit Menschen unsicher fühlst und Dir manche Dinge weniger zutraust. Es ist sicherlich keine gute Idee, dies im Bewerbungsgespräch sichtbar zu machen.

Du wirst also bestrebt sein, Deine Außenwahrnehmung so zu steuern, dass Du einen möglichst guten Eindruck hinterlässt. Solche Manöver nenne ich GROBKÖRNIG. Der FEINKÖRNIGE Umgang innerhalb einer Freundschaft drückt sich dadurch aus, dass Du das Gefühl der Unsicherheit nicht nur akzeptierst, sondern auch sichtbar machen kannst. Ohne Angst vor Konsequenzen. Von einem Freund wirst Du angenommen, wie Du bist. Du kannst ihn jederzeit um Rat fragen. Du wirst mit Deinen Schwächen akzeptiert. So kann sich in einer Freundschaft auf der Basis gegenseitiger Akzeptanz jene Nähe entwickeln, die Dir so guttut und die Du so dringend brauchst. Offenheit und Ehrlichkeit ist eine der wichtigsten Zutaten einer Freundschaft.

### Eine kontroverse Meinung

Wirkliche Freundschaften sind jene, die unter die Haut gehen. Es sind jene, die Deine Batterien aufladen, wenn es Dir einmal nicht so gut geht. Ich behaupte, diese Freundschaft gibt es nur zwischen dem gleichen Geschlecht. Das habe ich nicht nur in meinem Leben erfahren, sondern auch in der psychologischen Praxisarbeit gelernt.

Bei aller gebotenen Toleranz für eine schwule und lesbische Lebensweise wäre es um die Menschheit schlecht bestellt, wenn alle Menschen diese Lebensweise annehmen würden. Dann müssten wir uns für unsere Fortpflanzung etwas einfallen lassen. Im Sinne der Erhaltung der Art ist es notwendig, dass der Prozess der Partnerfindung so stattfindet, wie es seit Jahrtausenden dem »Normal« entspricht.

In unseren ältesten Gehirnregionen sind wir *fest verdrahtet* (hard wired↗) im Sinne der Arterhaltung. Du bist *subbewusst* auf Reproduktion gepolt. Ich finde, es ist eben genau diese Eigenschaft, die eine rein platonisch-freundschaftliche Beziehung zwischen Mann und Frau unmöglich macht. Es ist IMMER eine sexuelle Komponente im Spiel. Das ist gut so und gut für die Erhaltung der Art.

Das ist wahrscheinlich für viele Leser ein kritisches Thema. Ich sage nicht, dass Du als Mann keine asexuellen und engen Freundschaften zu Frauen pflegen kannst. Ich sage, dass eine gesunde Freundschaft eben zwischen Frau und Frau stattfindet. Oder zwischen Mann und Mann.

Frauen haben das schon längst kapiert. Sie sind sich in ihren Freundschaften emotional viel näher. Bei Männern spielt der Gedanke der Rivalität und die häufig auftauchende Unfähigkeit, sich emotional einem anderen Mann zu öffnen, eine viel größere Rolle. Da denkt mancher bei einer herzlichen Umarmung schon gleich an »schwul« und bei emotionalen Vertraulichkeiten und Öffnung gleich an »Weichei«. Das habe ich oft genug erlebt. Glücklicherweise haben sich die Zeiten geändert und junge Menschen machen es sich heutzutage viel leichter, gleichgeschlechtliche Freundschaften zu pflegen.

**Das Kennzeichen echter Freundschaft**
Echte, auch körperlich nahe Freundschaft zwischen Angehörigen des gleichen Geschlechts braucht Mut. Für Männer mehr als für Frauen. Wo aber kämen wir hin, wenn eine richtige Freundschaft einfach zu erlangen wäre? Selbst wenn Du in einer engen heterosexuellen Beziehung lebst, solltest Du Dich öfters mit einem guten gleichgeschlechtlichen Freund treffen. Wenn ihr beide einen tollen und intensiven Abend voller Lachen und Gespräche hattet, wirst Du bemerken, dass sich das auch auf den Umgang mit Deinem Beziehungspartner positiv auswirkt.

Wenn Du Experimente mit gleichgeschlechtlicher Nähe veranstalten willst, geht das vielleicht auch ohne den Alkohol. Der macht ja für viele Menschen erst emotionale Nähe möglich. Nach vier Bieren liegt man sich gefahrlos in den Armen. Am nächsten Tag ist dann alles vergessen.

**Die schrägen Freundschaften**
Ich finde, Du solltest Freunde und Freundinnen haben. Wenn Du als Mann mehr Frauen als »Freundinnen« als Männer zu Freunden hast, läuft irgendetwas falsch. Auch wenn eine Frau den Anschein macht, Dich besser verstehen zu können, weil sie mit ihren und Deinen Gefühlen besser umgeht: Da fehlt ein kleiner – aber wichtiger – Unterschied zum wirklichen Verständnis.

Wenn eine Frau mit eher intimen Problemen Rat bei mir sucht, fühle ich mich hilflos. Bei einem Mann kann ich von mir auf den anderen schließen und handfesten Rat erteilen. Eine Frau werde ich nie ganz verstehen. Das macht für mich ja auch eine ganze Menge des Reizvollen aus, der den Frauen anhaftet. Gleiches gilt übrigens auch für das andere Geschlecht. Frauen sind meist untereinander ganz anders vernetzt und haben ein anderes Verständnis von Freundschaft als Männer. Stelle mich deshalb nicht gleich an die Wand. Denke lieber nach, warum Du anderer Meinung bist und wovor Du vielleicht Angst hast. Das wäre Deiner Persönlichkeit förderlich.

**Regeln für eine gute Freundschaft**
Auch für eine Freundschaft gelten Regeln. Hier habe ich einige der wichtigsten aufgeschrieben. Ich glaube, dass sie für das Funktionieren einer Freundschaft elementar sind:

- **Freundschaft braucht Zeit.** Aus einem Bekannten wird bei regelmäßiger »Pflege« erst nach einem bis mehreren Jahren ein Freund.

- **Einen Freund unterscheidet** von einem Bekannten, dass Ihr Euch aufeinander verlassen könnt und dass gegebene Versprechen eingehalten werden.
- Eine Freundschaft stellt **keine gegenseitigen Ansprüche.** Ihr nehmt Euch so, wie Ihr seid, und Du kannst Dich genauso geben, wie Du bist.
- Meist beschränkt sich die **Anzahl enger aktiver Freundschaften** auf so viele, wie Du Finger an Deinen Händen hast. Um mehr kannst Du Dich meist auch nicht kümmern. Der Rest sind Bekannte. Schreibe einfach, wenn Du die Liste Deiner Bekannten aufgeschrieben hast, Deine Freunde oben auf diese Liste. Freue Dich, wenn fünf in das Kriterium »Freund« passen.
- Mindestens **zwei Drittel Deiner engen Freunde** sollten das gleiche Geschlecht haben wie Du selbst.
- Außerhalb Deiner Beziehung und Arbeit solltest Du die meiste freie Zeit, die Du für Freundschaft reserviert hast, mit Freunden gleichen Geschlechtes verbringen. Sorry, Jungs, das gilt gerade für Euch.
- An einer Freundschaft müssen **beide Partner arbeiten.** Wie viel erzählst Du Deinem besten Freund? Beschränken sich Eure Gespräche auf hohle Angeberei oder kannst Du Dein Herz öffnen, Wahrheiten über Dich erzählen, Leichen aus dem Keller holen und Dich anvertrauen? Kannst Du Deinem Freund ALLES erzählen? Und wenn DU das kannst, kann Dein Freund das aushalten? Wahre Freundschaft erkennt man erst in schlechten Zeiten. Eine Freundschaft muss belastbar sein und auch schwierige Zeiten überdauern.

Du merkst schon: Jeder hat gerne viele Freunde, aber es ist mit einer richtigen Freundschaft gar nicht so einfach. Bei guten Freundschaften ist es wie bei einem Bankkonto: Nur wer einzahlt, kann auch abheben. Selbstverständlich kann ich von einem guten Freund Hilfe erwarten. Aber keinesfalls immer und dauernd. Jeder geleistete Dienst hebt von Deinem »Sozialkonto« einen »Betrag« ab, den Du irgendwann wieder ausgleichen solltest. Sonst leidet die Freundschaft. Viele Menschen mögen nicht geben, aber gerne nehmen und sind Meister darin, eine noch gar nicht tragfähige Bekanntschaft über Gebühr zu strapazieren.

Vielleicht haben Dich meine Worte ein bisschen nachdenklich gemacht. Und vielleicht hast Du sogar herausgefunden, dass Du nach meiner Definition nicht einen einzigen richtigen Freund oder eine einzige richtige Freundin hast. Dann wird es Zeit. Vielleicht beginnst Du damit, jemandem Dein Herz zu öffnen, und bist erstaunt, was an Mitgefühl zurückkommt. Vielleicht fragst Du Deine von Dir als Bekanntschaft eingestuften Beziehungen, ob sie Dich als Freund empfinden – und erlebst eine Überraschung.

### Beziehung und Partnerschaft richtig leben

»Beziehung«, dieses Wort kannst Du durchaus mehrdeutig verstehen. Ich habe es in den vergangenen Kapiteln häufig als Überbegriff für verschiedene Formen des Umgangs der Menschen untereinander verwendet. Du unterhältst Beziehungen zu allen Menschen, mit denen Du jemals Kontakt gepflegt hast. In diesem Sinne gehören Bekanntschaft, Freundschaft und alles andere eher in die Kategorie der zwischenmenschlichen Beziehungen. Und dann gibt es noch die besondere Beziehung, zu dem einen Menschen, der Dir am Herzen liegt. Die partnerschaftliche Beziehung.

**Definition einer Beziehung**
Wir gebrauchen in unserer Gesellschaft das Wort »Beziehung« als Kurzbezeichnung für eine besondere Form der zwischenmenschlichen Beziehung. Der Gebrauch des Wortes bleibt trotzdem häufig schwammig.

Der Unterschied zwischen einer Freundschaft und einer Beziehung oder Partnerschaft ist bei mir einfach: Beziehung bringt Sex. Eine Freundschaft ist platonisch, kann aber durchaus erotisch sein. Ich meine mit »erotisch« das Knistern der Nähe, das Flirten und das Spiel mit Annäherung und Distanz. Eine Beziehung geht einen Schritt weiter, über die Grenze der Nähe hinaus. Sie beinhaltet Sexualität, wird genital.

Zwei weitere Faktoren sind bestimmend, damit aus einer Freundschaft eine Beziehung werden kann: Zeitdauer und Verbindlichkeit. In einer Beziehung sind beide Teile über einen andauernden Zeitraum hinweg die Verbindlichkeit eingegangen, ausschließlich und monogam füreinander da zu sein. So definiert zumindest die mitteleuropäische Gesellschaftsordnung eine Beziehung.

Eine Beziehung hast Du, wenn Du einen Partner (oder eine Partnerin) gewählt hast, mit dem (mit der) Du abgesprochen hast, dass sich beide Beziehungspartner in ihrer Beziehung ausschließlich aufeinander beziehen. Monogamie nennt das die Psychologie. Es ist gar nicht so einfach, Ordnung in ein Wort- und Bedeutungsschlamassel zu bringen. Wenn Du kein monogames Verhältnis zu Deinem

Gegenüber eingehen möchtest, hast Du (nach dieser Definition) eine Partnerschaft.

### Die Vorteile einer offenen Beziehung

Eine Partnerschaft markiert in meiner Welt den nächsten Schritt der Ebenen zwischenmenschlicher Beziehungen. Wenn Du Dich in Deiner Beziehung sicher fühlst, kannst Du vielleicht auch zulassen, dass sich Deine Beziehung nach außen öffnet. Das kann im Extremfall auch unverbindlicher Sex mit Menschen außerhalb Deiner Partnerschaft bedeuten. Das soll natürlich für beide Partner in der Partnerschaft gelten.

Wenn Sex und nicht Liebe und Zuneigung Deine Beziehung dominiert, ist etwas faul. Dein Herz kannst Du nicht andauernd an unterschiedliche Menschen vergeben. Sich auf das Experiment einer offenen partnerschaftlichen Beziehungsform einzulassen: dazu gehört eine Menge Persönlichkeit.

Erstens richtet sich diese Form der Beziehung gegen den aktuellen gesellschaftlichen Konsens. Und auch gegen den rechtlichen Konsens. In unserer Gesellschaft ist es üblich, nach einer bestimmten Zeit des Zusammenseins die Beziehung zu »legitimieren« und vor dem Recht (und der Kirche) den »Deckel draufzumachen«. Zweitens triggert eine offene Beziehung alle Deine unaufgearbeiteten Ängste. Das kann sich in Eifersucht, Verlustangst und anderen emotionalen Unwägbarkeiten äußern.

Wahrscheinlich bist Du glücklich, in einer Zeit zu leben, in der Du die überlieferten Formen von Partnerschaft, Beziehung, Ehe und anderen Formen der Lebensgemeinschaft durchaus hinterfragen kannst. Die heutige

Gesellschaft erlaubt Dir, auch ganz neue Formen des Zusammenlebens auszuprobieren. Das muss durchaus nicht in Verhältnissen wie in der Kommune 1 enden.

Ich habe viele Freunde und Bekannte, die sich mit den ungeschriebenen Regeln des Zusammenseins aktiv auseinandersetzen und spannende Experimente leben. Das ist für alle Beteiligten nicht immer einfach, aber immer abenteuerlich und lernintensiv. Wenn Du mit Deinem Partner eine eingefahrene Beziehung verbessern und zu neuen Ufern aufbrechen willst, nur zu. Du kannst nur dabei lernen.

### Taktik und Strategie in der Beziehung

In einer Beziehung gibt es *taktische* (kurzfristig wirkende) und *strategische* (langfristig wirkende) *Komponenten*⁷. Wenn Du diese Komponenten beeinflusst, verändert sich die Qualität Deiner Beziehung.

Im letzten Jahr hatte ich und hatten viele meiner Freunde und Bekannten einen »heißen Herbst«. Es knisterte an allen Ecken und Enden, manch ein Funke schlug Feuer, manch einer brannte die eigene Hütte ab. In meiner Karriere als Trainer habe ich nie in so kurzer Zeit so viele Gespräche mit dem Hintergrund »Was kann ich tun, um meine Beziehung besser zu machen/sie zu retten?« geführt.

Das Thema der Beziehung liegt oft in der Veränderung der Jahreszeiten in der Luft. Ich bin in meinem Leben viele, auch amouröse Beziehungen eingegangen, habe Trennungen und Versöhnungen erlebt, Streitgespräche und Diskussionen geführt und ertragen. Die Tendenz all dieser Erfahrungen ist positiv. Meine Beziehungen zu anderen Menschen wurden harmonischer, ich streite weniger, habe fast keine negativen Gefühle und ich habe gelernt, mit mir und anderen auf eine für mich und meine Mitmenschen angenehme Art und Weise umzugehen. Das ist für mich Grund genug, Dir zu diesem Thema ein paar weitere Gedanken vorzustellen. Was, so frage ich mich, mag für die positive Veränderungstendenz in meinen Beziehungen verantwortlich sein? Ein Teil ist wohl meiner Lebenserfahrung geschuldet. Man sagt, dass die Menschen mit wachsendem Lebensalter ruhiger und gelassener werden. Und dann vermittle ich als Trainer praktische Lebenshilfe mit dem Modell von NLP. Ich habe vielen Menschen geholfen und selbst eine ganze Menge gelernt. Was braucht es für eine gute Beziehung im Privaten, im Beruf und dort im Leben, wo Du mit anderen Menschen Umgang pflegst?

Viele Menschen wissen nicht, dass ihr persönliches Wohlbefinden eine *taktische* und eine *strategische Komponente* hat. Wenn Du gerade ein schlechtes Gefühl hast, kannst Du SOFORT etwas tun, damit sich Deine Gefühle zum Positiven verändern. Das Modell von NLP liefert Dir eine Menge nützlicher Techniken. Denke nur an die Veränderung Deiner *Submodalitäten*⌐, an *positive Ressourcenanker*⌐ oder an die Kraft *positiver, unbewusster Suggestionen*⌐. Dies sind Grundtechniken, die Du im *NLP-Practitioner*⌐ lernst.

All das sind kurzfristige, *taktische* Techniken. Wenn es Dir allerdings IMMER WIEDER passiert, dass Du in ähnlichen Situationen die gleichen negativen Gefühle als Ergebnis hast, sind *strategische* Komponenten Deines Lebensentwurfs dafür verantwortlich. Ich meine damit Verhaltensmuster, die Du nur auf längere Frist in Dein Leben integrieren und damit verändern kannst.

So verhält es sich bei den Beziehungen zu Deinen Mitmenschen, bei Freundschaften und bei Liebesbeziehungen.

Wenn Du Schwierigkeiten mit Deinem Partner hast, gibt es *taktische* und *strategische Komponenten*, innerhalb derer Du Deine Beziehung optimieren kannst. Gott sei Dank gilt hier das *Pareto-Prinzip*[↗]. Das Befolgen weniger und wichtiger Grundregeln reicht aus, Deine Beziehung ins Lot zu bringen.

**REGEL 1: DU BIST FÜR DEINE BEZIEHUNG VERANTWORTLICH**

An Schwierigkeiten in einer Beziehung haben immer alle beteiligten Partner ihren Anteil. Beziehungen sind komplexe Systeme der Interaktion, die von allen beteiligten Partnern gesteuert werden. Wenn Du also glaubst, zu wissen, dass ausschließlich Dein Partner dafür verantwortlich ist, dass Eure Beziehung in Schwierigkeiten ist, täuschst Du Dich. Stelle Dir vor, Du würdest nicht auf die Provokationen Deines Partners eingehen. *»Zum Streiten gehören immer zwei!«* Ich gehe einen Schritt weiter und frage: »Was, wenn Du für das Verhalten Deines Partners ALLEINE die Verantwortung tragen würdest? Wie müsstest DU dann Dein Verhalten ändern?« Dieser Ansatz führt mich zur zweiten Grundregel:

**REGEL 2: VERÄNDERUNG BEI BEZIEHUNGSPROBLEMEN**

Jede Veränderung in einer Beziehung muss von Dir ausgehen. Es ist unmöglich – oder zumindest unethisch, jemand anderen verändern zu wollen, ohne die Einwilligung dazu. Das nennt man im allgemeinen »Manipulation«. Du kannst jedoch durch eine Veränderung Deines Verhaltens das ganze *System*[↗] Deiner Beziehung verändern. Der familientherapeutische Ansatz von *Virginia Satir*[↗] basiert darauf:

*»Verändert ein Element eines Beziehungsgeflechtes sein Verhalten, müssen alle anderen Elemente darauf reagieren und ihr Verhalten anpassen.«* Das ist starker Tobak und geht gegen den Strich

der gesellschaftlichen Ansichten. Vielleicht möchtest Du gleich beginnen, mit diesen beiden Regeln zu experimentieren. Das geht ganz einfach, weil Experimente in Deinem Kopf beginnen. Eine ungeschriebene Regel zur Optimierung Deiner vielfältigen Beziehungen: Soziale Kontakte außerhalb Deiner Beziehung sind nötig. Immer zu zweit zu Hause sitzen tut Dir und Deiner Beziehung nicht gut.

#### REGEL 3: FREIRAUM FÜR DIE PERFEKTE BEZIEHUNG

Beziehungen sollst Du auf der Basis von Angeboten leben, nicht auf der Basis von Nachfrage. Diese Grundregel stößt viele Menschen vor den Kopf. Darf ich ein Beispiel nennen? Du magst gerne Opern von Richard Wagner, Dein Partner bekommt davon Kopfschmerzen. Er hört lieber Musik von Dionne Warwick, wovon Du Bauchschmerzen bekommst. Du gehst gerne ins Museum, Dein Partner in den Wald. Müsst Ihr beide Opfer füreinander bringen? Nein! Suche Dir jemanden, der gerne Wagner hört, und Dein Opernbesuch wird zum Erlebnis. Suche Dir jemanden, der gern ins Museum geht, und Ihr könnt Euch austauschen.

Du willst dabei darauf achten, dass es zwischen Dir und Deinem Partner immer noch eine ausreichend große Schnittmenge an Interessen gibt. Wo diese Regel beginnt, habe ich damit beschrieben. Und wo hört sie auf? Das kannst nur Du bestimmen. Hier ein paar Beispiele zur Anregung:

- Du liebst bestimmte sexuelle Praktiken, Dein Partner bekommt Kopfschmerzen davon? Tja.
- Du liebst es, einmal eine Nacht auswärts zu verbringen und Dir Anregungen für Deinen von Herzen geliebten Partner zu holen? Tja.

- Du möchtest Erfahrungen mit dem gleichen Geschlecht machen? Tja.

Das sind in meinen Gesprächen häufige Themen der Partnerberatung. Meistens geht es um den Bereich des Unterleibs, nicht um Museumsbesuche.

Du merkst es schon wieder: Kirche, Staat und Gesellschaft haben Dir hier oft Grenzen gesetzt. Ich kenne Paare, die mit einer Öffnung der Beziehung – wie oben beschrieben – überhaupt keine Probleme haben, während es für eine andere Beziehung das Ende bedeuten würde.

**REGEL 4: TRENNE EMOTION UND SACHE**

Trenne bei verbalen Auseinandersetzungen Emotion und Sache strikt voneinander. Diese Grundregel ist sehr viel einfacher zu beschreiben, als in der Beziehung zu leben. Der Psychologe *Iwan Petrowitsch Pawlow*↗ hat mit seinem berühmten Hundeexperiment gezeigt, wie wenig der Hund Herr seiner Reaktionen ist. Mit uns Menschen ist das nicht viel anders. Dein freier Wille ist meist gar nicht so frei, wie Du und ich es gerne hätten. Konditionierung nennt man das. Im Modell von NLP nennt man es *ankern*↗.

In unserer Gesellschaft und in der Wirtschaft leben Werbung und Verkauf von dieser Art von Konditionierung. In Deiner Beziehung führen die Erkenntnisse von Pawlow dazu, dass gleiches Verhalten im gleichen Kontext fast zwanghaft wieder auftritt. Man spricht dann von situativer Verhaltenskonditionierung. Auf eine Partnerschaft übertragen meine ich damit den Streit um immer das gleiche Thema. Hast Du Dich vielleicht gewundert, warum, obwohl Du Dir fest vorgenommen hast, Dich von Deinem

Partner nicht schon wieder aus der Fassung bringen zu lassen, genau dies passiert ist? Und das, obwohl Du aufgepasst hast und vorgewarnt warst? Das macht die Konditionierung mit Dir.

**REGEL 5: SEI LÖSUNGSORIENTIERT**
Bearbeite bei Auseinandersetzungen die jeweilige Herausforderung lösungsorientiert und konkret. Lösungsorientiert heißt: Arbeite mit Deinem Partner auf eine von beiden akzeptierte Lösung hin. Problemorientiert wäre das Gegenteil davon und genau dort landen die meisten Gespräche. Probleme wälzen und wälzen, ohne einer möglichen Lösung näher zu kommen. Dabei hilft Dir das Metamodell im NLP. Frage Dich und Deinen Partner:

> Was genau muss sich bei uns verändern, um die Herausforderung zu bewältigen?

Wenn die Vorschläge zu einer Lösung, die Deine Person betreffen, von Dir kommen und wenn Dein Partner mit seinen Lösungsvorschlägen auch bei sich ansetzt, seid Ihr auf dem richtigen Weg. Meist landen Gespräche bei der Aufforderung an den Partner, sich doch gefälligst zu verändern. Das verletzt mehrere Grundregeln, die ich in diesem Abschnitt aufgelistet habe. Bei den Ergebnissen zählen Zahlen, Daten und Fakten. Emotionen (meist die negativen mit Schuldvorwürfen gepaarten) kannst Du weglassen.

Noch ein Ratschlag: Stelle nicht gleich die Basis Deiner Beziehung infrage. Bei einem Beziehungsgespräch sollte das Grundvertrauen in das Funktionieren Eurer Beziehung vorhanden sein. Im Gespräch geht es meist nur um Herausforderungen, um eine Optimierung der Beziehung und nicht gleich um das Fortführen der Beziehung selbst.

**REGEL 6: ABSTAND HILFT IN KONFLIKTSITUATIONEN**

Abstand hilft. Dies ist eine Grundregel, die Dir der gesunde Menschenverstand eingegeben haben sollte. Nach Auseinandersetzungen – ob mit oder ohne Lösung – hilft es Dir und Deinem Partner, die Argumente möglichst wertneutral zu überdenken und ein paar Tage reifen zu lassen. Mindestens eine Nacht solltest Du darüber schlafen und die Gedanken aus dem Gespräch mit in Deine Träume nehmen. Positive Suggestionen helfen. Du kannst vor dem Einschlafen zu Dir sagen:

*»Wenn ich gleich tief und fest schlafen werde, kann mein Unbewusstes alle Aspekte des Gespräches nochmals überdenken und mir am Morgen eine Lösung präsentieren, die am besten zu meinem Leben passt.«*

Dies ist ein Vorschlag, den Du nach eigenem Gutdünken an Deine Bedürfnisse anpassen kannst. Gewöhne Dir an, Entscheidungen erst nach reiflicher Überlegung zu fällen.

Mit diesen Regeln kannst Du nun Dein konventionelles Beziehungsmuster aufbrechen und neue Wege gehen. Wenn Du trotzdem am Ende in einer von Liebe bestimmten, monogamen Beziehung landest, weißt Du wenigstens, dass das Gras auf der anderen Seite des Zaunes nur grüner scheint.

## Eifersucht: Säure für jede Beziehung

*Umgang mit einer der großen Gefühlsplagen der Menschheit.* Eifersucht ist ein überwältigendes Gefühl, das Beziehungen, Freundschaften, ja sogar große Lieben zerstört hat. Vielleicht fühlst Du Dich ihr und dem damit verbundenen, negativen Sturm der Gefühle schutzlos ausgeliefert?

In den Lebensgeschichten berühmter Musiker, Maler, Schriftsteller und anderer, jenseits der Grenzen gesellschaftlicher Normen denkender und handelnder Menschen geht es meist wild zu. Da haben Männer Beziehungen mit mehreren Frauen, Frauen lieben Frauen und Männer gleichzeitig, Männer lieben sich untereinander, Dreiecks- und Mehrecksbeziehungen sind an der Tagesordnung. Es gibt offensichtlich viele Möglichkeiten, eine erfüllende Beziehung mit einem oder mehreren Menschen zu leben. Bei den Menschen, die sich über die herrschenden Programmierungen hinwegsetzen, fehlen meist »normale« Beziehungsmuster. Dir wurden sie irgendwann »einprogrammiert«. Was kannst Du tun, um sie loszuwerden?

### Was ist Eifersucht?
Vielleicht glaubst Du, Eifersucht hinge vom Verhalten Deines Partners ab. Ich sage Dir: Du hast Dich getäuscht. Eifersucht ist das Signal, das DEINE Defizite in der Beziehung markiert. Dein Partner hat das Recht, zu tun und zu lassen, was immer er oder sie tun oder lassen will. Wenn Du damit Schwierigkeiten hast, musst Du dafür sorgen, dass diese Schwierigkeiten aufhören. Das ist mit Veränderung VON DIR verbunden. Wilde Fantasien, Kontrollversuche, Klammerei, ungerechtfertigte Vorwürfe, Streit bis hin

zur Trennung, das sind die üblen Folgen von Eifersucht. Es wird Zeit, Klarheit in die ablaufenden Prozesse zu bringen und zu erforschen, ob NLP, ob überhaupt etwas Dir helfen kann, Deine Eifersucht zu beherrschen.

Es verhält sich mit der Eifersucht wie mit so vielen anderen Dingen, die eine Beziehung in Schwierigkeiten bringen: Ihr Ursprung liegt bei Dir. Und das ist schon das größte Hindernis. Wer den Ursprung für die »Abschaffung« und natürlich auch die Entstehung der Eifersucht bei sich selber sucht, ist auf der richtigen Spur.

Ich erzähle Dir ein Beispiel: In der Zeit meines psychologischen Praktikums bei László Németh war ich Zeuge eines Gespräches mit einem eifersüchtigen Ehemann. László bat ihn, von seiner Eifersucht zu berichten. Er erzählte: »Meine Frau geht jeden Dienstag alleine am Abend aus. Sie sagt, sie trifft Schulfreundinnen, aber ich weiß genau, dass sie sich dann mit einem anderen trifft. Und bestimmt macht sie es ihm mit ... und ...!« Hier spielt es keine Rolle, welchen sehr speziellen Handlungen seine Frau angeblich nachging. Die kannst Du beliebig für Dich einsetzen. In seiner Aussage findest Du den eigentlichen Kern der Eifersucht: das Defizit.

Was riet der Therapeut? »Ja, mein Herr, da gibt es nur ein Mittel. Zahlen Sie es Ihrer Frau mit gleicher Münze heim. Machen Sie genau das, von dem Sie wissen, dass es Ihre Frau mit dem anderen macht. Aber erzählen Sie ihr nichts davon!« Das hat er tatsächlich gemacht. Wie durch ein Wunder verschwand seine Eifersucht. Seine Ehe war gerettet – obwohl die Frau nach eigenem Bekunden wirklich ihre Schulfreundin besuchte. Die Ehefrau wählte die pragmatische Lösung. Ein Ehemann ohne Eifersucht, der gelegentliche, »aushäusige« Erfahrungen woanders suchte, war ihr viel lieber, als ein über Tage hinweg ätzender und geifernder Partner, der das Beziehungsleben auf Dauer vergiftete.

Jetzt liegt es an Dir. Wie ehrlich bist Du Dir selbst gegenüber mit den Signalen Deiner Eifersucht? Versuchst Du, Dein Leiden durch die Deckung Deiner Defizite zu beenden? Und wie ist es mit Deiner Angst vor den nötigen Veränderungen, vor neuen Erfahrungen? Was, wenn sich das Blatt wendet, weil Du jemanden Besseres findest? Was, wenn Du Dein Herz an jemanden verschenkst, der es vielleicht wirklich verdient?

**Ein wildes Durcheinander der Interessen**
Kirche und Staat haben andere Ziele mit Dir. Da gehört die Eifersucht zum Spiel. Sie wollen Dir erzählen, die einzig richtige Beziehungsform wäre eine ausschließlich monogame Beziehung, die bis an Dein Lebensende dauert. Sie wollen eine schnelle Legalisierung dieser Beziehung durch Heirat und möglichst viele Kinder. Ein Blick auf die aktuellen Zahlen zeigt, dass Wunsch und Wirklichkeit in unserer Gesellschaft weit auseinanderklaffen.

Eine Scheidungsrate in Deutschland von über 40 Prozent spricht in dieser Hinsicht eine deutliche Sprache. Ganz zu schweigen von meinem eigenen Leben. Im Sinne von Staat und Religion bin ich kein Vorbild für Dich, einem Priester würden bei meinem Lebenskonzept die Haare zu Berge stehen. Ich bin ein verlorenes schwarzes Schaf – und lebe glücklich damit. Erfreulicherweise gibt es heutzutage immer mehr Menschen, die sich ihre eigenen und unabhängigen Gedanken zu möglichen Beziehungsmodellen machen, diese ausprobieren und leben: jenseits gängiger Moral- und Normbegriffe. Das nenne ich ein selbstbestimmtes Leben führen. Wenn also in der heutigen Zeit trotz schwindender moralischer Hoheit von Staat und Kirche ein Trauschein nicht dazu beiträgt, eine Beziehung »sicher« zu machen, was sind dann die Kriterien und die Garanten für eine glückliche Beziehung? Was sind untrügliche Signale dafür, dass Dein Beziehungspartner Dich wirklich liebt? Was kannst Du tun, damit Dir dieses Glück ein Leben lang erhalten bleibt?

**Sicheres Glück – ein Leben lang**
Wenn Du eine gute Beziehung und die wahre, gegenseitige Liebe gefunden hast, kannst Du Dich glücklich schätzen. Erstaunlicherweise leben viele Paare in solchen Beziehungen. Meine Eltern lebten 54 Jahre glücklich miteinander und haben sich selten gestritten. Wirklich. Auseinandersetzungen gab es viele, allerdings immer konstruktive. Meine Eltern waren der Ansicht, negativ belasteter, emotionaler Streit wäre das Gift jeder Beziehung. Das muss ihnen erst mal jemand nachmachen. Ich fragte meine Mutter einmal, ob sie ein sicheres Rezept für eine ebenso glückliche Beziehung für mich parat hätte. Sie riet mir, bei Sachfragen Kompromisse zu akzeptieren, wenn sie eben der Sache dienten, bei Fragen des Herzens jedoch niemals irgendeinen Kompromiss einzugehen. Wenn Du Dir sicher bist, kannst Du eine wirkliche und dauerhafte Bindung eingehen. Dazu braucht es vor allen Dingen Ehrlichkeit gegenüber Dir selbst. Dann ist ein ganzes Leben nicht lang genug für das Glück, das daraus resultiert.

**Wenn die Kacke am Dampfen ist**
Was kannst Du tun, wenn Deine Beziehung aus dem Ruder gelaufen ist und keine Einigung möglich scheint? Beachte vor allem die erste Grundregel:

Triff Deine Entscheidung mit guten Gefühlen. SCHLECHTE GEFÜHLE PROVOZIEREN SCHLECHTE ENTSCHEIDUNGEN. Das ist eine Erkenntnis, die den meisten Menschen große Probleme bereitet. Vor allem, wenn dafür die *Grundregel der Grundregeln*⁊ gilt: DU bist für Deine guten Gefühle selbst verantwortlich!

Sollte es also so weit sein und sich die schlechten Gefühle von irgendwoher eingeschlichen haben, bleibe bei Deiner im positiven Zustand getroffenen Entscheidung so lange, bis Du wieder gute Gefühle hast.

Hier ein Tipp: Wenn Deine *Beziehungsanker* dazu führen, dass es Dir in einem Gespräch trotz fester Absicht nicht gelingt, in Deinem positiven Zustand zu bleiben, hilft oft die (plötzliche) Unterbrechung des Gesprächs und eine *körperliche Musterunterbrechung*⁊. Du gehst in die nächste Bar, ins Kino, ins Konzert, überall dahin, wo Dich Ablenkung aus dem Zustand katapultiert und Dir die Möglichkeit gibt, mit Abstand nachzudenken.

Zum guten Schluss eine Erinnerung aus einem der vorigen Kapitel. Zwei Grundannahmen im Modell von NLP solltest Du immer im Hinterkopf haben. Ich habe viele Stunden darüber meditiert und sie sind tief in mein unbewusstes Denken eingesunken:

#6: **Es gibt eine positive Absicht hinter jedem Verhalten.**
#7: **Es gibt einen Kontext, in dem jedes Verhalten nützlich ist.**

## Was tun bei Liebeskummer?

Gefühle, vor allem die vermeintlich negativen, brauchen Zeit, um verarbeitet zu werden. Bei einer Trennung hilft es Dir wenig, wenn ich sage, dass Veränderung nun einmal zum Leben gehört. Dass es besser wäre, Dich nach vorne zu orientieren und Neues auszuprobieren. Zu sehr bist Du mit Dir, Deinen Gefühlen beschäftigt. Wäre es nicht viel besser, wenn alles so wäre wie früher, als es Euch gut ging?

Dass Tatsache und Wunsch voneinander abweichen, schafft Spannungen, und diese Spannungen erzeugen Gefühle, die meistens negativ wahrgenommen werden. Es dauert, bis das Leben normal weitergeht.

Für diese Zeitperiode hat der Volksmund den Namen »Liebeskummer« gefunden. Deine Beziehung ist zu Ende gegangen oder wurde beendet. Starke Emotionen sind damit verbunden. Aus NLP-Sicht heißt das: Deine Beziehung, egal wie lange sie dauerte, hat starke Anker[7] auf vielen Ebenen etabliert. Wie wäre es mit ein paar Ratschlägen?

*»Das einzig Beständige ist der Wandel.«*

Der griechische Philosoph Heraklit wusste das schon vor 2500 Jahren. Wenn Du in einer Beziehung lebst und Dich mit Dir und Deiner Umwelt konstruktiv auseinandersetzt, bleiben Veränderungen nicht aus. Jeder Mensch verändert sich auf seine ganz eigene Art und Weise und jeder Mensch braucht unterschiedlich lange, die anstehenden Veränderungen in sein Leben zu integrieren.

Häufig passiert es nach dem Besuch eines Workshops, dass sich vieles im Leben zum Positiven verändert. Oft leider nur für den Teil in der Beziehung, der den Workshop besuchte. So kommt es zu Spannungen und im weiteren

Verlauf auch zu Verlustängsten und Eifersucht. Eifersucht und das Klammern an den Partner sind wichtige Zeichen für eine gefährdete Beziehung.

Konstruktive und offene Kommunikation zum Lösen der Probleme funktioniert allerdings nur, wenn beide Partner es auch wollen. Tust Du oder tut Dein Partner nichts dazu, die entstandenen Spannungen aufzulösen, steht eine Trennung an – nach Jahren der Gewöhnung an das Leben miteinander ist sie vielleicht sogar überfällig.

Egal, ob eine Trennung als gut oder schlecht wahrgenommen wird, viele Menschen fallen nach einer Trennung in den Liebeskummer.

- Fühlst Du Dich alleine und von Trauer und Selbstmitleid überwältigt?
- Fehlen Dir Antrieb und Kraft für die nötigen Aufgaben des Tages?
- Bringt das Gefühl, einen wichtigen und vertrauten Teil Deines Lebens verloren zu haben, einen Riss in Deine »heile Welt«?

Du hast mein vollstes Mitleid – solange Du es nicht schon in überreichem Maße mit Dir selbst hast! Im Ernst: Es lohnt sich, Dich zu fragen, ob Dich Liebeskummer weiterbringt. Natürlich nicht! So weit, so gut. Und nun, was willst Du gegen Deine schlechten Gefühle tun? Willst Du Dich weiter treiben lassen, auf dem Floß Deiner Selbstmitleids-Fantasien, oder willst Du aktiv die unterschiedlichen Bereiche einer nötigen Veränderung bearbeiten? Vielleicht willst Du einfach damit beginnen, Deine Trennung ALS CHANCE für Dich wirken zu lassen!

Hole Dir ein Taschentuch, trockne Deine Tränen – und ran an die Arbeit. Konstruktiv und mit ein paar wirksamen NLP-Techniken.

Am Anfang unserer gemeinsamen Arbeit halte ich es für wichtig, dass Du verstehst, DU SELBST bist wieder einmal Urheber Deiner unerwünschten Gefühle. Niemand auf der Welt vermag Deine Gefühle zu beeinflussen. Das machst Du ganz alleine – zum Guten und zum Schlechten. Du kannst Dich entscheiden (wenn Du kannst), Deine negativen Gefühle loszulassen und Dir mehr positive Gefühle zu »machen«.

Im *NLP-Practitioner*↗ schaffen wir dies mit der Veränderung der *Submodalitäten*↗. Du kannst sie als »Erinnerungsmoleküle« bezeichnen. Einige davon benutzt Du, um Deinen Gefühlszustand massiv zu beeinflussen. Im vorigen Abschnitt hast Du gelesen, dass die wichtigste Untereigenschaft für die Beeinflussung Deines Gefühlszustandes Dein *interner Dialog*↗ ist.

Du sprichst zu Dir selbst im Kopf, beständig und über den Tag hinweg. Achte darauf, in welcher Art Du zu Dir sprichst, wenn Du in Selbstmitleid zerfließt. Achte auf die Tonalität Deines *internen Dialogs*, nicht auf den Inhalt. Anklagen und Vorwürfe in Endlosschleife? Am Ende angekommen, beginnt die Misere von vorne, die gleiche Leier im gleichen Tonfall, immer wieder? Kein Wunder, dass nach der zwanzigsten Wiederholung die Stimmung im Eimer ist. Wie heißt es so schön im Volksmund: »Steter Tropfen höhlt den Stein.«

So ist also Deine »Erwünscht-unerwünscht«-Stimmung entstanden. Erwünscht, weil Du damit erreichst, dass Deine Gefühle »schlecht« werden, unerwünscht, weil Du ja behauptest, das gar nicht zu wollen. Ist das nicht paradox? Wende doch lieber NLP an. Es geht ganz einfach und hat die gravierende Nebenwirkung, dass Deine Gefühle danach anders geworden sind.

**TIPP 1: ÜBERLAGERE DEINEN INTERNEN DIALOG**

Probiere aus, die weinerliche Tonalität Deines Selbstmitleids mit einem rasanten Radetzkymarsch zu unterlegen. Du findest ihn im Internet. Die Version von Herbert von Karajan ist mir lieb: Tata umpf ta umpf ta umpf ta ta – ta ta umpf ... WAS ... woher kommt plötzlich das Lächeln auf Deinem Gesicht? Sollte es tatsächlich so einfach sein?

Mit dieser vordergründig albernen Technik hast Du etwas sehr Wichtiges gelernt: Die *Tonalität*⌐ Deines *internen Dialoges*⌐ entscheidet über die emotionale Komponente. Auf zwei verschiedene Tonalitäten kann sich Dein Gehirn nicht einlassen. Es wählt einfach die bessere, die positivere.

Fazit: Veränderst Du die *Tonalität* Deines *internen Dialogs*, veränderst Du damit auch sofort Deine Gefühlslage. Für mich und viele andere funktioniert auch die folgende Technik sehr gut: Wenn ich melancholisch bin oder mit negativen Gefühlen zu tun habe, lege ich mich auf die Couch, setze meine Kopfhörer auf und höre entspannende Musik. Eine Symphonie von Beethoven, große Opern, ein Konzert von Vivaldi, Freddie Mercury, Édith Piaf, Louis Armstrong, was Dir gefällt. Damit komme ich – und kommst vielleicht auch Du – schnell auf andere Gedanken. Wenn Du bei YouTube einmal »Alphawellen Musik« eingibst, bekommst Du viele gute Vorschläge für Musik, die sich für diese Technik ganz ausgezeichnet eignet. Auch hier gilt: Dein Gehirn kann sich nur auf eine Tätigkeit konzentrieren.

**TIPP 2: AKZEPTIERE DEINE SITUATION**

Klar, Du möchtest Deine Trennung am liebsten nicht wahrhaben. Dein Leben war ja so bequem. Nun fantasierst Du Dir einfach ein Szenario zusammen, in dem Du die Trennung ungeschehen machst. Du klammerst Dich an winzige Anzeichen, die Dich hoffen lassen, dass Dein Partner seine Entscheidung doch noch rückgängig macht. Leider sind es genau diese »Klammergriffe«, die den anderen in seiner einmal getroffenen Entscheidung bestärken. Hör damit auf!

Bearbeite Dein Glaubenssystem: Realisiere und akzeptiere, dass es nun einmal so ist, wie es ist. Dann richtet sich Dein Blick nach vorne. Dein Lebensglück ist für die nächste Zeit ausschließlich von Deinen eigenen Entscheidungen abhängig. Das ist gut! Deine Entscheidungen, die Zukunft betreffend, werden umso besser sein, je besser die Gefühle sind, die Du dabei hast.

Respektiere Deine Entscheidungen und akzeptiere die Entscheidung Deines Expartners. Es ist gut, Dinge, die geschehen sind, abzuschließen. Es gab ja vieles, das Du in der Zeit Deiner Beziehung lernen konntest. Nun ist es an der Zeit, diese Erfahrungen getrennt und unbelastet von Deiner Vergangenheit anzuwenden. Damit gelingt Dir ein unbeschwerter Neuanfang.

In Deinem neuen Lebensabschnitt kannst Du Ballast nicht gebrauchen. Jetzt heißt es für Dich, nach vorne zu blicken und Dein Leben in neue Bahnen zu lenken! Eine Trennung ist immer auch ein Anfang, ein Neustart in eine spannende und glückliche Zukunft. Wer weiß, vielleicht wird diese Zukunft viel besser sein, als Du es Dir gerade erträumst?

**TIPP 3: REDE DARÜBER!**

Dich zu verkriechen, dieses, Dein momentanes Bedürfnis, ist möglicherweise gerade groß. Das ist eine verständliche, aber wenig hilfreiche Reaktion. Jetzt zeigt es sich, wozu Deine guten Freunde da sind. Sprich mit ihnen. Achte darauf, ob Deine Freunde in der Lage sind, Dich aus Deiner Situation zu führen und wie sie das tun. Oder ist es vielleicht eher so, dass sie all die Vorurteile und negativen Gedanken ihres eigenen Lebens auf Dich projizieren?

Jetzt kannst Du erkennen, was WIRKLICHE Freundschaft ist. Wer kann Dir ehrlich die Meinung sagen und Dir trotzdem emotionale Nähe geben? Das sind die Eigenschaften von Freunden, die jetzt gefragt sind. Wer von ihnen ist dazu in der Lage? Finde es heraus!

**TIPP 4: ZIEHE BILANZ**

Nach einer Trennung gibst Du Dich gerne dem Trugbild hin, dass die vergangene Beziehung die wundervollste Zeit Deines Lebens war. Verstehe mich recht, für die erlebte Zeit kannst Du ruhig dankbar sein. Aber wenn Du glaubst, dass Du nie wieder einen so tollen Partner bekommen wirst, liegst Du ganz schön daneben.

Stelle Dir vor, das Universum hat Dir die Möglichkeit gegeben, so viele schöne Stunden mit Deinem Partner zu erleben. Erinnere Dich ruhig daran. *Assoziiert*↗, also mitten im Film Deiner Erinnerungen, kannst Du Dich an all die schönen Erlebnisse und an all die guten Gefühle eurer gemeinsamen Zeit erinnern. Diese Erinnerungen kann Dir niemand nehmen. Du kannst diese positiven Gefühle sogar in einem *Anker*↗ zusammenfassen. Dieser *Anker* dient Dir dann als Referenz für zukünftige, gute Beziehungsgefühle.

Dann ist es Zeit, nüchtern eine Bilanz Deiner Erfahrungen zu ziehen. Nimm Dir Zeit dazu. Schreibe auf, was an Deiner Beziehung toll war und was nicht so gut gelaufen ist. Nimm ein Blatt Papier, zeichne zwei Spalten ein und finde für jeden negativen Aspekt in der vergangenen Beziehung auch einen positiven. Das wahrt die Perspektive. Sei ehrlich zu Dir. Es hilft Dir, vermeintliche »Tatsachen« schwarz auf weiß vor Dir zu haben. Vielleicht stellst Du ja tatsächlich fest, dass es Punkte in Deinem eigenen Verhalten gab, die nicht so ganz Deinen Wünschen entsprachen. Dann kannst Du aufschreiben, was Du gelernt hast und was Du verändern willst. Dann tappst Du nicht gleich wieder in dieselbe Falle.

**TIPP 5: TRENNE DICH VON SELBSTZWEIFELN UND SCHULDGEFÜHLEN!**
Fragst Du Dich manchmal, ob Du die Trennung durch »richtiges Verhalten« hättest verhindern können? Solche Schuldgefühle sind ein Zeichen dafür, dass die Programmierungen der vergangenen Beziehung noch funktionieren. Vielleicht fragst Du Dich, ob Du Deine Beziehung hättest retten können, wenn Du die Ansprüche Deines Partners besser erfüllt hättest.

Damit hast Du eine zentrale Regel einer guten Beziehung nicht verstanden. Denn auch hier gilt: Beziehungen funktionieren auf der Basis von Angeboten, nicht auf der Basis von Ansprüchen. Es ist ein Teufelskreis, der da für Dich am Laufen ist. Vielleicht hattest Du Dich lange nach einer harmonischen Beziehung und nach Geborgenheit gesehnt. Vielleicht warst Du von Selbstzweifeln geplagt. Vielleicht hast Du Dich gefragt, ob Dich die Welt überhaupt mag, so, wie Du bist. Speziell während der Pubertät in den

Turbulenzen der veränderten Hormonlage gibt es solche Gedanken ja häufig. Dann kommt endlich jemand, der sich mit Dir abgibt. Endlich etwas Geborgenheit, endlich ein Funken Liebe, endlich nicht mehr alleine – aber zu welchem Preis? Viele Partnerschaften sind auch »Notgemeinschaften« und beruhen auf gegenseitigen Ansprüchen und Abhängigkeiten. Wenn Dich die Angst beschleicht, Du könntest Deinen Partner verlieren, sind den Ansprüchen und Forderungen dieses Partners Tür und Tor geöffnet.

Es ist diese unselige, oft unausgesprochene »Wenn Du nicht x, dann y«-Verknüpfung, die wie ein Damoklesschwert über der Beziehung hängt. Davon kannst Du Dich jetzt emanzipieren. Schreibe auf, was Dich auszeichnet. Jeder Mensch ist individuell in seinen Stärken und Schwächen. Vielleicht ist jetzt gerade eine gute Zeit, an der Steigerung Deines Selbstbewusstseins zu arbeiten.

**TIPP 6: SAMMLE NEUE ERFAHRUNGEN**

Vielleicht fragst Du Dich, ob es sinnvoll sein könnte, Dir schnell einen neuen Partner zu suchen. Der würde Dich vom Kummer und dem Gefühl Deines Alleinseins ablenken. Ich finde, das ist eine gute Idee. Und JETZT ist eine gute Zeit, neue Erfahrungen zu sammeln und einmal all das zu tun, wovon Du schon immer geträumt hast.

Dazu brauchst Du keine feste Beziehung. Dazu brauchst Du vielleicht überhaupt keine Beziehung. Lasse Dich einfach treiben. Vielleicht ist JETZT eine gute Zeit, den Kurs in tantrischer Massage zu belegen oder die »dunklen Ecken« Deiner Sexualität auszuloten, an die Du Dich in den letzten Jahren nicht herangewagt hast. Ich finde, so kann Dir eine Trennung einen neuen Energieschub geben.

Sieh es vielleicht einmal so: Die eine Seite einer Beziehung ist die Bequemlichkeit, das »Versorgtsein«, die Geborgenheit. Das ist jedoch bei Weitem nicht alles. Es gibt auch Negatives. Jede Beziehung verlangt Kompromisse, das hast Du bestimmt erfahren. Vielleicht hast Du Deine Hobbys vernachlässigt, vielleicht hast Du Ideen nicht umgesetzt oder Projekte nicht begonnen, weil Dein Partner anderer Meinung war. Da ist JETZT doch eine gute Zeit, damit zu beginnen.

Wenn Du Dich zurückziehst, nimmst Du Dir die Chance, Deinen Traumprinzen oder Deine Traumprinzessin zu finden. In der Einsamkeit Deiner vier Wände lauern höchstens Selbstmitleid und Depression. Das Universum (und vielleicht Dein Partner) wird schon gute Gründe gehabt haben, Dich mit Veränderung zu konfrontieren. Wer weiß, vielleicht lauert in einer dieser Erfahrungen Dein neues Lebensglück.

**Vergeben, verzeihen, vergessen**

*Gib Deinem Leben eine neue Richtung.* Groll, Hass, unkontrollierten Ärger und andere niedrig schwingende Emotionen in Dir zu tragen sorgt nicht nur für schlechte Laune, es ist für Deine körperliche Gesundheit richtig schädlich. Es lohnt sich, diese negativen Emotionen aufzulösen.

Mit NLP kannst Du dabei weit kommen. Was ist allerdings mit Deinen Mitmenschen, die, vielleicht auch unabsichtlich, in Dir emotionale Katastrophen auslösen, weil damals Dinge passiert sind, die bis heute in Dir nachwirken? Ist es vielleicht an der Zeit, JETZT endlich reinen Tisch zu machen?

Hinter jedem Tun eines Menschen in Deiner Umwelt steht eine positive Absicht. Das ist eine der nützlichen Grundannahmen im Modell von NLP. Selbst wenn sie nicht stimmen würde, ist es eine gute Voraussetzung zum Verständnis des Weltenlaufs. Mit der Annahme dieses Glaubenssatzes würdest Du keinerlei Gründe mehr haben, Dir negative Gefühle von jemandem machen zu lassen. Dann hast Du Entscheidendes für Dich und für die Qualität Deines Lebens gelernt.

Lass uns der Sache trotzdem auf den Grund gehen. Groll, Hass, Ärger und Wut auf eine andere Person entstehen oft aus dem Bedürfnis heraus, zeigen zu wollen, dass Du das Tun dieser Person nicht gutheißt. Du willst sie für ihre Handlungen mit schlechten Gefühlen bestrafen. Leider geht dieser Schuss nach hinten los. Du bestrafst Dich damit ja selbst! Wieso?

Frage Dich doch, wer all die negativen Emotionen erzeugt und im Körper fühlt? All den negativen Kram, mit dem Du andere Menschen »bestrahlen« willst, musst Du zuerst in Deinem Körper fühlen. Somit bestrafst Du also vor allen anderen erst einmal Dich selbst. Willst Du das wirklich? Wenn Dich diese Erkenntnis nachdenklich macht, biete ich Dir eine Übung an, mit der Du lernen kannst, Menschen in Deinem Leben zu verzeihen. Wenn Du verzeihen kannst, bist Du frei. Dann haben die vermeintlich negativen Erlebnisse Deiner Vergangenheit keine Macht mehr über Dich.

### Lasse doch Groll und Hass einfach los

Die einfachste Methode, negative Emotionen loszulassen, ist die *Sedona-Methode*[7]. Ich finde, diese Methode ist eine ausgezeichnete Ergänzung zum Modell von NLP. Ich habe sie hier mit einigen Techniken aus dem Modell von NLP ergänzt und so wirkungsvoller gemacht. Hier die Schritte kurz zusammengefasst:

1. Frage Dich: Könnte ich meinen Groll akzeptieren, wie er ist – nur für einen Augenblick?
2. Frage Dich: Könnte ich meinen Groll loslassen – nur für jetzt?
3. Frage Dich: Würde ich meinen Groll loslassen, wenn ich es könnte?
4. Frage Dich: Wann würde ich meinen Groll loslassen können?

Bei den einzelnen Fragen sind alle Antworten erlaubt. Es ist nicht wichtig, dass Du mit »Ja« antwortest. Antworte einfach so, wie Du Dich gerade fühlst. Wiederhole die vier Fragen einfach so lange, bis Du eine Veränderung in Dir spürst. Dann ist es Zeit für den ausführlichen Prozess in sechs Schritten. Damit kannst Du lernen, wirklich jedem Menschen zu verzeihen.

**Der Prozess der Vergebung**
Dies ist eine Übung, die Zeit braucht. Du solltest Dir eine bis zwei Stunden Zeit nehmen. Sorge dafür, dass Du ungestört bist. Du brauchst einen Stift und einige Blätter Papier. Nimm Dir für jeden der einzelnen Schritte etwa gleich viel Zeit. Eine Uhr ist sinnvoll. Suche Dir einen ruhigen Platz. Schalte Dein Handy und alle elektronischen Geräte (Fernseher, Radio, Computer usw.) in Deiner Umgebung aus. Konzentriere Dich auf den Prozess.

Überlege Dir, welcher Person Du vergeben möchtest. In der Übung gliederst Du den Prozess der Vergebung in sechs einfache Schritte. Deine Aufgabe ist es, für jeden einzelnen Schritt die damit verbundenen Gefühlszustände zu fühlen und mit ihnen zu arbeiten. Drücke die Gefühle der jeweiligen Emotion so gut wie möglich aus. Ich gebe Dir zur Hilfestellung einige Satzanfänge. Sie werden Dir helfen, das Gefühl zu *elizitieren*⬈ und es schriftlich auszudrücken. Nachdem Du die einzelnen Satzanfänge vervollständigt hast, kannst Du Deine eigenen Worte wählen.

Lasse Dir für jeden der sechs Schritte etwa 20 Minuten Zeit. Du wirst feststellen, dass mit etwas Nachdenken auch ein Gefühl auftaucht. Im Modell von NLP nennen wir dies das *Elizitieren von Gefühlen durch das Erinnern der Submodalitäten*. Wird das Gefühl zu stark, kannst Du es durch *dissoziieren*⬈ abschwächen. Wenn Du Erfahrung in der Anwendung von NLP hast, kannst Du zusätzlich jedes Gefühl an einem bestimmten Punkt Deines Körpers ankern und dann über einen *gleitenden Anker*⬈ die »Gefühlskette« von Schritt 1 bis Schritt 6 durchgehen.

1. **Ärger, Wut, Zorn**
    - Ich bin wütend, weil ...
    - Ich hasse es, wenn ...
    - Ich habe genug von ...
    - Ich verüble ...

2. **Schmerz, Verletzung**
    - Es verletzt mich, wenn ...
    - Ich fühle mich traurig, wenn ...
    - Ich bin enttäuscht über ..., weil ...

3. **Angst**
   - Ich befürchte, dass …
   - Ich ängstige mich, wenn …
   - Ich fürchte, dass …
   - Ich fürchte, dass ich …

4. **Reue, schlechtes Gewissen, Bedauern, Verantwortung**
   - Ich entschuldige mich, dass …
   - Bitte vergib mir für …
   - Ich wollte nicht, dass …

5. **Wünsche**
   - Alles, was ich immer wollte, war …
   - Alles, was ich will, ist …
   - Ich wünsche mir von Dir, dass …
   - Ich verdiene …

6. **Liebe, Mitgefühl, Vergebung, Anerkennung**
   - Ich verstehe, dass …
   - Ich erkenne an, dass …
   - Ich liebe Dich für …
   - Ich vergebe Dir für …
   - Ich danke Dir für …

### Die Übung mit anderen Personen

Ich habe die schriftliche Form an den Anfang gestellt, weil Du damit alleine arbeiten kannst. Du kannst den Prozess auch im Gespräch mit einer anderen Person durchlaufen. Das setzt nicht voraus, dass die Person, der Du vergeben möchtest, mitmacht. Du drückst einfach all Deine Gedanken und Gefühle vor Deinem Gegenüber aus. Du wirst feststellen, wie viel leichter Du Dich danach fühlst. Du kannst diese Übung auch schriftlich mit der Person zusammen machen. Jeder schreibt die vollständigen Sätze auf ein Blatt Papier. Dann trefft Ihr Euch wieder und lest gemeinsam Eure Zettel vor. Diskutiere die Erfahrungen, aber achte darauf, Dich nicht zu verteidigen. Versuche, die Position des anderen zu verstehen.

**Zum Nachdenken**
Es gibt viele gute Strategien, mit Groll, Ärger und Vorwürfen umzugehen und sie aufzulösen. Da gibt es jene Menschen, die niemandem zu vergeben brauchen, weil sie auf niemanden Groll hegen. Vielleicht hätten sie aus Deiner Sicht allen Grund dazu. Und dann gibt es Menschen, die auf alles und jeden einen Groll haben – und das ganz ohne einen wahrnehmbaren Grund.

Scheinbar nutzt die eine Gruppe hilfreiche Strategien, mit ihrem Ärger und den damit verbundenen negativen Gefühlen umzugehen, die der anderen Gruppe nicht zur Verfügung stehen. Weil Du Dich in diesem Buch mit NLP beschäftigst, wird Dir (wieder einmal) bewusst sein, dass Du jederzeit frei entscheiden kannst, welche Strategie Du nutzen möchtest. Vielleicht gelingt es Dir, die beste und wirkungsvollste Strategie zu kopieren und in Dein Leben einzusetzen.

Wenn Du negative Gefühle aufgelöst hast, die Du mit einer bestimmten Person verbindest, empfehle ich Dir, wenn Du kannst, das direkte Gespräch mit dieser Person zu suchen. Das gilt besonders für Kinder, die nicht von ihren Eltern loskommen oder ihnen Vorwürfe machen, nicht dies und nicht das getan zu haben, was zum Glück geführt hätte. Lasse die Vorwürfe beiseite und mache Du den ersten Schritt. Prüfe Dich, ob Du Dich ohne Groll mit Deiner Mutter oder Deinem Vater an einen Tisch setzen kannst. Ist es Dir möglich, ehrlichen Herzens und von Dir aus zu sagen, wie dankbar Du bist? Sie haben in ihrer Welt und mit ihren Möglichkeiten getan, was sie konnten. Das kannst Du positiv in Dein Herz lassen und es auch so ausdrücken. Mache doch Du den Anfang und Du wirst bemerken, wie positiv und lebensverändernd für alle Beteiligten dieses Gespräch dann verlaufen wird.

# KAPITEL 4

## Vom Sinn des Lebens und Deiner Berufung

# Wunsch oder Wille des Universums

Stöbere im Internet und sieh Dir die Angebote im Kontext von NLP an. Es scheint, dass jeder Trainer, der etwas auf sich hält, einen Workshop zum Thema »Ziele erreichen« im Angebot hat. Im Modell von NLP finden sich unter dem Begriff *Zielökologie*[7] eine Menge Informationen. Meine Ansichten dazu sind vielfältig.

Vor einiger Zeit bekam ich zwei hilfreiche Ratschläge. Einer stammte von Stefan, der mir riet, unbedingt einen Workshop zum Thema »Ziele stecken und erreichen!« in mein Programm aufzunehmen. Jeder Teilnehmer sollte sich ein oder mehrere Ziele aussuchen, formulieren, testen und würde danach von mir programmiert werden, diese Ziele zu erreichen. Natürlich mit Garantie. Dieser Workshop würde eine Stange Geld kosten und ein Kultworkshop werden, sagte er. Kein Problem für mich, sagte ich – eher ein Problem für die virtuellen Teilnehmer dieses Workshops.

### Die einfache Lösung ist nicht immer die erfolgreiche

Vielleicht möchtest Du einen Augenblick innehalten und Dir überlegen, welche zwei Ziele Du Dir stecken würdest. Natürlich hättest Du die Teilnahmegebühr bereits bezahlt und die Garantie erhalten. Vielleicht würdest Du zur Vorbereitung die *zielökologischen* Kriterien aus dem Modell von NLP beachten. Damit wäre gewährleistet, dass Du Deine gesteckten Ziele auch erreichen kannst. Fehlt nur eine Portion Selbstdisziplin oder eben meine hypnotische Programmierung im Workshop und alles wäre paletti. So weit, so einfach. Oder?

Diese Art von gewünschter und vielleicht sogar unfreiwilliger Programmierung und der daraus resultierende Lösungsansatz scheint mir eines der häufigsten Themen junger NLP-Trainer zu sein. »Ziele formulieren – Ziele erreichen«, das braucht bestimmt jeder.

### Die Wirklichkeit ist ein trügerisch Gut

Der zweite hilfreiche Vorschlag stammte von Bernhard, einem Deutschprofessor an der Kyoto University. Wir saßen in einem traditionellen Yakitori-Restaurant. Er knabberte an seinem Spieß und sagte gedankenverloren diesen Satz:

*»Chris, wenn alles das, was ich mir im Leben vorgenommen hatte, tatsächlich Wirklichkeit geworden wäre, dann würde mein Leben sicher nicht so schön verlaufen wie jetzt!«* Dieser Satz hat sich bei mir im Gehirn eingebrannt. Steht er doch im Gegensatz zu dem, was Stefan mir riet!

Auf der einen Seite bist Du dafür verantwortlich, Dir Ziele zu setzen und sie auch zu erreichen, auf der anderen Seite scheint das Universum mit einem Dir verborgenen Lebensplan dafür zu sorgen, dass Dein Leben höheren Zielen gewidmet ist.

Wie verläuft nun unser Leben? Ist es auf der Basis Deines freien Willens selbstbestimmt oder über eine unbekannte Kraft vom Universum fremdbestimmt? Nach welchen Regeln und Erkenntnissen führst Du Dein Leben?

### *Wannabe* oder *Havegot*?

Wenn ich einen Menschen zum ersten Mal kennenlerne, unterscheide ich (im Stillen) nach *Wannabes*↗ und *Havegots*↗. Die *Wannabes* sind oft junge Menschen, die ihr Leben und ihre Ziele noch vor sich haben. Sie arbeiten optimistisch an der Verwirklichung ihres Lebensplans. Im schlimmsten Falle geben sie jetzt bereits die Millionen aus, die sie noch nicht verdient haben. Ihre Sprache ist in die Zukunft gerichtet, es gibt viel zu tun.

Die *Havegots* hingegen haben viele ihrer Ziele bereits erreicht. Ihre Sprache ist meist in die Vergangenheit gerichtet, sie sind stabil im Hier und Jetzt verankert. Das Leben läuft in festen Bahnen, die Zukunft ist eher nebulös.

Aus beruflichen Gründen verkehre ich oft und gerne mit jungen Menschen. Das sind meist *Wannabes*, und in deren Leben ist viel mehr los. Hast Du Dich schon einmal gefragt, ob es sich überhaupt rentiert, ein *Wannabe* zu sein, wenn Deine karmische Bestimmung sowieso immer wieder dazwischenfunkt?

**Musst Du wirklich alles selbst entscheiden?**
Auch mein Lebenslauf scheint von dieser inneren Logik der Entwicklung geprägt. Die vielen Entscheidungen und Ereignisse meines Lebenslaufes scheinen sich sinnvoll ineinanderzufügen und logisch aufeinander aufzubauen. So geht es vielen Menschen.

Wenn ich jedoch zurückdenke und mich genau an die jeweilige Situation der Entscheidung erinnere, hat sich das damals beileibe nicht so dargestellt. Es war nicht so, dass ich mir für jede Entscheidung die entsprechenden Ziele gesetzt hatte. Es war auch nicht so, dass ich meine Ziele aktiv erreicht hätte. Hättest Du mich gleich nach Beendigung meines Studiums gefragt, was mein wichtigstes Ziel ist, hätte ich Dir geantwortet: »Erst einmal einen guten Job, dann sehen wir weiter!« Na, den Job bekam ich auch. Ich hatte mein Etappenziel erreicht, oder?

Nein, so lief das nicht. Ich wurde nach wenigen Wochen schwer krank und musste leiden. So lange, bis ich die »richtige« Entscheidung traf: Ich brach meine Zelte in Deutschland ab und reiste für ein Jahr durch Südamerika.

Drei oder vier Jahre später hättest Du mich fragen können, was mein nächstes Ziel wäre. Ich hätte gesagt: »Ein berühmter Fotograf werden!« Zu diesem Ziel war ich mit großen Schritten unterwegs. Bis das »Schicksal« es anders mit mir meinte. Auf diese Weise hat sich mein Leben weiter entwickelt.

Mich fasziniert die Tatsache, dass ich, aus dem Bewusstsein meiner jeweiligen Gegenwart heraus, zielstrebig und aktiv unterwegs war. Ich war diszipliniert unterwegs. Ich wollte meine Ziele nach meiner besten Erkenntnis erreichen. Bis, ja bis dann Dinge passierten, die ich und niemand anderes voraussehen konnte. Sie haben mein Leben so verändert, dass ich mich heute an dem Platz befinde, an dem ich bin. Ich gebe es ehrlich zu: Daran bin ich oft nicht aktiv beteiligt gewesen. Meist musste ich »nur« Ja oder Nein sagen, also EINE ENTSCHEIDUNG TREFFEN.

### Was hat mich im Leben an meinen Platz gebracht?

Es stellt sich in meiner Lebensplanung so dar, dass eine höhere Schicksalsmacht immer wieder unsichtbare Fäden zog. Ich nenne diese magische Kraft »das Universum«, mancher würde vielleicht dafür den Begriff »Gott« oder »höheres Wesen« einsetzen. Vieles, was in meinem Leben passiert, lässt sich durch Zufall nicht erklären. In Mußestunden frage ich mich deshalb, was denn das große Ziel des Universum mit mir ist, was es von mir will.

Auch in meinem gegenwärtigen Leben fühle ich diese Kräfte am Werk. Aber auch heute würde ich sagen: »Ich bin zielstrebig unterwegs!« Ja, ich bin im Großen und Ganzen an meinem Platz im Leben angekommen. Ich lehre und helfe vielen Menschen, ein glücklicheres Leben zu führen.

Vielleicht, und das ist eine Vermutung, sind wir alle hier auf die Erde gekommen, um den Weg der »Emanzipation ins Glück« zu gehen. Vielleicht bist Du in diese Welt gekommen, um zu realisieren, dass das Universum Dir immer hilft, Deine Wünsche nach einem glücklichen und selbstbestimmten Leben auf die eine oder andere Art und Weise zu erfüllen.

Es ist also paradox: Einerseits kann ich mir vom Universum alles wünschen und bekomme meine Wünsche erfüllt. Das behaupten zumindest viele Bücher in allen Sprachen dieser Welt. Die Gesetze des Universums seien so. In meinem Leben finde ich auch genügend Beweise für diese Annahme. Andererseits laufe ich manchmal gegen eine unsichtbare Wand. Obwohl ich mir Dinge gewünscht habe, fliegen mir Knüppel zwischen meine Beine. Ich entdecke Hindernisse, die mir offensichtlich das Universum in den Weg stellt.

Was also soll ich mir wünschen? Wie soll ich planen? Oder – um es mit anderen Worten zu sagen: Wie soll ich meinen freien Willen einsetzen, damit das Universum tatsächlich auch in meinem Sinne tätig wird? Vor einiger Zeit schrieb mir ein Leser meiner Artikel:

»Lieber Chris, hiermit melde ich mich für Deinen NLP-Workshop an. Den fälligen Betrag habe ich mir vom Universum gewünscht, bitte warte also noch mit der Rechnung, bis das Schicksal den Betrag manifestiert hat!«

Das ist nun bereits einige Jahre her. Ich warte, ob er vielleicht in diesem Jahr kommen wird. Ganz im Ernst: Gibt es grundsätzliche Regeln, nach denen das Universum Deine Wünsche erfüllt? Ich glaube, einige Regeln erkannt zu haben.

**Die erste Regel: Ohne Angst**
Ich wünsche mir für mein Leben alles das, was meine Angst besiegt. Ich verstehe dabei das Wort »Angst« viel allgemeiner, als es gemeinhin verwendet wird. Angst ist demnach jedes Gefühl, das mich in meiner Flexibilität limitiert. Wirklich frei bin ich nur dann, wenn ich frei entscheiden kann, was ich tun will. Denke darüber nach, wie frei Du in dieser Hinsicht bist.

- Bist Du frei, wenn Du genug Geld hast? Dann könntest Du ja tun und lassen, was Du willst, oder? Nur: Wie viel Geld ist genug Geld?
- Bist Du frei genug, Deine Gefühle im Leben jederzeit selbst wählen zu können?
- Bist Du frei, Dich oder andere jederzeit in eine bessere Stimmung bringen zu können?
- Bist Du frei, Dein Herz zu verschenken und jemand anderen bedingungslos zu lieben – vielleicht sogar ohne Aussicht auf Erwiderung?

**Die zweite Regel: Gute Gefühle**
Fahre Deine Antennen weit aus. Das bewerkstelligst Du durch eine positive Grundhaltung, also mit vielen guten Gefühlen. Je schlechter Deine Gefühle und damit Dein Zustand sind, desto weniger bekommst Du realisiert. Das gilt

nicht nur im Hinblick auf Deine Wünsche ans Universum. Gute Entscheidungen brauchen gute Gefühle. Das habe ich in diesem Buch des Öfteren erwähnt. Je besser also Deine Gefühle sind, desto mehr Deiner Wünsche bekommst Du erfüllt. Dein direktes Ziel kann deshalb in einem Leben mit möglichst vielen guten Gefühlen bestehen.

**Damit funktioniert Dein Leben einfach**
Du kannst Dir Dein Leben so eingerichtet haben, dass Du Dir Ziele steckst und Dir tolle Projekte ausdenkst und diese mit Energie und Disziplin verfolgst. Wenn Du auf Hindernisse stößt, arbeitest Du an deren Beseitigung. Bleiben die Hindernisse bestehen, glaubst Du an einen Wink des Universums und widmest Dich anderen Dingen. Das findest Du in der zehnten NLP-*Grundannahme*⁷ manifestiert:

> **Wenn das, was Du tust, nicht funktioniert, tue etwas anderes.**

So wird Dein Leben in Zukunft viel einfacher, möchte man meinen. Die Aussage setzt sich aber nicht so einfach um, wie es klingt. Diese Haltung liefert Dir nämlich bei Faulheit eine tolle Ausrede. Du kannst gleich bei ersten Hindernissen von »Schicksalsmacht« reden und die nötige Selbstdisziplin zur Realisation vernachlässigen. Auf diese Weise kann alles in Deinem Leben so bleiben, wie es ist – auch wenn die Aussichten trübe sind. Alleine Deine Lebenserfahrung wird Dir zeigen, ob Du einen Wink des Schicksals bekommen hast – oder ob Du eben einfach faul bist.

### Deine karmische Bestimmung

Das Thema dieses Kapitels hat auf den ersten Blick mehr mit Esoterik als mit dem Modell von NLP zu tun. In jedem meiner Workshops begegnet mir jedoch irgendwann die Frage: »Was ist meine karmische Bestimmung?« Viele Teilnehmer möchten gerne NLP-Techniken von mir bekommen, damit sie herausfinden können, was ihre karmische Bestimmung ist. Wenn Du mich nach meiner karmischen Bestimmung fragst:

*»Ich schätze mich glücklich, mit meiner Tätigkeit meine karmische Bestimmung gefunden zu haben. Das Universum hat mich genau für diesen Platz bestimmt.«*

Diese Aussage ist ein Glaubenssatz. Im NLP-Sprech formuliert kann sie lauten: »Ich glaube, in meiner jetzigen Tätigkeit meine karmische Bestimmung gefunden zu haben. Ich glaube, das Universum hat mich für diesen Platz bestimmt. Dieser Glaube trägt zu meinem persönlichen Lebensglück bei.«

### Karmische Bestimmung – was ist das?

So oder ähnlich formuliere ich es auch in meinen Workshops. Indirekt schwingt die folgende stillschweigende Voraussetzung mit: Wenn Du erst einmal Deine karmische Bestimmung gefunden hast, hast Du automatisch ein glücklicheres Leben.

Es ist also kein Wunder, dass viele Teilnehmer als ihr ultimatives Ziel angeben: »Ich will mir über meine karmische Bestimmung klar werden.« Den Weg zur Erleuchtung bezeichnet die buddhistische Lehre als den karmischen Weg. Er führt über viele Leben und hat viele Zwischenstationen.

Noch vor ein paar Jahren war das Bemühen um meine karmische Bestimmung auch mein erklärtes Lebensziel. Meine Ansicht hat sich verändert, und die Ergebnisse meiner Gedanken und Erfahrungen bestimmen dieses Kapitel.

Was soll das eigentlich sein, die »karmische Bestimmung«? Damit Du sie wollen und schließlich vielleicht auch erreichen könntest, brauchst Du einen Satz gar nicht so selbstverständlicher Glaubenssätze. Sie *framen*⁊ das oben Geschriebene auf andere Weise:

- Du brauchst den fundamentalen Glaubenssatz, dass Deine Geschicke von einer höheren Macht beeinflusst werden.
- Du musst glauben, dass diese höhere Macht Dein Bestes für eine nicht näher bekannte Zielsetzung im Sinne habe.
- Und Du musst glauben, dass dieses »Beste« auch gut für Dich ist und Du es deshalb ebenfalls willst.

**Was passiert, wenn Du nichts tust?**

Interessant wird es, Dir vorzustellen, was passiert, wenn Du nichts unternimmst, um Deine karmische Bestimmung zu erreichen. Oder vielleicht, wenn Du gar nichts von ihrer Existenz weißt, oder wissen willst? Wirst Du dann bestraft?

Strafe ist in unserer europäischen und religionsgeprägten Gesellschaft tief verankert. Unter anderem auch durch die Lehren der großen Kirchen. Tue, was eine höhere Macht befiehlt, und Du wirst dafür belohnt, mit dem Himmel oder einer reichlich großen Anzahl von Jungfrauen. Alles das wurde natürlich interpretiert durch und verordnet von Menschen. Wenn Du nicht folgst, wirst Du bestraft.

Hölle, Teufel, das ewige Feuer. So kommt ein moralisches Denk- und Handlungsgerüst zur Anwendung, das Dir mehr oder weniger diffus eine Art von Wohlergehen verspricht, wenn Du den Regeln folgst.

Diese Grundsätze prägen viele Menschen. Ich frage deshalb die Teilnehmer an meinen Workshops: »Wozu brauchst Du Wissen über Deine karmische Bestimmung?« Die Antwort: »Na, weil ich dann ein glücklicheres Leben habe!« Das ist ein Glaubenssatz, wenn auch kein schlechter. Für mich verweist diese Antwort auf tiefer liegende Defizite im Lebensentwurf. Zum einen spiegelt sich in dieser Antwort das oben beschriebene gesellschaftlich programmierte Moralgerüst. Zum anderen offenbart sich im Untergrund ein unbefriedigender Verlauf des gegenwärtigen Lebensentwurfs. Genau da vermute ich den wahren Grund für die »Suche nach der karmischen Bestimmung«.

Häufige Annahme: Wegen der Nichtbeachtung unsichtbarer Regeln, die mir eine höhere Macht zum Zwecke der Findung meiner Bestimmung präsentiert hat, bin ich in meinem jetzigen Zustand gelandet. Ich bin bestraft worden mit meinem gegenwärtigen Leben. Dieser Zustand gefällt Dir nicht und deshalb willst Du wissen, was Deine karmische Bestimmung ist. Freiwillig würdest Du gerne alles tun, um als Belohnung dafür vom Universum mit einem »besseren« Leben gesegnet zu werden. Wobei dieses »besser« natürlich in Deiner Fantasie wiederum genau definiert ist. Das Universum wird zum Erfüllungsgehilfen Deiner Denkmaschine, die sich aus sich selbst speist.

Ich finde die Logik dieser krausen Gedanken einen großen Schmarrn. Wir Deutschen neigen ja dazu, Autorität zu akzeptieren und als Lebens- und Moralgerüst geradezu zu brauchen. Da kommt eine unsichtbare Macht, die Dein Bestes will, gerade recht. Ich finde, es geht in erster Linie in Deinem Leben darum, es mit Anstand zu leben. Das heißt in meinen Worten: Ein selbstbestimmtes und selbstverwirklichtes Leben zu führen, das die gebotenen Möglichkeiten maximal ausschöpft.

**Was die höhere Instanz dazu sagt**
In diesem Zusammenhang fällt mir die Reflektion eines *Rinpoche*⁷ ein. Anlässlich der Abschlussreise zum *Trainer-Track*⁷ befragte ein Teilnehmer den Wiedergeborenen nach Know-how zum Erreichen der karmischen Bestimmung. Er lächelte versonnen und gab zur Antwort:

»*In jedem Augenblick Deines Lebens realisiert sich Deine karmische Bestimmung, was auch immer Du tust.*«

Er sagte weiter: »Das Wissen um die karmische Bestimmung macht mir Angst! In diesem Leben bin ich ein Mönch, morgen könnte ich Polizist sein und übermorgen ein Soldat, der Menschen tötet. Das will ich gar nicht wissen!« Das gilt auch für Dich! Willst Du wirklich wissen, was Deine karmische Bestimmung ist? Nicht jeder ist zum Albert Schweitzer oder zur Mutter Teresa bestimmt. Vielleicht wird auf dem Weg zur Erleuchtung im nächsten Leben – oder in diesem – ein Despot aus Dir oder ein Taugenichts. Vielleicht wirst Du für die Gemeinschaft geopfert oder es soll Schlimmeres passieren.

Vor vielen Jahre wurde ich zu einem Workshop für angehende Hellseher eingeladen. Meine Einstellung zu diesem Thema war – gelinde gesagt – kritisch. Ebenso waren es die Umstände meiner Teilnahme. Bestandteil des Workshops war eine einstündige Séance mit dem englischen Medium

Margaret Pearson. Sie blickte in meine Zukunft und sagte mir, sie sähe mich auf einer Bühne und vielen Menschen Lebenshilfe (sie sagte »Life Support«) geben.

In der Beschränktheit meiner damaligen Gedanken tat ich diese Nachrichten aus der Zukunft als fantastische Erfindungen einer minderbemittelten Person ab. Mein damaliger Beruf war sehr gut bezahlt und er machte mir Spaß. Wozu also Veränderung? Wie die Dinge im Leben laufen, liefen sie anders, und heute sehe ich diese damalige Sitzung mit anderen Augen.

### Die Wahrheit über Deine karmische Bestimmung

Was will ich Dir mit meinen Ausführungen sagen? Selbst wenn Du Deine karmische Bestimmung kennst, selbst wenn Du nicht mit ihr übereinstimmst, selbst wenn Du sie nicht akzeptierst und nichts tust – sie wird passieren. Das liegt in der Natur der Sache. Damit sind wir wieder beim eigentlichen Thema gelandet. Mein Ratschlag:

> **Kümmere Dich weniger um Deine karmische Bestimmung in einer unbestimmten Zukunft, lebe Dein Leben im JETZT richtig.**

Glückwunsch! Mit dem Lesen des letzten Absatzes hast Du also doch zu Deiner karmische Bestimmung gefunden. Was jedoch ist diese »richtige Lebensweise«? Auch darauf hatte der erwähnte *Rinpoche* eine einfache und einleuchtende Antwort:

*»Schade Dir nicht und schade keinem anderen!«*

Das ist doch auf den Punkt gebracht. Mit dieser Weisheit kann ich die Frage nach dem Ziel meiner Lehren beantworten:

> **Lerne, Dir weniger Schaden zuzufügen und den Schaden zu reparieren, den Du selbst und andere Dir in der Vergangenheit zugefügt haben.**

Vielleicht willst Du darüber nachdenken, ob ein glückliches und selbstbestimmtes Leben auch zu Dir passen würde. Vielleicht kommen dann etwas mehr Klarheit und Ruhe in Dein Leben.

### Wie weiß ich, wenn ich krieg, was ich wollen soll?

*Das Dilemma Deiner Unzufriedenheit.* Es gibt Zeiten, da scheint sich alles gegen Dich verschworen zu haben. Du hast Dir etwas beim Universum gewünscht. Und dann passiert es: Das, was Du willst, stellt Dir das Universum nicht zur Verfügung. Das, was es Dir anbietet, möchtest Du nicht annehmen. Diese Aussage lebt von

- ihren stillschweigenden Voraussetzungen.
- ihren verborgenen Annahmen.
- ihren limitierenden Glaubenssätzen.

In meiner täglichen Praxis treffe ich viele Menschen, die sich in der obigen Aussage wiederfinden:

»Genau so ist es! Was soll ich nur tun?«

### Was ist Wahrheit? Und: Was wäre, wenn …

Folge mir durch den Dschungel meiner Erkenntnisse. Wenn Du eher wissenschaftlich orientiert bist, wird es Dir vielleicht beim Lesen manchmal zu exotisch. Es kann sein, dass Du Dich fragst, ob »das alles« überhaupt stimmt.

Ich komme aus einer anderen Richtung. Meine für mich »wahren« Erkenntnisse stammen aus persönlichen Erlebnissen, aus Büchern und Gesprächen mit Menschen. Für mich passen sie gut in mein Leben. Ich frage nicht, ob ein möglicher Fakt, den ich irgendwo aufgeschnappt habe, »wahr« ist. Wahr nach welchen Kriterien und Erkenntnissen, möchte ich Dich fragen.

Nimm als Beispiel die Entstehungsgeschichte unserer Erde oder die Entstehung des Weltalls. Da findet sich alle paar Jahre eine neue Wahrheit – je nach augenblicklichem Erkenntnisstand der Wissenschaften. Ich überlege, ob die Annahme eines *Glaubenssatzes*↗ und die Verwandlung in »Wahrheit« zu guten oder schlechten Ergebnissen für mein Leben führt. Ich mag nicht glauben, dass mich das Universum für »schlechte« Dinge, die ich getan habe, bestraft.

Ich glaube lieber, das Universum will, dass ich mich bestmöglich entwickle, und es tut alles, mir dies zu ermöglichen. Zu dieser Einsicht komme ich nicht, weil ich eine Wahrheit erkannt, bewiesen oder beigebracht bekommen hätte. Zu dieser Erkenntnis komme ich, weil ich mich gefragt habe:

»Was wäre, wenn …?«

Dieser *»Was wäre, wenn …«-Rahmen*[7] ist eine NLP-Technik und gibt mir die Möglichkeit, neue Glaubenssätze für mich auszuprobieren. Anschließend kann ich Beweise für ihre Wahrheit sammeln. Wenn ich Beweise finde, wird der angenommene Glaubenssatz zur Wahrheit. Diese Strategie ist nicht wissenschaftlich, sie funktioniert allerdings ganz ausgezeichnet. Probiere es aus. In diesem Sinne solltest Du die nachfolgenden Zeilen lesen.

**Wie frei ist Dein freier Wille?**
Mit der Frage nach der Wahrheit haben sich Philosophen seit vielen Jahrhunderten beschäftigt: Gibt es einen freien Willen oder wird Dir Dein freier Wille nur vorgegaukelt? Je nach Denkrichtung soll es dieser freie Wille sein, der uns Menschen von allen anderen Lebewesen unterscheidet.

Die Buddhisten glauben an die Wiedergeburt und, damit eng verbunden, an eine immer wiederkehrende Wiederholung einer karmischen Entwicklung über viele Leben hinweg. Ausgesucht und präsentiert wird sie von einem allwissenden Universum. Es entspricht einer gängigen Annahme, dass das Ziel Deiner Zeit auf Erden eine Art von Lernen ist, die nur mit Deinem physischen Körper möglich ist.

Ich habe keine Ahnung, wie sich dieser Lernprozess in Deinem Leben äußert. Einer esoterischen Ansicht folgend hast Du Dich entschlossen, für Deine Zeit auf der Erde einen wunderbaren Ort voll immerwährender Liebe und Harmonie zu verlassen. Das war Dein Aufenthaltsort vor Deiner Geburt und wird es nach Deinem Ableben wieder sein. Dazu wechselst Du von Deiner energetischen Manifestation in Deinen physischen Körper. Du wirst geboren.

Dann lebst Du Dein Leben mit allen damit verbundenen körperlichen und geistigen Limitierungen. Wie jeder Mensch auf Erden hast Du unterschiedliche Lernerfahrungen zu bewältigen.

**Ein möglicher Grund für Dein Leiden**
Ich habe festgestellt, dass das Resultat »falscher« Entscheidungen in vielen Fällen eine Form von Leid ist. Wenn Du Dich Deiner Entwicklung widersetzt, ist dieses Leid nicht auf Dich beschränkt, es zieht auch andere Menschen in seine unheilvollen Kreise.

**Leid ist das Resultat des Unwillens zur Veränderung.**

Ich habe diese Angst vor der Veränderung früh als dominanten Faktor in meinem Leben erkannt. Eine stille Angst, die viel Ungutes in meinem Leben angerichtet hat. Deshalb widme ich im *NLP-Practitioner*↗ einen ganzen Tag der *Fast Phobia Cure*↗. Statt einfach nur Angst aufzulösen, arbeite ich in der Nachmittagsübung mit der generalisierten Angst vor Neuem. In der abendlichen *Trance-Integration*↗ gebe ich möglichst viele *Suggestionen*↗ zu einer generalisierten und lebensbezogenen Umsetzung der angstauflösenden Strategie.

Damit möchte ich meinen Teil beitragen, Dein Leben angstfreier und glücklicher zu machen. Du musst dazu übrigens nicht den Workshop besuchen. Du kannst Dir auf meiner Webseite Tag 8 des *NLP-Practitioners* ansehen. Kostenlos.

### Wie Du mehr von dem bekommst, was Du willst

Es gibt eine Menge esoterischer Literatur, die behauptet, wenn Du Dir etwas fest genug wünschst, sich die Zahnräder des Universums für Dich zu drehen anfangen. Es steht Dir damit frei, Dir für morgen um 16 Uhr eine Million Euro zu wünschen. Und warum hast Du am nächsten Tag immer noch kein Goldsäcklein vor der Tür liegen?

Tja, das Universum scheint eben das größere Bild für Dich zu sehen. Es achtet darauf, welche Schritte VORHER für Dich nötig sind, damit es Dir Deinen Wunsch erfüllen kann. Entweder Du folgst dem Lehrprogramm des Universums Schritt für Schritt oder nicht. Es mag sein, dass Du Deine Million Euro geliefert bekommst. Aber vielleicht erst wenn Du gelernt hast, mit Geld umzugehen. Vielleicht musst Du vorher Deine Angst loswerden, die Dich glauben macht, Geld wäre die Lösung für Deine Freiheit. Vielleicht musst Du lernen, dass Geld nicht notwendig ist, um das zu bekommen, was im Leben wichtig ist: Glück, Liebe, eine gute Beziehung zu anderen Menschen.

Die meisten Werte kannst Du Dir auch mit einer Million Euro nicht kaufen. Deshalb könntest Du den zweiten Schritt zuerst tun und beginnen, ein Leben zu führen, wie Du es Dir erträumst. Ein teures Auto und eine schicke Handtasche brauchst Du dazu sicherlich nicht. Wenn Du das noch immer glaubst, läuft in Deinem Leben sowieso etwas falsch.

### Erkenne Dich selbst und was Du willst

*»Der Glaube versetzt Berge«* – Dieser Spruch stammt aus der Bibel (Matthäus 21,18–22). Und wenn Du mit wachen

Augen Deine Umwelt in Augenschein nimmst, wirst Du schnell erkennen, dass die Auseinandersetzung über den Glauben einen großen Teil unserer Konflikte ausmacht. Mit dem, was Du glaubst oder was andere Menschen für Dich als »richtigen« Glauben definieren wollen, gestaltet sich Deine Lebenswirklichkeit. Das meine ich nicht nur in religiöser Hinsicht.

Nachfolgend zeige ich Dir, was *Glaubenssätze*⁷ sind und wie Du positive von negativen Glaubenssätzen unterscheidest. Die positiven kannst Du behalten und verstärken, die negativen kannst Du loslassen oder verändern. So bekommst Du mehr von dem, was Du im Leben erreichen willst, und machst Dich widerstandsfähig gegen die Anfechtungen »falschen« Glaubens. Damit besitzt Du eine wichtige Eigenschaft für ein selbstbestimmtes Leben.

### Was sind Glaubenssätze? Eine Definition.

*Glaubenssätze* – oder Überzeugungen, Einstellungen, Meinungen – sind unterbewusste Lebensregeln. Sie entstehen aus der Verarbeitung und Bewertung früherer Erlebnisse und bestimmen Dein alltägliches Verhalten. Im NLP nutzt Du *Glaubenssysteme* zur Veränderungsarbeit. Du begnügst Dich nicht damit, festzustellen, welche Glaubenssätze Du hast, Du willst aktiv daran arbeiten, Deine Glaubenssätze so zu justieren, dass Du im Alltag die meisten Handlungsoptionen hast und die besten Ergebnisse bekommst.

### Arten von Glaubenssätzen

In der Psycholinguistik unterscheidet man drei unterschiedliche Arten von *Glaubenssätzen*⁷:

## 1. GLAUBENSSÄTZE IN BEZUG AUF URSACHEN

Jeder Mensch konstruiert sich Glaubenssätze über die Gründe, wodurch etwas verursacht wird. Du erlebst im Alltag ständig Dinge, die Du mit der bestehenden Informationslage nur unzureichend erklären kannst. Die Antwort, die Du für Dich darauf gefunden oder erfunden hast, ist ein Glaubenssatz. Gerade bei Ereignissen, deren Zustandekommen Du nicht hinreichend erklären kannst, erzeugst Du damit plausible Erklärungskonstrukte. Das sind Glaubenssätze, die meist nur Du für wahr hältst.

**Beispiel: Was hat meine Erkältung verursacht?**
- Weil ich in einen Regenschauer gekommen bin, habe ich mich erkältet.
- Weil ich überarbeitet bin, habe ich mich erkältet.
- Weil ich mich angesteckt habe, habe ich mich erkältet.
- Weil ich mich geärgert habe, habe ich mich erkältet.

Je nachdem, wen Du fragst, können alle Antworten richtig sein.

## 2. GLAUBENSSÄTZE IN BEZUG AUF DIE BEDEUTUNG

Du allein bestimmst die Bedeutung, die bestimmte Erlebnisse für Dich haben. Die meisten Menschen glauben, dass es einen Zusammenhang zwischen einer Ursache und einer damit verbundenen Wirkung geben MUSS. Es muss doch einen Grund haben, dass geschieht, was mit mir geschieht. Ergebnis solcher Überlegungen sind meist Glaubenssätze.

**Beispiel: Was bedeutet es, wenn Du erkältet bist?**
- Bedeutet es, dass Du nicht auf Dich aufgepasst hast?
- Bedeutet es, dass Dein Körper zu Dir spricht?

- Bedeutet es, dass Du ein schlechter Mensch bist und mit Krankheit dafür bestraft wirst?
- Bedeutet es, dass Veränderungen in Deinem Lebensstil anstehen?

Je nachdem, wen Du fragst, können wieder alle Antworten richtig sein.

#### 3. GLAUBENSSÄTZE IN BEZUG AUF DIE IDENTITÄT

Was bewegt Dich dazu, etwas zu tun? Und was bedeutet Dein Verhalten in dieser Situation? Was sind Deine persönlichen Grenzen und Einschränkungen? Glaubenssätze in Bezug auf Deine Identität halten Dich davon ab, Dich zu verändern. Leider bist Du Dir dieser Form von *limitierenden Glaubenssätzen*⁷ oft nicht bewusst.

**Allerdings gilt auch:** Wenn Du Glaubenssätze in Bezug auf Deine Identität veränderst, kannst Du beginnen, ein wirklich selbstbestimmtes Leben zu führen.

**Beispiele für solche Glaubenssätze:**
- Meine Umgebung meint es schlecht mit mir.
- Das Schicksal sendet mir kein Glück im Leben.
- Das Böse in der Welt wird immer stärker.
- Ich bin wertlos und verdiene keinen Erfolg.
- Wenn ich etwas bekomme, das ich will, verliere ich etwas anderes dafür.
- Wenn ich mir gute Gefühle mache, muss ein anderer dafür büßen.

**Negative und limitierende Glaubenssätze entdecken**

Meistens bist Du Dir Deiner Glaubenssätze nicht bewusst. Du hältst Deine Gedanken und Werte für normal. Auch wenn Du damit keine oder falsche Ergebnisse erreichst. Limitierende Glaubenssätze sind ein wichtiger Grund, warum Du nicht erfolgreich, glücklich oder gesund bist. Im Modell von NLP gibt es verschiedene Formate und Techniken, um negative oder falsche Glaubenssätze aufzuspüren.

Zu Beginn möchte ich Dir jedoch vorschlagen, etwas über Dich und Dein Leben herauszufinden. Danach bemerkst Du viel einfacher, was Dich fördert oder hindert, all das zu erreichen. Die Technik nennt man »Das Entwerfen eines Lebensplans«. Ich rate Dir, zuerst einen Lebensplan zu erstellen. Er ist Voraussetzung für die Erforschung Deiner Glaubenssätze. Ein regnerischer Nachmittag oder ein ruhiger Abend eignen sich hervorragend dazu. Das Ergebnis Deiner Übung ist Dein Lebensplan. Eine Liste Deiner Ziele, Träume und Projekte.

**Beispiele:**
- Ich möchte zehn Kilogramm abnehmen.
- Ich möchte in drei Jahren doppelt so viel verdienen wie heute.
- Ich möchte aufhören zu rauchen.
- Ich möchte Englisch flüssig sprechen und schreiben können.

Verborgene Glaubenssätze erfährst Du durch Fragen:
- Was hindert mich, mein Ziel zu erreichen …?
- Warum ist das so …?
- Welche Bedeutung hat das für mich …?

Es lohnt sich, Dir grundsätzliche Fragen in Bezug auf Dein Leben zu stellen und schriftlich zu beantworten:

- Was ist Dir wichtig im Leben?
- Warum ist Dir dies wichtig?
- Warum lebst Du Dein Leben so und nicht anders?

Wenn Du mit diesen Fragen einige Deiner Glaubenssätze herausgefunden hast, kannst Du Dich entscheiden, ob Dir diese Glaubenssätze in Zukunft nützlich sein werden. Glaubenssätze, die Dich hindern, Dich glücklich und erfolgreich zu fühlen, die Dich hindern, an den Erfolg Deiner Ziele zu glauben, solltest Du hinterfragen und verändern. Achte auf *Self-fulfilling Prophecies*, sich selbst erfüllende Vorannahmen. Wenn Du etwas Negatives erwartest, stecken meistens limitierende Glaubenssätze dahinter.

**Beispiel:**
Wenn Du vermutest, dass Deine nächste Gehaltsverhandlung sowieso nichts bringen wird, sind dahinter negative Glaubenssätze verborgen. Sie können in Bezug stehen …

- … auf Deine Leistung (»Ich arbeite zu wenig«),
- … auf Deine Identität (»Ich bin schlecht«),
- … auf die Wertschätzung Deines Vorgesetzten für Deine Person (»Der mag mich sowieso nicht«),
- … zur Frage, ob Du das Geld verdient hast (»Das bin ich nicht wert«).

Wenn Du Deinen Lebensplan erstellt hast und mit den Fragen die dahinter liegenden Glaubenssätze erforscht und aufgeschrieben hast, wirst Du zwei Arten von Glaubenssätzen wahrnehmen: *Solche, die Dir helfen, Deine Ziele und Pläne zu erreichen, und solche, die Dich daran hindern.*

Ich vermute, negative Glaubenssätze, die Dich einschränken und behindern, willst Du verändern. Dazu gibt es einige Möglichkeiten. Eine besteht darin, Dir ein paar wirkungsvolle Fragen zu stellen.

**Einschränkende Glaubenssätze verändern:**
*Neun wirksame Fragen.* Oft verändern sich limitierende Glaubenssätze, wenn Du sie mit ein paar geeigneten Fragen durchdringst und ihre Nutzlosigkeit verstehst. Hier findest Du neun wirksame Fragen, die Robert Dilts[7] an der NLP-University entwickelt hat. Ich habe sie frei übersetzt:

1. Wo und wie schränkt Dich dieser Glaubenssatz ein?
2. Willst Du diesen Glaubenssatz weiter glauben?
3. Bist Du sicher, dass Dein Glaubenssatz wahr ist?
4. Warum ist der Glaubenssatz wahr?
5. Gilt der Glaubenssatz in allen Fällen immer so?
6. Woher weißt Du, dass der Glaubenssatz wahr ist?
7. Was wäre, wenn genau das Gegenteil wahr wäre?
8. Welche Beweise für das Gegenteil kennst Du?
9. Gibt es Menschen, die in der gleichen Situation andere Glaubenssätze haben?
10. Haben sie damit mehr Erfolg?

Du kannst einschränkende Glaubenssätze auch mit einem NLP-Format verändern. Diese Methode solltest Du anwenden, wenn die Fragen aus diesem Absatz nichts gebracht haben.

**NLP-Format zum Verändern Deiner Glaubenssätze**
Glaubenssätze brauchst Du, damit Du Ziele erreichst, die Du Dir im Leben gesteckt hast. In Deinem Lebensplan hast

Du eine Menge Ziele, Wünsche und Träume notiert. Diese möchtest Du erreichen – das kann ich gut verstehen! Hier zeige ich Dir, wie Du mit den Erkenntnissen aus dem Modell von NLP Deine Ziele in die Tat umsetzen kannst. Die einzelnen Schritte mögen Dir im ersten Moment kompliziert erscheinen. Bedenke allerdings, dass Du damit auch eine neue Strategie lernst. Sie umfasst nicht nur Deine Glaubenssysteme, sondern wichtige Schritte für Deinen zukünftigen Erfolg. Dafür lohnt es sich doch, etwas Zeit zu investieren.

**ZIELDEFINITION UND ÖKOLOGIE-CHECK**
Nimm Dir ein beliebiges Ziel aus Deinem Lebensplan, das Du erreichen willst. Bearbeite es mit den Kriterien des *Ökologie-Checks*↗. Damit findest Du die einschränkenden Glaubenssätze in Bezug auf dieses neu formulierte Ziel heraus.

**MIT DEM ZIEL VERBUNDENE GLAUBENSSÄTZE HERAUSFINDEN**
Hier fünf Fragen, mit denen Du einschränkende und negative Glaubenssätze in Bezug auf Deine Ziele herausfindest. Stelle Dir zu Deinem Ziel folgende Fragen:

1. Ist das Ziel wert, erreicht zu werden? Warum?
2. Ist es mir möglich, dieses Ziel zu erreichen?
3. Was muss ich tun, um mein Ziel zu erreichen?
4. Habe ich die Fähigkeiten, mein Ziel zu erreichen?
5. Verdiene ich es, mein Ziel zu erreichen?

Es lohnt sich, die Ergebnisse dieser fünf Fragen schriftlich zu notieren. Ich gebe Dir ein Beispiel. Es ist ein Auszug aus dem Lebensplan eines 24 Jahre alten Mannes.

**Ausgewähltes Ziel**
Ich will meinen Anteil an Körperfett in einem Jahr von 35 Prozent auf 15 Prozent senken.

**ANTWORT FRAGE 1**
Ja, dieses Ziel ist es für mich wert, erreicht zu werden. Damit schone ich meine Gelenke, mein Selbstwertgefühl wird steigen und ich glaube, dass mich damit mehr Frauen attraktiver finden. Die Menschen in meiner Umgebung werden mich bewundern, weil ich so viel Selbstdisziplin aufbringe, und auch in meinem Beruf wird man mir mehr zutrauen.

**ANTWORT FRAGE 2**
Ja, es ist mir möglich, dieses gesteckte Ziel in einem Jahr zu erreichen. Das habe ich mir vorgenommen und als Ergebnis des *Ökologie-Checks* herausgefunden.
   (*Hier könnte auch stehen: Ich glaube nicht, dass es mir in so kurzer Zeit möglich ist, so ein »ehrgeiziges« Ziel zu erreichen.*)

**ANTWORT FRAGE 3**
Dazu muss ich mich mehr bewegen und weniger essen. Mein Plan für mehr Bewegung ist, zweimal pro Woche für eine Stunde zu joggen. Und mein Plan für weniger Essen ist die klassische FDH-Strategie. Zuerst werde ich mich daran gewöhnen, die Menge meines Essens präzise wahrzunehmen. Dazu führe ich ein Mengentagebuch. Und ab nächstem Monat werde ich bei meinen Hauptmahlzeiten nur so viel essen, dass ich gerade satt geworden bin.

**ANTWORT FRAGE 4**
Nein, die Fähigkeiten habe ich noch nicht. Zuerst werde ich mich über Diäten und Essmuster informieren. Ich bin zuversichtlich, dass ich das kann. Dann werde ich mich über Methoden informieren, die mehr Bewegung in mein Leben bringen werden. Ich glaube, dass meine Selbstdisziplin nicht ausreicht, beides zusammen in Angriff zu nehmen.

**ANTWORT FRAGE 5**
Ich wurde seit meiner Kindheit als »FatBoy« gehänselt. Die Welt ist nun einmal schlecht. Ob ich nun fett oder mager bin, mich wird sowieso niemand mögen. Einmal habe ich nun den Ruf weg, der wird mir immer bleiben. Da kann man nichts dagegen tun.

Du hast sicher bemerkt, dass gerade bei Frage 4 und 5 ein großer Erkenntnis- und Veränderungsbedarf sichtbar wird. Du hättest bestimmt bessere Glaubenssätze etablieren oder die negativen Glaubenssätze verändern können. Schau mal, hier kannst Du mit einem einfachen NLP-Format arbeiten:

## Glaubenssatz verändern mit dem Swish Pattern
1. Nimm Dir folgenden Glaubenssatz aus den obigen Fragen vor: »*Die Welt ist schlecht, mich mag sowieso niemand!*« und verändere ihn. Dieser Glaubenssatz dient als Beispiel, Du kannst auch einen anderen nehmen.
2. Versetze Dich in eine Situation in Deiner Vergangenheit, in der Du diesen Glaubenssatz aktiv angewendet hast. Vielleicht erinnerst Du Dich an den Pausenhof,

als Deine Mitschüler Dich hänselten. Wenn Du Dich an keine Situation erinnern kannst, erfinde einfach eine. Das funktioniert erstaunlicherweise genauso gut. Dein Gehirn macht keinen Unterschied zwischen Realität und Vorstellung.

3. Stelle dieses Erlebnis als ein Bild oder einen Film vor Dein geistiges Auge. Es soll eine *dissoziierte*⁷ Vorstellung sein. Du siehst Dich in dieser Vorstellung handeln. Wenn es deutlich vor Deinem geistigen Auge steht, schiebe es circa 30 Grad nach links aus Deinem direkten Fokus.

4. Versetze Dich nun in die gleiche Situation. Aber diesmal stellst Du Dir vor, wie Du Deinen NEUEN Glaubenssatz anwendest. Sage den neuen Glaubenssatz im *internen Dialog*⁷ zu Dir. Beispiel: *»Die Menschen in meiner Umgebung wollen mir Gutes. Sie mögen mich und ich kann dies zulassen!«* Beobachte, wie sich der Verlauf des Erlebnisses verändert. Stelle Dir auch dieses Erlebnis dissoziiert als Bild oder Film vor.

5. Verkleinere dieses Bild auf etwa ¼ der Größe und schiebe es etwa 30 Grad nach rechts, damit Dein Fokus wieder frei wird.

6. Schiebe nun das Bild des ersten (negativen) Erlebnisses wieder in die Mitte und schiebe das zweite, kleineren Bild des (positiven) Erlebnisses darüber, dass es rechts unten, vor dem anderen Bild liegt.

7. Nun kannst Du das eigentliche *Swish Pattern*⁷ anwenden. Dazu vergrößerst Du das positive Bild und verkleinerst gleichzeitig das negative Bild. Dazu kannst Du ein Geräusch machen, das wie Swisshhhhh klingt (aus dem amerik. swish = wechseln). Wechsle die

Größe der beiden Bilder öfters und beliebig schnell hin und her.
8. Nach einigen Wechseln achtest Du darauf, dass das positive Bild groß bleibt. Das negative Bild ist naturgemäß klein. Du kannst es weiter verkleinern, bis nur ein Punkt übrig bleibt. Diesen Punkt kannst Du verschwinden lassen und Deinen alten Glaubenssatz damit dem ewigen Vergessen anheimfallen lassen.
9. Ziehe im nächsten Schritt das positive Bild weiter an Dich heran und *assoziiere*⁊ Dich. Stelle Dir vor, Du steigst hinein und siehst Deine Umgebung wie durch Deine Augen.
10. *Future Pace*⁊: Versetze Dich in die Zukunft, in eine Zeit, wenn Du Dein Ziel mit dem neuen Glaubenssatz erreicht haben wirst. Probiere aus, wie es sich anfühlt, Dein Ziel mit dem neuen Glaubenssatz erreicht zu haben. Was hat sich verändert? Was willst DU noch verändern, damit Du Dein Ziel leichter erreichst?
11. Sieh Dir Deine Zukunft erneut an – diesmal dissoziiert. Betrachte Dich auf einem riesigen Panoramabildschirm im Public Viewing. Achte auf die vielen Betrachter, die Deine Zukunft bejubeln. Sieh Dich, wie Du dort auf der Leinwand strahlst, weil Du wieder einmal so erfolgreich gewesen bist.

**Wer entscheidet Dein Leben?**
Hast Du Dich schon einmal gefragt, woher der Impuls kommen mag, etwas Neues im Leben zu beginnen? Studium, Beruf, Leidenschaften … Kamen all die damit verbundenen Ideen aus Dir selbst?

- Hast Du wirklich alleine entschieden, Deinen jetzigen Beruf oder Dein Studienfach zu ergreifen?
- Was hast Du in Deinem Leben selbst aus Dir heraus entschieden?

Ein Grund für die schleichende Unzufriedenheit vieler Menschen ist die mögliche Fremdbestimmung bei der Entscheidungsfindung. Deine Eltern mögen aus dem Bedürfnis heraus, dass Du es einmal besser haben sollst, wohlmeinende Maßnahmen für Dich getroffen haben. Dieses »besser« entstand aus der Welt Deiner Eltern heraus. Wenn Du Dich selbst verwirklicht und Dein eigenes »besser« erreicht hast, ist es mit dem Verständnis Deiner Eltern oft nicht weit her. Das »besser« der Eltern endet meist an den Grenzen ihrer Vorstellung.

Es gehört also eine Portion Emanzipation und Rebellion dazu, Deinen Lebensweg herauszufinden und ihn zu beschreiben. Deine Eltern sind in ihrer natürlich gegebenen Limitierung nicht das allwissende Universum. Ähnlich verhält es sich mit Deinen Freunden und Lebensbegleitern. Natürlich meinen sie ihre Ratschläge gut. Sie entspringen der Generalisierung und Übertragung einer zufällig erfolgreichen Veränderung. Nach dem Motto: »Was mir geholfen hat, ist auch gut für Dich!« So bist Du also mit der Schule oder dem Studium fertig geworden oder Du hast keine Lust mehr auf Maloche? Viele junge Frauen und Männer hatten bei der Berufs- oder Studienwahl nicht die leiseste Idee, was sie mit ihrem Leben und mit ihrer Zukunft anfangen sollen. Sie lassen dem Zufall freien Lauf und wählen das, was sich ergibt, was naheliegt, was alle machen oder die Eltern raten.

Kein Wunder, wenn nach einiger Zeit der Tätigkeit die Unzufriedenheit wächst. Wenn Du Dich in solch einem Stadium befindest oder Deine Wahl noch nicht getroffen hast, will ich Dir heute ein paar unkonventionelle Tipps geben, wie Du Dich auf einen guten Weg begeben kannst. Sie werden Dir helfen, die richtige Wahl zu treffen. Dann kannst Du eines Tages sagen: »Mein Beruf ist meine Berufung.«

Das Projekt »Berufung« hat ein Ziel: die richtige Tätigkeit für Dich zu finden. »Beruf« kommt von »Berufung« und dieses Wort wiederum von »rufen«. Das Wort trägt die Bedeutung in sich, Deinen inneren Ruf gehört zu haben. Er sagt Dir, dass Du das Richtige tust.

Wenn Du Dein Ziel erreicht hast, wirst Du Deine Tätigkeit nicht als Arbeit empfinden. Du wirst das Gefühl haben, dass das, was Dir Spaß und Befriedigung verschafft, den Vorteil hat, Geld in Deine Kasse zu spülen. Ganz egal, ob Du Arbeitnehmer, Arbeitgeber oder selbstständig bist. Wenn das bei Dir (noch) nicht so ist, kannst Du die Entscheidung treffen, Dich auf den Weg zu machen, die richtige Tätigkeit für Dich zu finden – oder eben unzufrieden und mit Ausreden beladen durchs Leben treiben.

**Vermeide die Elternfalle**

»Ich hatte keine Ahnung, welche Berufslaufbahn ich wählen sollte! Da hab ich einfach gemacht, was meine Eltern mir geraten haben.« Klingt für mich wie eine ziemlich schlechte Idee. Deine Eltern haben bestimmt Dein Wohlergehen im Sinn und wünschen sich vielleicht sogar, dass Du es eines Tages einmal besser haben sollst als sie selbst. Leider erschöpfen sich die Dimensionen dieses »besser« meist darin, was Deine Eltern bedauern, selbst nicht realisiert zu haben. Du sollst dann ihre Defizite ausleben und damit vermeintliches Glück erreichen. Lasse Dich nicht darauf ein. Solche Strategien führen Dich ins Unglück. Erkenne lieber den Holzweg und sprich mit Deinen Eltern darüber.

Schwieriger wird es, wenn Deine Eltern ein gut laufendes Unternehmen führen, das einen Nachfolger sucht und braucht. Vielleicht wurdest Du sogar genau zu diesem Zweck gezeugt. Nun stehst Du vor der Wahl: bequem oder Berufung? Diese Entscheidung wirst Du irgendwann treffen müssen.

**Und was, wenn ich das Falsche tue?**
Am besten hast Du es getroffen, wenn Dir Deine Eltern keine Steine in den Weg legen. Dann liegt es an Dir. Atme tief ein und aus, lehne Dich zurück. Du kannst jeden Fehler machen, der möglich ist, und doch auf dem richtigen Weg sein. Das weiß ich aus eigener Erfahrung.

Ich habe ein Doppelstudium hinter mir, in dessen Bereichen ich nie gearbeitet habe. Meine erste Entscheidung zur Berufswahl führte mich auf die Laufbahn eines Fotografen, bis ich erkannte, dass etwas anderes wichtiger war. Und so weiter. Ich war 35 Jahre alt, als ich zum ersten Mal realisierte, dass das, was ich tat, das Richtige war. Wichtig ist, dass Du erkennst, wenn Du auf dem falschen Weg bist. Schaue mal: Dorthin, wo Du jetzt stehst, bist Du mit den Erfahrungen gekommen, die Du bisher gemacht hast. Nach einiger Zeit in einer neuen Tätigkeit wirst Du neue Erfahrungen gemacht haben, die zu neuen Erkenntnissen führen. Sie führen vielleicht zu einer anderen Entscheidung.

**Zwei wichtige NLP-Grundannahmen**
In diesem Kontext möchte ich Dir zwei der NLP-Grundannahmen ins Gedächtnis rufen. Die erste sagt:

> **Wenn das, was Du tust, nicht (mehr) funktioniert, tue etwas anderes.**

Diese Annahme sagt nicht etwa: Tue das Richtige. Sie sagt, dass Du aktiv werden sollst, etwas anderes tun sollst. Die Aktion ist wichtig – weniger das Ergebnis. Es wäre doch schade, wenn Du aus Angst, etwas Falsches zu tun, gar nichts tust. Oder? Und dann die zweite Grundannahme:

> **Es gibt einen Kontext, in dem jedes Verhalten nützlich ist.**

Woher willst Du wissen, dass das, was Du an vermeintlich nutzlosem Wissen und überflüssigen Fähigkeiten angehäuft hast, nicht irgendwann brauchbar wird?

Es gibt in meinem Leben nichts, was nicht in irgendeinem Kontext später nützlich gewesen wäre. Höre auf, bedauernd in die Vergangenheit zu blicken. Schau lieber mit Begeisterung in die Zukunft. Deine Vergangenheit ist passiert, Deine Zukunft hast Du gestaltend in der Hand.

**Was kann ich selber tun?**
Ich meine, es wäre ein fataler Fehler, passiv und unzufrieden

herumzusitzen und zu warten, bis das Universum endlich beginnt, Dir Vorschläge zu machen. Parallel zum Ausgang des Experiments kannst Du jetzt gleich damit beginnen, jede Menge aktiv zu tun. Am besten, Du beginnst damit, einen Lebensplan zu erstellen. Oft brauchst Du weniger eine Ausbildung als einen Plan, wie Du vorwärtskommst. Ein Bekannter von mir wollte Discjockey werden. Dafür konnte er keine Schule besuchen und verdient damit trotzdem sein Geld. Oder denke nur an die zahlreichen Quereinsteiger, die heute im IT-Bereich tätig sind und sehr gutes Geld verdienen. Dort entwickelt sich die Technik so schnell, dass meist keine Ausbildungskonzepte existieren. Dort sagt man: »Arbeite erst drei Tage, dann sehen wir weiter.« Es gilt:

**Fähigkeit geht vor Papier.**

Die vertikale Durchlässigkeit für Menschen mit Fähigkeiten ist viel größer als noch vor einigen Jahrzehnten. Das haben viele Eltern nicht realisiert. Sie bekommen Panik, wenn sich ihr Kind, ohne fachspezifische Ausbildung, mit Computerzeugs – ein Bereich, von dem sie nicht die leiseste Ahnung haben – selbstständig machen will. Ich sage: Nur zu! Die Erfahrungen können Dir nur nützlich sein.

### Perfektionismus – muss das sein?

*Das immerwährende Streben nach Vollkommenheit.* Gehörst Du zu denen, die ihr Leben vollständig kontrollieren wollen?

»Ordnung muss sein!« ist vielleicht einer Deiner Lieblingssprüche. Natürlich weißt Du auch, was für Deine Mitmenschen das Richtige ist. Die Menschheit braucht jemanden wie Dich, damit sie endlich glücklich wird. Die Lösung für die vielen kleinen und großen Probleme wäre einfach, wenn man Dir nur folgen würde.

Wenn Du bei den vorherigen Sätzen mehr als einmal mit dem Kopf genickt hast, solltest Du dringend weiterlesen. Worüber reden wir? Ist Perfektionismus der richtige Weg zur Vollkommenheit? Oder ist er eher eine Charaktereigenschaft mit oft negativen Ausprägungen? Oder ist er gar eine Krankheit? Unter Fachleuten besteht Einigkeit, dass Perfektionsstreben im Wesentlichen ein gedankliches Konstrukt ist. Perfektionismus entsteht in Deinem Kopf.

Das kann zwei mögliche Ausprägungen haben: Entweder ist es ein immerwährendes *Streben nach Vollkommenheit* oder es äußert sich als übertriebene Angst vor Fehlern. Meist fällt Dir perfektionistisches Streben nicht besonders als negative Charaktereigenschaft auf. »So bin ich einfach«, ist die häufige Selbsteinschätzung. Wenn Du Deinem Partner oder Deinen Kollegen und Freunden genauer zuhörst, wirst Du öfter diesbezügliche Bemerkungen wahrnehmen.

**Bin ich Perfektionist?**
Perfektionismus kann sich, muss aber nicht, als eine psychische Krankheit äußern. Die nachfolgenden Absätze können Dir helfen, zu erkennen, wie perfekt Du sein willst.

1. Wenn ich meine Ziele mit durchschnittlichem Erfolg erreiche, empfinde ich mich als Versager. Ich bin wütend über kleine Fehler, die ich gemacht habe. Fehler sind

der klare Beweis für meine Unfähigkeit. Misserfolge, auch kleine, beschäftigen mich längere Zeit und ärgern mich.

2. Für mich hat alles seinen Platz und seine Ordnung. Wenn nicht, fühle ich mich unwohl. Meine Kollegen und Freunde halten mich deshalb für einen Perfektionisten. Ich habe Schwierigkeiten, mir übertragene Aufgaben an andere zu delegieren, weil nur ich den nötigen Ehrgeiz und die Motivation dafür aufbringe.
3. Von anderen Menschen bin ich oft enttäuscht. Sie handeln einfach nicht so, wie ich es tun würde. Die Welt wäre ein besserer Platz, wenn mehr Menschen ihr Leben nach meiner Erkenntnis gestalten würden. Wenn die Dinge nicht nach meinen Vorstellungen laufen, werde ich schnell ärgerlich.
4. Meine Mitmenschen sind meist besser und erfolgreicher als ich. Wenn ich absehen kann, dass ich eine mir übertragene Aufgabe nur gerade so zu Ende bringen werde, beginne ich sie erst gar nicht.
5. Meine Eltern haben oder hatten eine hohe Erwartungshaltung an mich. In meiner Kindheit musste ich funktionieren. Meine Eltern haben frühzeitig kommuniziert, für welchen Lebensweg ich nach ihrer Meinung geeignet bin. Ich bin diesen Weg gegangen oder gehe diesen Weg, um Konflikten aus dem Weg zu gehen.
6. Obwohl andere mich für meine Arbeit loben, weiß ich, wie viel ich noch verbessern kann. Meine Ziele und Aufgaben plane ich deshalb genau, damit sie perfekt werden. Ich gebe in meinem Leben das Maximum. Oft habe ich deshalb Schwierigkeiten, meine Aufgaben zu Ende zu bringen.

7. Meine Fehler und Misserfolge nehme ich deutlicher wahr als meine Erfolge. Wenn andere mich kritisieren, werde ich schnell emotional. Mittelmaß – speziell bei meinen Leistungen – ist nicht akzeptabel. Jeder Mensch kann perfekt sein, wenn er sich genügend anstrengt. Ich bin oft gestresst und unruhig, wenn ich an meine Projekte denke.

### Wege aus dem Perfektionismus

Wenn Du Dich in den obigen Beschreibungen wiedergefunden hast, kannst Du Dir vornehmen, an Deinem Perfektionismus zu arbeiten. Auch wenn Dir Dein Streben danach nicht übertrieben erscheint, kannst Du es als Aufgabe nehmen, ein kritisches Verhältnis zu beiden Aspekten des Perfektionismus zu bekommen. Es kommt nämlich darauf an, wie Du dieses Streben interpretierst.

Vor Kurzem besuchte ich einen berühmten Maler in seinem Atelier. Auf die Frage, wann er weiß, dass eines seiner Gemälde fertig ist, deutete er auf einen Stapel an der Wand lehnender Gemälde und sagte: »Bei denen habe ich zu viel gemalt! *Die Kunst besteht darin, rechtzeitig aufzuhören.*«
Ja, dachte ich mir, das ist auch im Leben oft die Kunst.

Es ist der schmale Grat zwischen künstlerischer Unperfektion und einer Perfektion, die leblos wirkt. Japaner schätzen das Unperfekte so sehr, dass sie etwas, das einen kleinen Fehler besitzt, mehr Wert beimessen, als einem perfekt gemachten Stück.

> »Es ist die Hoheit, die sich in der Hülle des Unperfekten verbirgt, es ist die herbe Schlichtheit, die dem Verstehenden alle Reize des Schönen offenbart.«   Wilhelm Gundert[7]

Wenn Du zu verstehen beginnst, dass dem Unperfekten ein Reiz innewohnt, bist Du bereits ein Stück weiter. Verstehen ist erst einmal Denkarbeit. Der Drang, ewig an der Perfektion zu feilen, der jedoch kommt von Deinen Gefühlen. Sie tauchen zur unrechten Zeit auf. Meist – um mit NLP zu sprechen – hast Du unselige *Anker*⁷ am Platz. Fühlt es sich schlecht an, wenn etwas unperfekt ist? An diesem schlechten Gefühl kannst Du etwas ändern.

Wenn Du beim nächsten Mal eine Aufgabe fast erledigt hast und Dich im Streben nach Perfektionismus verstrickst, kannst Du Deine Aufgabe als erledigt definieren und »unvollkommen« beenden. Das wird sich nicht gut anfühlen. Du hast jedoch das Bewusstsein darüber gewonnen. Dann kannst Du in den *Submodalitäten*⁷ nachforschen, woraus Deine negativen Gefühle bestehen.

- Wie produzierst Du sie? Ist es Dein *interner Dialog*⁷?
- Laufen Filme vor Deinem geistigen Auge ab?

Was immer Du veranstaltest, produzierst, finalisierst, hat dazu geführt, dass Du negative Gefühle in Deinem Körper generiert hast. Leider bleiben in den meisten Fällen diese Gefühle in Dir. Perfektion ist ja ein nie zu erreichendes, gedankliches Konstrukt. Es ist ein endloses *moving away* von schlechten Gefühlen durch Handlungen. Du wirst nie zu einem Ende kommen, weil die schlechten Gefühle bleiben.

Wie kommst Du nun aus dieser fest verankerten, endlosen Schleife heraus? Eine Möglichkeit besteht in einer *Fast Phobia Cure*⁷. Du findest die Anleitung dazu im Anhang. Durchlaufe sie mit einem Freund, der NLP beherrscht.

## DIE ÜBERTRIEBENE ANGST VOR FEHLERN

Vielleicht meinst Du ja, andere Menschen würden bestimmte Reaktionen von Dir erwarten. Das Gefühl dieser Erwartungshaltung entsteht aus der Angst, andere Menschen würden Dich nicht akzeptieren, wenn Du nicht das tust, was DU DIR vorstellst. Du tust so, als wären Deine Konstrukte die Realität – und handelst danach.

Sieh einem einjährigen Kind zu, das gerade mit dem Laufen beginnt. Es setzt sich hin und denkt nach, was Vater und Mutter wohl von ihm erwarten werden. Dann stellt es sich vor, wie perfektes Laufen funktioniert, und überlegt, dass Vater oder Mutter es nicht mögen würden, wenn es nicht perfekt laufen würde. Und dann bleibt es sitzen ...

Wenn Du jemals einem Kind beim Laufenlernen zugesehen hast, weißt Du, wie viel Nonsens in den Sätzen des letzten Absatzes steckt. Wie oft ein Baby hinfällt, bevor es ein paar Schritte läuft, das sagt Dir jeder Vater und jede Mutter. Fehler sind Bestandteil des Lebens. Sie sind wichtig und gut.

Das ist der erste Schritt für Deine Veränderung: Die Veränderung Deines Glaubens. Und nun praktisches NLP. Tausche die negativen Gefühle Deiner Angst vor möglichen Fehlern gegen viel positivere Gefühle aus. Positiv ist zum Beispiel das Bewusstsein, dass *trial and error, fehlerbehaftetes Lernen*[7], ein sehr hilfreicher Bestandteil Deines Lebens ist. Jedes Mal, wenn Du einen »Fehler« machst, hast Du etwas Wichtiges für Dich gelernt.

Die Menschheit würde ohne diese Eigenschaft nicht existieren. Es gäbe keine Erfindungen. Edison brauchte über zweitausend Anläufe, bis er den Kohlefaden fand, der die Glühbirne zur Folge hatte. Es gäbe keine Fortschritte in der Kunst. Michelangelo kratzte Teile der Decke der Sixtinischen Kapelle wieder ab, weil er lernen musste, wie die Technik der Freskomalerei funktioniert. Du kannst mit eigenen Augen sehen, wie kleinteilig er mit dem Malen auf der gegenüberliegenden Seite des Altars begonnen hat. Am Anfang schaffte er weniger als einen halben Quadratmeter pro Tag und dies nur nach mühseligen Vorzeichnungen. Am Ende waren es zwölf Quadratmeter und er malte einfach direkt ohne Vorzeichnung auf den nassen Putz. Was will ich Dir damit sagen? Selbst große Erfinder und Künstler MÜSSEN Fehler machen. Es wird Zeit für Dich, für Deine Fehler gute Gefühle zu entwickeln.

Das Ankern ist die Technik Deiner Wahl. Bastle Dir einen großen und positiven *Ressourcenanker*⌐. Nutze das *Swish Pattern*⌐, um Deine negativen gegen selbst gestaltete und positive Gefühle auszutauschen. Sei großzügig mit Dir! Wenn es sich gut anfühlt, Neues zu erforschen und dabei Fehler zu machen, wirst Du mehr lernen und mehr Spaß dabei haben.

# KAPITEL 5

Erfolg in Alltag und Beruf

## Wie Du »in die Aktion« kommst

Was nützen Dir Deine guten Vorsätze, wenn es eben dabei bleibt: bei Vorsätzen – den guten. Pläne, Projekte, Träume und Ziele brauchen Aktion. Ich kenne viele Menschen, zu denen vielleicht auch Du gehörst, die keinen rechten Plan haben, wie sie am besten beginnen, das zu realisieren, was sie sich vorgenommen haben. Alles auf einmal anzufangen ist ja auch keine Lösung. Also lasse uns das Thema »Aktion« systematisch angehen.

Ich gehe davon aus, dass Du einen Lebensplan erstellt oder Deine Pläne schriftlich in einer Liste zusammengefasst hast. Du hast Dir Projekte ausgedacht, die Du irgendwann verwirklichen willst. Vielleicht hast Du nicht nur ein Projekt im Kopf, sondern mehrere.

### Priorisiere Deine Aktionen

Wenn Du eine Liste mit Projekten erstellt hast, ist sie auch geordnet? Oder tanzen die größten und kleinsten Projekte wild durcheinander, eben gerade so, wie sie Dir in den Kopf gekommen sind? Jetzt wird es Zeit für mehr Ordnung. Es würde Deine Kräfte übersteigen, alle Projekte gleichzeitig zu realisieren. Du kannst Dich deshalb fragen: Ist Projekt X wichtiger als Projekt Y?

Das Wichtigere rutscht eine Stelle nach oben. Dann kommt das nächste Projekt an die Reihe. Mit dem verfährst Du auf gleiche Weise. So testest Du all Deine Projekte gegeneinander und erhältst am Ende eine nach Wichtigkeit gegliederte Liste. Das wichtigste Projekt findet sich an erster Stelle. Je weiter unten die Projekte stehen, desto weniger wichtig ist die Realisierung.

**TIPP 1**

Erfolgreiche Menschen durchlaufen diese Routine über den Tag hinweg im Kopf und laufen damit weniger Gefahr, sich zu überlasten. Sie fragen:

> »Muss ich das, was sich gerade anbietet,
> auch sofort realisieren?«

**TIPP 2**

Lege Dir eine *»Nice to have and dream about«*-Liste (NTH/ADA-Liste) an. Deine Träume mit realen Projekten zu vermischen bringt nur Unruhe. Solltest Du zeitlich und energetisch Platz haben, kannst Du beliebig viele Deiner Träume zu Projekten machen. Alleine das Aufschreiben von Träumen soll oft schon zu ihrer Realisierung geführt haben.

## Act on it – Die Politik der kleinen Schritte

Gewöhne Dich daran, das, was Du entschieden hast, auch zu realisieren. Plane Dein Projekt schrittweise bis zum Ende. Wie klein können Deine Schritte zum Erfolg sein? Achte darauf, die einzelnen Schritte zum Ziel richtig einzuschätzen. Plane mit kleinen Schritten am Anfang und überprüfe, wie Du damit zurechtkommst. Du wirst schnell herausfinden, wie viele Deiner Projekte Du gleichzeitig anpacken kannst, ohne Dich zu überlasten.

Wenn Du die Entscheidung gefällt hast, ein neues Projekt zu beginnen, beginne SOFORT mit dem kleinsten Schritt. Das gibt Dir und Deinen Gehirnzellen das Signal: Jetzt geht's los! Es ist nicht wichtig, wie groß dieser

Schritt ausfällt, es ist wichtig, dass Du Dein Projekt begonnen hast. Dann kannst Du Dir die nächsten Schritte vornehmen.

**Aktion zieht Aktion nach sich**
Wenn es lahm in Deinem Leben zugeht, habe ich einen Tipp aus fundierter wissenschaftlicher Erkenntnis: Melde Dich in einem Fitnessstudio an. Gehe REGELMÄSSIG hin! Mit regelmäßig meine ich zwei Mal die Woche über einen längeren Zeitraum. Wenn Du körperliche Aktivität in Dein Leben bringst, kommt in anderen Bereichen die Aktivität ebenfalls zu Dir.

Es ist auch wichtig, JEDEN TAG regelmäßig und über einen längeren Zeitraum hinweg körperliche Aktivität zu verrichten. Laufen, Walking, Yoga, Schwimmen, Fitness ... gestalte die Aktivitäten abwechslungsreich. Jeden Tag eine Stunde, für einen Monat, zu Testzwecken. Du wirst schon in der zweiten Woche bemerken, wie Dir in vielen Lebensbereichen die Dinge einfacher von der Hand gehen.

**Mache gute Vorsätze öffentlich**
Vielleicht brauchst Du etwas Psychodruck, damit Du das, was Du Dir vorgenommen hat, auch umsetzt. Dafür gibt es ein paar bewährte Tipps:

▶ Erzähle Deinen Freunden und anderen Menschen von Deinen Zielen und den dazugehörigen Schritten. Beschreibe Deine geplanten Aktionen genau. Du wirst erstaunt sein, wie groß das Interesse daran ist und wie oft Du in Zukunft nach den Fortschritten Deiner Projekte gefragt werden wirst. Das nennt man *soziale Kontrolle*⁊.

- Du kannst einen Schritt weiter gehen: Schließe mit Deinen besten Freunden Wetten ab, dass Du Dein Ziel erreichen wirst. Es kann um kleinere Geldsummen gehen, um milde Strafen und Belohnungen jedweder Art – Deiner Kreativität sind keine Grenzen gesetzt.
- Hänge Dir einen oder mehrere Zettel mit Deinen Projektzielen und dem nächsten Schritt dorthin, wo Du ihn jeden Tag mehrmals siehst. Vielleicht an die Innenseite der Eingangstür, den Spiegel im Bad, die Kühlschranktüre.
- Du kannst Dir den *Future Pace*↗ zur Hilfe holen: Versetze Dich in die Zukunft und stelle Dir vor, Du hättest Dein Ziel bereits erreicht. Nutze alle *Sinneskanäle*↗ und *assoziiere*↗ Dich. Du kannst das entstehende Gefühl *ankern*↗ und hast damit jederzeit einen Motivationsschub parat.

**Belohne Dich und halte Rückschau**

Ich finde es wichtig, dass Du Dich für erfolgreich abgeschlossene Zwischenschritte belohnst. Dein Gehirn lernt damit, dass Erfolg positiv besetzt ist. Einen Lamborghini als Belohnung für den zweimaligen Besuch des Fitnessstudios, das fände ich gewagt. Die Belohnung sollte adäquat sein. Sie kann vielleicht »nur« der Babysitter sein, damit Du mit Deinem Partner einen schönen Abend verbringen kannst. Für ein großes, erfolgreich realisiertes Projekt kannst Du Dir dann gerne Deinen Lamborghini kaufen. Das ist in Ordnung.

Wenn Du Dein Ziel erreicht hast, nimm Dir eine kleine Auszeit. Vielleicht gehst Du spazieren oder in die Sauna. Überlege Dir, wie es war, als Du mit dem Projekt begonnen hast.

- Was hattest Du Dir vorgenommen?
- Hast Du mehr erreicht oder weniger?
- Hast Du länger gebraucht oder kürzer?
- Hat sich während der Realisation Dein Ziel verändert oder ist es gleich geblieben?
- Was hast Du aus dem Projekt GELERNT?

Vielleicht schreibst Du eine kurze »Projektbeurteilung«. Du formulierst schriftlich das Ergebnis der obigen Fragen, WAS DU DARAUS GELERNT HAST oder was Du nicht lernen wolltest. Was wirst Du in Zukunft bei ähnlichen Projekten berücksichtigen? Damit wird es Dir in Zukunft leichter fallen, »in die Aktion« zu kommen. Einen Nachteil will ich Dir allerdings nicht verschweigen: Du wirst damit in Zukunft einen viel aktiveren Lebensstil pflegen. Ungewollte Nebenwirkungen werden ein attraktiveres Erscheinungsbild und ein zuversichtlicheres Auftreten sein.

**Behandle Deine Erfolgsphobie**

Mir ist aufgefallen, wie oft ich das unbestimmte Hauptwort »Erfolg« in meinen Ausführungen nutze. Oft beschreibe ich so das Ergebnis von NLP-Techniken. Sie bringen auf einfache Art und Weise »mehr Erfolg« in Dein Leben.

Beispiel gefällig? Folge mir dazu in die Welt eines erfolgreichen Verkäufers. Unlängst ging ich an einem Modegeschäft vorbei, über dessen Gründer ich positive Dinge gelesen hatte. Neugierig betrat ich den Laden und war von den Preisen schockiert. Ein Pullover für so viel Geld? Das hatte ich so noch nicht gesehen und das waren nicht die Preise, die ich bezahlen wollte.

Das Gespräch mit dem freundlichen Verkäufer verlief erstaunlich abwechslungsreich und nahm dann eine wirklich interessante Richtung. Wir kamen auf das Thema »Verkaufen« zu sprechen. Ich gab meinen Beruf preis und verriet ihm meine Ansichten zum Thema »Erfolg«. Schließlich wollte ich von ihm wissen, ob er einem Menschen ansehen könne, ob er erfolgreich wäre und wie viel Geld er besitze. Seine Antwort:

*»In den meisten Fällen sehe ich sofort, wie jemand mit sich und mit dem Thema Luxus umgeht. Ich habe herausgefunden, dass diese Eigenschaften in direktem Zusammenhang mit seinem Erfolg und der Menge an Geld stehen, die dieser Mensch ausgibt!«*

Seine salomonische Antwort machte mich nachdenklich. Sollte es so sein, dass ein erfolgreiches und glückliches Leben nach außen strahlt und von Menschen, die einen Blick dafür haben, erkannt werden kann? Damit würde Glück ja von ALLEN Menschen bewusst oder unterbewusst wahrgenommen.

Den teuren Pullover habe ich nicht gekauft. Die beste Belohnung waren meine Erkenntnisse. Eine direkte Frage steht am Anfang: Kann es sein, dass sich der Erfolg, den Du hast – oder den Du haben möchtest – auch in Deinem Leben manifestiert? Erfolg ist – nüchtern und mit »den Augen« von NLP betrachtet – das Ergebnis eines Prozesses, der sich aus vielen Schritten zusammensetzt. Es existieren unendlich viele Möglichkeiten und Strategien, damit Du zu gewünschtem Erfolg kommst.

### Angst vor dem eigenen Erfolg

Was wäre, wenn Du, wenn jeder Mensch mit einer Erfolgsphobie behaftet wäre? Als Erfolgsphobie definiere ich jedes

Verhalten, das Dich daran hindert, einen geplanten Erfolg zu erreichen. Ich setze stillschweigend voraus, dass Du weißt, welche Art von Erfolg Du in Deinem Leben erreichen willst.

Du hast Dir nach meinem Ansatz Strategien zurechtgelegt, den Erfolg in Deinem Leben mit mehr oder weniger erfolgreichen Gegenstrategien zu torpedieren. Gründe für dieses Handeln kannst Du viele finden. Alle haben einen gemeinsamen Nenner: Sie machen es Dir schwer, Erfolg in Deinem Leben als Grundvoraussetzung zu etablieren. Im Modell von NLP werden solche Strategien unter dem Namen *Secondary Gain Strategies*↗ geführt. Das sind Handlungen, die Deinen Erfolg aus unbewussten Gründen torpedieren. Hier eine Strategie, diese angenommene Erfolgsphobie aufzulösen:

**SCHRITT 1: STELLE DIE FRAGE**
Frage Dich: Wenn ich ein glückliches und erfolgreiches Leben habe, was habe ich dann? Schreibe das Ergebnis dieser Frage auf ein Blatt Papier. Das kann einer oder mehrere Sätze, Stichpunkte, eine Zeichnung oder Ähnliches sein.

**SCHRITT 2: AB IN DIE ZUKUNFT**
Begib Dich in Gedanken in Deine Zukunft. Wenn Du willst, wandere Deine *TimeLine*↗ entlang oder nutze eine andere NLP-Technik. Merke Dir, WANN GENAU (in Tagen, Monaten, Jahren oder Lebenszyklen) Du Deinen angestrebten Erfolg erreicht haben wirst. Für den Anfang ist es sinnvoll, wenn Du Dir erst einmal die wichtigen Einzelheiten Deines Erfolgs vorstellst. Du kannst die Lebensbereiche

Deines Lebensplanes in Beruf, Partnerschaft, Sport oder Finanzen nutzen.

**SCHRITT 3: DEIN PLATZ IN DER ZUKUNFT**

Wenn Du in Deiner Zukunft angekommen bist, halte einen Moment inne. Sieh Dich um – buchstäblich. Achte darauf, *assoziiert*↗ zu sein. Nimm in Deiner Vorstellung Deine Umgebung durch Deine Augen wahr.

- Was siehst Du?
- Was hörst Du?
- Was fühlst Du?

Stelle Dich in Gedanken vor einen Spiegel.
- Wie siehst Du aus?

Sieh Dich um:
- Wie lebst Du?
- Welche Freunde hast Du?
- Wie verhältst Du Dich?
- Wie ist Dein Tagesablauf?
- Wo (an welchen Orten) verbringst Du gerne Zeit?
- Welche Vorlieben hast Du?

Sammle möglichst viele und detaillierte Informationen über Dich, Dein Leben und Dein Umfeld. Denke daran: Wenn Du schon in Deinen Gedanken beginnst, Dich zu limitieren, wie wird dann eine von Deinen Gedanken gesteuerte Realität aussehen? Du kannst Dir auch einen multisensorischen *Anker*↗ installieren. Das ist ein Anker mit einem Bild, einem internen Dialog und einem Gefühl.

**SCHRITT 4: ZURÜCK IN DER GEGENWART – AUFZEICHNUNGEN**

Schreite nun auf der *TimeLine* zurück in die Gegenwart. Nimm alle Informationen mit in die Gegenwart. Nimm ein Blatt Papier zur Hand und zeichne drei Spalten. Die erste nennst Du »Thema«, die zweite »Vorher«, die dritte »Nachher«. Es geht darum, die wahrgenommenen Veränderungen in der Zukunft zu dokumentieren. Notiere, was Du wahrgenommen hast. Es kann sein, dass sich eine lange Liste ergibt.

**SCHRITT 5: MARKIEREN, ORDNEN, GEWICHTEN**

Markiere alle Bereiche rot, in denen eine Veränderung zu Deinem jetzigen Leben erkennbar wird. Im nächsten Schritt wirst Du die markierten Bereiche nach Wichtigkeit ordnen. Das erleichtert Dir späteres Üben. Eine gute Technik besteht darin, jede erkannte Veränderung auf einer Karteikarte zu notieren und dann die Karten zu ordnen. Sortiere die Karten so, dass die KLEINEN VERÄNDERUNGEN oben auf der Liste landen, die wirklich großen am Ende.

**SCHRITT 6: DESENSIBILISIERE DEINE ERFOLGSPHOBIE**

Wenn Du mit dem Ordnen fertig bist, hast Du genügend Informationen für die weitere Übung. Deine Aufgabe besteht darin, Dich in Situationen zu begeben, in denen Du Deinen Erfolg vorwegnimmst. Ignoriere einfach mögliche Misserfolgsstrategien. Wie beim Monopoly überspringst Du sie und gehst, ohne über »Los« zu gehen, direkt zu den Repräsentationen für Deinen Erfolg. Du verhältst Dich einfach so, als wäre Erfolg schon eingetreten. Höre ich Dich sagen: »Klasse, dann gehe ich morgen zum Autohändler und kaufe mir einen Porsche!« Schön wär's, nicht wahr …?

Dein jetziger Erfolg ist für solche Strategien leider noch nicht geeignet. Zuerst sollte es deshalb darum gehen, ZU DER PERSON zu werden, die Du in Zukunft sein willst. Das muss kein Geld kosten. Beginne mit den kleinen Veränderungen und im Laufe der Zeit – wenn Du Dich an Dein »neues Selbst« gewöhnt hast – gehe zu den größeren Veränderungen über. Lasse mich ein paar Vorschläge unterbreiten, wie Du an Deiner Erfolgsphobie arbeiten kannst.

**SZENARIO 1**

Vielleicht willst Du prüfen, ob Du Dich heute anders kleidest als in Deiner erfolgreichen Zukunft. Womit wir wieder beim Pullover gelandet wären. Wie viele Deiner Bedürfnisse sind programmierte Klischees (Gucci, Prada, Vuitton) und wie viele davon repräsentieren ein legitimes Bedürfnis nach qualitativer Kleidung? Von Alexander von Schönburg stammt der Ausspruch: *»Ich habe zu wenig Geld, um mich billig zu kleiden.«*

Ich komme auf mein Gespräch mit dem Verkäufer zurück. Er sagte, er erkenne stilvolle Menschen an der Art, WIE sie Kleidung tragen – und nicht, WAS sie anhaben. Damit meine ich, dass Du in einem teuren Pullover schäbig aussehen kannst und mit einem preiswerten Pullover einen großen Auftritt hinlegen kannst. Vielleicht brauchst Du überhaupt keine neue Kleidung.

**SZENARIO 2**

Wenn Du an wirklich tolle Erfolgskleidung gelangen möchtest, gibt es jede Menge an Ressourcen, auf preiswerte und originelle Art und Weise an tolle Kleidung zu kommen und damit Deine Flexibilität beträchtlich zu erweitern.

- Flohmärkte
- Secondhand-Läden
- Kleidersammlungen
- Factory Outlets
- Der eigene Freundeskreis
- Tauschbörsen und vieles mehr

**SZENARIO 3**

Du arbeitest an der Desensibilisierung Deiner Schwellenangst. Dann kannst Du es Dir leisten (ich meine nicht monetär), in teuren Boutiquen ein und aus zu gehen und die Wahl zu haben, auch nichts zu kaufen. Nicht, weil Du kein Geld hast, sondern weil Du kein Geld ausgeben willst. Bedenke: Ein Laden bietet Dir etwas an. Er verlangt nicht von Dir, etwas zu kaufen. Natürlich will Dir ein guter Verkäufer das Nichtkaufen so schwer wie möglich machen. Eine freundliche Warnung folgt auf dem Fuße: Dieser Teil Deines Zukunfts-Experiments ist für Fortgeschrittene.

**SZENARIO 4**

Wie sieht es mit einer Tasse Tee oder Kaffee in der Lobby eines teuren Hotels aus? Das kannst Du Dir leisten. Und neues Verhalten kannst Du hier sehr gut lernen. Beobachte einfach erfolgreiche (und vermeintlich erfolgreiche) Menschen:

- Was kannst Du von ihnen lernen?
- Wie behandelt man diese?
- Und wie behandelt man Dich?

Informiere Dich im Internet über traditionelle Mode. Dann kannst Du gleich Deinen Blick schulen, der Dir erfolgreiche

Menschen signalisiert. Ich denke beispielsweise an das
Selbstverständnis, mit dem sich erfolgreiche Menschen im
öffentlichen Raum bewegen. Das kannst Du üben.

**SZENARIO 5 (UPGRADE FÜR MUTIGE)**
Gehe in ein teures Hotel, setze Dich in die Lobby und bestelle ein Glas Leitungswasser mit Eis. Das kostet Dich ein
Lächeln und sonst nichts – wenn Du es richtig machst.

## Wichtige Erkenntnis

Deinen Erfolg nimmst Du durch Deine Ausstrahlung vorweg. Erfolgreich kannst Du überall sein. Du kannst als ein
erfolgreicher Mensch eine Stunde spazieren gehen. Das fühlt
sich großartig an und ist kostenlos. Wichtig sind Ausstrahlung und Gefühl. Wenn Du die unterschiedlichen Szenarien
ausprobierst, kann es passieren, dass sich das Gefühl und
die Ausstrahlung des Erfolgs zu Beginn gar nicht so positiv
anfühlen, wie Du es Dir vorgestellt hast. Die vorgeschlagenen Szenarien haben nämlich mehr Tiefgang, als Du vielleicht vermutest. Mit fortschreitender Übung wirst Du Dich
auf den Weg machen, auch Deine *Glaubenssysteme*↗ zu überdenken und zu korrigieren – ob Du es willst oder nicht. Im
*Ökologie-Check*↗ gibt es ein Prüfkriterium, bei dem Du fragst:

> Was würde passieren, wenn Du Dein Ziel
> JETZT erreicht hättest?

Wie oft, wie lange und wie intensiv sollst Du »üben«? Wie
weit Du Dich aus dem Schneckenhaus Deines jetzigen

Lebens herauswagst, wie schwierig Du Deine Übungen gestaltest und wie oft Du als »Tourist in Deinem zukünftigen Leben« Ausflüge unternimmst, bleibt Dir überlassen. Ich rate Dir, Deine Ausflüge in einem »Tagebuch des neuen Lebens« zu dokumentieren. Erfasse Fragen und Antworten, die sich aus den Übungen ergeben. Es macht einen sehr guten Eindruck, wenn Du mit Füller und Notizbuch in der Hotellobby nachdenkst. Das tun erfolgreiche Menschen.

Bitte lege großen Wert darauf, Dir den Aspekt des Abenteuers nahe zu bringen. Dafür musst Du nicht den Aspekt des Geldausgebens berücksichtigen. Speziell, wenn Du es noch nicht so dicke hast. Es ist eine gute Idee, Deine Experimente mehrmals mit gleichen Rahmenbedingungen zu wiederholen. Du wirst feststellen, dass die Schwellenängste im Zuge der Experimente mit Deinen Szenarien deutlich abnehmen. Es wird Dich übrigens niemand daran hindern, »bewährte« Muster in Dein Leben zu übernehmen. Auch wenn Du meinst, die Zeit wäre noch nicht reif.

### Wenig Aufwand – viel Ergebnis

Mit seinem Bestseller *Überflieger* traf Malcolm Gladwell[7] den Nerv der Zeit. In seinem Buch beschreibt er, dass Du imstande bist, Großartiges zu leisten, wenn Du nur genug Zeit investierst: In 10 000 Stunden zur Weltspitze! Das ist nicht nur imposant, sondern auch sehr einschüchternd. Gladwell mag ja recht haben, aber wie viel Aufwand braucht es, um etwas ein bisschen zu können. Wenn Du nicht zur Weltspitze gehören willst, brauchst Du viel, viel weniger Zeit.

10 000 Stunden üben, um zur Weltspitze zu werden. Das klingt schön und gut, ich finde jedoch, dass es in unserer heutigen, hoch digitalisierten Informationsgesellschaft eher darum geht, relativ schnell zu akzeptablen Ergebnissen zu kommen. Das bringt meine Gedanken auf das *Pareto-Prinzip*⌐.

Das Pareto-Prinzip besagt, dass Du mit 20 Prozent Aufwand bereits 80 Prozent des Ergebnisses erreichst. Das hört sich doch gut an: wenig Aufwand – viel Ergebnis. Wenn Du etwas Neues lernen möchtest, findest Du im Internet eine Menge Information, wie genau Du das tun kannst. Beispielsweise mit der *20-Stunden-Methode*. Du kannst Dich 20 Stunden lang mit einem Thema beschäftigen, das Dich interessiert. Und Du wirst verwundert sein, wie gering die Hürde und wie groß das Ergebnis ist. Ich habe mich umgesehen. Ich weiß, dass Du, wenn Du willst, in 20 Stunden lernen kannst, jeden Popsong mit der Gitarre zu begleiten. Wenn Du es richtig anstellst, sind nur fünf Akkorde und die entsprechenden Griffe notwendig. Natürlich bist Du nicht Jimi Hendrix. Aber wer will das schon sein? Vielleicht willst Du am Lagerfeuer gute Stimmung machen. Dazu reichen 20 Stunden allemal.

Wenn Du eine Sprache lernen willst, verhält es sich ähnlich. Mit 100 Vokabeln im richtigen Kontext kannst Du 80 Prozent einer Sprache durchdringen. Sicher, dann bräuchtest Du vielleicht etwas Flexibilität und eine etwas niedrigere Hemmschwelle im Hinblick auf Deine Professionalität und Deine Perfektion. Wenn Du in der Lage bist, Fehler zu machen, wenn Du Dir jemanden suchst, der die Sprache spricht, und mit ihr oder ihm übst, wirst Du die fremde Sprache dramatisch schnell beherrschen. Lerne ein paar wichtige Vokabeln, sprich mit jemandem drauflos, und Du kannst tatsächlich innerhalb weniger Stunden riesige Fortschritte machen.

Wenn Du eine wissenschaftliche Diskussion führen willst oder wenn Du im fremden Land studieren willst, empfiehlt es sich natürlich, ein paar Worte mehr zu lernen. Überlege Dir einmal: 20 Stunden sind nicht viel. In 20 Stunden kannst Du für Dich Folgendes herausfinden: Macht mir das Projekt, in das ich jetzt gerade Zeit investiere, überhaupt Spaß? Die meisten Menschen meinen, sie müssten 10 000 Stunden bis zur Weltspitze lernen und proben und tun, um herauszufinden: Ups. Eigentlich will ich das gar nicht.

20 Stunden. Mehr sind nicht nötig. Und glaube mir, es gibt Anleitungen für alles im Internet. Ob Du Kuchen backen oder ein Spiel spielen willst, ob Du Gitarre, Klavier, Saxofon oder welches Instrument auch immer lernen möchtest, im Internet wirst Du Deinen Lehrer finden. Und nach 20 Stunden kannst Du entscheiden, ob Du Dich vielleicht nochmals 20 Stunden mit Deinem Thema beschäftigen willst – einfach, weil es Dir Spaß macht?

### Durchhalten trennt die Spreu vom Weizen
Wenn Du Dich entschieden hast, zu welchem Thema Du Dir einen Überblick verschaffen willst, stehst Du vor der Hürde der 20 Stunden. Nicht nur hier, es gibt im Leben oftmals Situationen, in denen Du Deinen eingeschlagenen Weg überprüfen wirst: Aufhören oder weitermachen – oder vielleicht willst Du gar nicht erst beginnen. In der Art, wie Du mit der Realisation Deiner Ziele und Träume an jedem Tag Deines Lebens umgehst, scheidet sich die Spreu vom Weizen.

20 Stunden lernen, regelmäßig ins Fitnessstudio und beim abendlichen Fernsehen Reiswaffeln statt Chips – wie oft hast Du Dir das oder Ähnliches vorgenommen. Und wie oft hast Du es dann doch nicht geschafft. Du kannst eine Menge aus Deinen vermeintlichen Schwächen lernen und Dir eine maßgeschneiderte Strategie entwickeln. Sie hilft Dir, bei Deinen kleinen und großen Lebenszielen durchzuhalten.

**Die Hindernisse positiver Veränderung**
Positive Veränderung ist gar nicht so einfach. Diese Erfahrung hast Du sicher schon gemacht, wenn Du wieder einmal gute Vorsätze gefasst hast. Sei es zu Beginn des Jahres, zum Geburtstag oder zu anderen Zeiten: Endlich vernünftiger essen, etwas Sport treiben und eine Portion mehr Gelassenheit im Job. Das wäre doch ein guter Anfang, nicht wahr?

Klar, der Anfang ist meist leicht. Du stellst den Wecker heldenhaft auf sechs Uhr, damit Du vor dem Frühstück eine halbe Stunde joggen kannst. Du kaufst Reiswaffeln ein und legst sie auf einem Teller bereit. Doch wie lange hält Dein vorbildliches Verhalten an? Bist Du gewappnet für den Fall, dass Deine Motivation nachlässt und die Versuchung, den bequemen Weg zu wählen, wieder stärker wird?

Es ist abzusehen, dass bei Deinen Vorhaben einmal etwas Wichtiges dazwischenkommt. Na ja, einmal das Joggen auslassen, das ist schon okay. Meist bleibt es dann nicht bei diesem einen Mal – schon ist wieder ein guter Vorsatz den Bach runter.

**Meine Frage:** Warum fällt es Dir so schwer, dauerhaft das Richtige im Leben zu tun? **Meine Antwort:** Es liegt an den

Versuchungen des Lebens! Es ist so viel einfacher, im warmen Bett zu bleiben und noch etwas zu kuscheln, als aufzustehen und zu joggen. Eine fette Tüte Chips schmeckt Dir viel besser als pappige Reiswaffeln. Gegen all die wohlschmeckenden Versuchungen steht der dürre Vorteil, den die Vernunft Dir diktiert: weniger Bluthochdruck, bessere Cholesterinwerte, ausgeglichene Energiebilanz. Ziemlich abstrakt, oder?

**Motivation als Retter**
»Gib mir doch etwas Motivation, damit ich meine Ziele erreiche!«, lautet die typische Forderung, wenn die Umsetzung einer Idee Schwierigkeiten bereitet. Ich denke nicht daran, Dir diesen Wunsch zu erfüllen! Natürlich würde ich über genügend Werkzeuge dafür verfügen. Die Grundtechniken im NLP versetzen Dich selbst sehr einfach in die Lage, Dich zu motivieren. Wozu sollen Kräfte von außen wirken, wenn in Deinem Inneren das Chaos der Ausrederitis und Aufschieberitis herrscht? Eigentlich wäre Durchhalten angesagt. Doch wie kann das mit einer unfehlbaren Strategie gehen? Im ersten Schritt kannst Du lernen, die Sypmtome zu erkennen. Wenn sie in Deinem Leben auftauchen, ist das Einschalten Deiner »Durchhaltestrategie« angesagt. Es gibt zwei wichtige Symptome:

**Erstes Symptom: Aufschieberitis**
Aufschieberitis kennst Du vielleicht als *Prokrastination*↗, ein Wort, das der lateinischen Sprache entstammt (*Pro = für* und *crastinum = morgen* – »für morgen«). Den Verlauf einer typischen Strategie für Prokrastination kannst Du an Deinem *internen Dialog*↗ nachvollziehen. Stelle Dir ein Ziel vor, das

Du Dir vorgenommen hast, oder nimm eine Aufgabe, die Dir gegeben wurde. Vielleicht ist es eine Hausarbeit, Deine Doktorarbeit oder die Vorbereitung für einen Vortrag.

Die erste Stufe zündet, wenn Du Dich sagen hörst: »Oh, da ist ja noch viel Zeit!« und Dich einer anderen Tätigkeit widmest. Etwas später zündet die nächste Stufe. »Auweia, jetzt muss ich aber allmählich anfangen, sonst wird die Zeit knapp!« Um dann schließlich bei folgendem Satz zu enden: »Verdammt, wenn ich jetzt nichts mache, bin ich erledigt!«

Dazu gibt es wissenschaftliche Untersuchungen. Man hat Projekte in zehn Zeitteile unterteilt und herausgefunden, dass die meisten Menschen ein Zehntel bis ein Drittel der nötigen Arbeit in die erste Zeitperiode und 90 Prozent der nötigen Arbeit in die letzte Zeitperiode investieren. Das ist dann meist die Nacht davor, je nach Menge der Arbeit.

Eine besonders fiese Variante der Aufschieberitis ist der *moving Timeframe*↗. Du kannst mit dem Bekenntnis »Damit beginne ich gleich morgen!« das gute Gefühl abstauben, Dich zur Umsetzung und zur Aktion entschieden zu haben. Dieser Satz gilt leider am morgigen Tag in gleicher Weise: »Damit beginne ich gleich morgen!« Zwei Ratschläge bringen Abhilfe:

**1. BEGINNE SOFORT MIT DER UMSETZUNG.**

Wenn es auch nur die kleinste Aktivität ist, die Du ausführst, damit Du Dein Ziel erreichst: Du hast bereits mit Deinem Projekt begonnen. Alle weiteren Schritte sind dann reine Planungssache. Wenn ich keine Lust auf das morgendliche Yoga habe, sage ich mir: »Nur ein paar Minuten und eine kleine Übung!« Wenn ich dann begonnen habe, mache ich meist mehr.

## 2. VERTEILE DEINE AKTIVITÄTEN.

Statt mit Gewalt zu versuchen, die ganze Arbeit auf einmal zu stemmen, kannst Du bei Zielen mit längerem Zeithorizont jeden Tag eine kleine Zeitperiode zur Verwirklichung Deiner Ziele verwenden. Beispiel: Ich werde oft gefragt, wie ich es schaffe, neben meinem ausgefüllten Tagespensum jede Menge an interessantem Lesestoff zu bearbeiten. Weißt Du, wie viel Du in der halben Stunde, kurz bevor Du in den Schlaf driftest, lesen kannst, wenn Du es jeden Tag tust? Dieses Buch hat mehr als 500 Seiten. Lies jeden Abend nur für fünf Minuten und Du wirst erstaunt sein, wie viel Du Dir aneignest. Diese Strategie hat nebenbei den Vorteil, dass Du das Aufgenommene mit in Dein Unterbewusstsein nimmst und im Schlaf viel besser verarbeitest und speicherst. Genauso kannst Du mit anderen wichtigen Projekten verfahren. Ich werde Dir allerdings bestimmt nicht den Ratschlag geben, das Faulenzen ganz abzuschaffen. Müßiggang ist eine große Tugend, auch wenn in der Bibel steht, sie wäre der Anfang allen Lasters. Ich meine *bewussten Müßiggang*. Fokussierter Müßiggang ist etwas Wundervolles. Kannst Du einfach nichts tun? Ich meine damit, einfach ruhig sitzen oder liegen und NICHTS tun. Kein WhatsApp, YouTube, Instagram, Facebook usw. Mit dem gehörigen Bewusstsein beim Faulenzen arbeitest Du danach bewusster und mit mehr Motivation an der Verwirklichung Deiner Ziele.

### Zweites Symptom: Ausrederitis

Viele Menschen nehmen die Aufforderung zum Nichtstun als willkommene Ausrede für alle möglichen Arten von Inaktivität. Womit wir beim zweiten Hinderungsgrund für das Durchhalten wären. Du kannst für jede Schwierigkeit eine gute Ausrede für Deine Inaktivität finden. Eine, die Du von ganzem Herzen glaubst und die Du vor Deinen Freunden und Kollegen verteidigst. Hier scheidet sich wieder die Spreu vom Weizen.

Du kannst bei Schwierigkeiten Ausreden finden und in der Inkonsequenz und Inaktivität landen oder Du kannst auftauchende Schwierigkeiten als Optionsgenerator verwenden und Dich zur Aktion motivieren. So handeln erfolgreiche Menschen.

Im Zwiespalt von Aufschieberitis und Ausrederitis zerbröseln die besten Diätvorhaben, Bewegungspläne, Anti-Stress-Programme, Selbstständigkeitsprojekte und überhaupt die meisten Ziele im Leben. Das ist menschlich und kein Zeichen von Charakterschwäche. Längerfristige Ziele stehen im Dauerkonflikt mit schnellen Belohnungen, die sich anbieten. Schlechte Gewohnheiten hast Du über Jahrzehnte trainiert und an Stimmungen und Gefühle geknüpft, die mit dem ursprünglichen Zweck längst nichts mehr zu tun haben. Dass Du zu viel isst, liegt wahrscheinlich nicht daran, dass Du immer Hunger hast. Du isst, weil Du …

- … gelangweilt bist.
- … einsam bist.
- … ängstlich bist.
- … deprimiert bist.
- … gestresst bist.

Nicht anders verhält es sich mit dem Bewegungsmangel: Kaum ein Unbewegter scheut vor Sport zurück, weil er meint, seine Kräfte schonen zu müssen. Du kannst

Dich wappnen und dem Sog der obigen Hindernisse und Deiner wenig hilfreichen Gewohnheiten entkommen. Umarme Deine Schwäche und lerne, sie als menschlich zu akzeptieren.

**Ein paar Gedanken zu Deinem Erfolg im Leben**

Vor einiger Zeit besuchte ich mit guten Freunden einen Filmabend. Wir sahen gemeinsam *Jiro Dreams of Sushi*. Das ist eine Dokumentation über den damals 85-jährigen, angeblich weltbesten Sushimeister Jiro Ono. Ich befasse mich beruflich und aus Interesse mit Motivations- und Erfolgskriterien anderer Menschen. Seine Wertekriterien werden Dich vielleicht interessieren:

- Entscheide Dich für etwas, das Du machen willst. Wenn Dein Vater schon erfolgreich ist, kannst Du nicht entscheiden. Du wirst in seine Fußstapfen treten müssen.
- Arbeite Dein Leben lang hart, mache keinen Urlaub, sei niemals zufrieden und höre nie auf, Dich zu verbessern.

Auf der einen Seite läuft mir eine Gänsehaut den Rücken hinunter, wenn ich ihn voller Überzeugung reden höre. So also ist er erfolgreich geworden? Das sollen die Kriterien des Erfolgs sein? Auf der anderen Seite ist er ja tatsächlich sehr erfolgreich. Soll ich also seine Kriterien übernehmen und mir ein Leben voll Arbeit und Verzicht gestalten? Ich meine, es geht auch anders.

### Woher kommt der Erfolg?

Steve Jobs hat einmal in einem Interview über die Gründe seines Erfolgs gesagt: »Ich bin nur zur richtigen Zeit am richtigen Ort gewesen!« Das besagt eher das Gegenteil von dem, was Jiro sagt. Aus seiner Weltsicht hat Steve Jobs bestimmt die Wahrheit gesagt, und er hat sie gut verkauft.

Meine erste Schlussfolgerung aus diesen beiden Erfolgsgeschichten besteht in der Erkenntnis, dass viele Wege zum Erfolg führen. Wenn Du wählen könntest, für welchen der beiden Wege würdest Du Dich entscheiden? Bestimmt für den von Steve Jobs, den scheinbar einfacheren. Nur, wer ist schon kalkulierbar zur richtigen Zeit am richtigen Ort – und weiß es dann auch?

Neulich gab ich ein Interview zum Thema: »Wie lebst Du glücklich und erfolgreich?« Ich meine, ein glückliches Leben zu führen. Das Gefühl des Glücks ist in mir. Im Modell von NLP nennt man dies eine *intrinsische*↗ Erkenntnis.

Anders verhält es sich mit der Frage nach meinem ER-FOLGREICHEN Leben. Dazu erneut eine kurze Geschichte. In einem meiner *NLP-Practitioner*↗ erzählte ich, dass ich in einer Mietwohnung lebe, fünfter Stock unterm Dach. Ganz entgeistert schrieb mir am nächsten Tag ein Teilnehmer: *»Wie willst Du uns ein erfolgreiches Leben vermitteln, wenn Du selbst in einer Mietwohnung lebst?«*

Nun, ich halte mich für ziemlich erfolgreich in dem, was ich tue. Größter NLP-Practitioner Deutschlands, über viele Jahre erfolgreich mit dem Modell von NLP unterwegs, viele Teilnehmer an meinen Workshops, ein guter Ruf und so viele Rücklagen, dass ich schon seit Jahren aufhören könnte zu arbeiten. Das sind doch durchaus objektive Erfolgskriterien, oder?

**Erfolg in einem glücklichen Leben**

Leider bemisst sich Erfolg im Leben der Menschen verschieden. »Erfolg«, das Wort ist ein Hauptwort, das etwas beschreibt, was Du nicht anfassen kannst. Es ist abstrakt. Im NLP nennt man es deshalb ein unbestimmtes Hauptwort, und darunter versteht jeder Mensch etwas anderes. Für den einen müssen es ein teurer Sportwagen und eine große Villa sein, den anderen macht erst der Besitz einer Jacht erfolgreich. Status ist oft angesagt, damit die Welt auch sieht, wie erfolgreich Du bist. Und wenn jeder »es« sieht, bist Du auch erfolgreich. Das öffnet Tür und Tor für ungehemmten Konsum.

Du merkst vielleicht, worauf ich hinauswill: Wenn Du ein selbstbestimmtes und »freies« Leben führst, ist Erfolg im Leben ein Zustand. Erfolg fühlst Du IN DIR. Du bestimmst wieder einmal, wann Du erfolgreich bist. Je abhängiger Du von der Meinung anderer bist und je mehr Angst Du hast, nicht erfolgreich zu sein oder zu werden, desto mehr werden externe Kriterien – andere Menschen oder die Werbung – Deinen Erfolg im Leben bestimmen.

Nach meiner Erkenntnis, und das meine ich jetzt ernst, brauchst Du Dir über Deinen Erfolg im Leben keine Gedanken zu machen. ERFOLG KOMMT VON ALLEINE. Wie jetzt? Ja, wenn Du ein glückliches Leben führst, bilden sich in Dir eigene Kriterien für Deinen Erfolg. Der Rest ist dann weniger wichtig. Ein erfolgreiches Leben auf der Basis eines glücklichen Lebens ist darüber hinaus nur wenig von Geld abhängig.

Mir ist aufgefallen, dass sich jede Minute an jedem Tag der Woche unendlich viele Möglichkeiten ergeben, auf diese Art und Weise erfolgreich zu sein. Die Frage ist:

»Kannst Du diese Möglichkeiten erkennen?« Meine Antwort, wieder einmal: »Ja, wenn Du glücklich bist!«

## Schritte zu mehr Erfolg

Wenn ich Dir einen Ratschlag oder eine Strategie vermitteln sollte, wie Du erfolgreich durch ein glückliches Leben werden kannst, würde ich Dir sieben einfache Schritte empfehlen.

**1. FÄLLE DIE ENTSCHEIDUNG**

Am Anfang jeder Veränderung steht die bewusst getroffene Entscheidung nach dem Motto: »Ja, ich will in Zukunft mein Leben selbst in die Hand nehmen!«

**2. ÄNDERE DEINE PERSPEKTIVE**

Beginne damit, Gründe und Beweise dafür zu finden, dass Du bereits glücklicher und erfolgreicher im Leben bist, als Du eigentlich annimmst. Diese Strategie kennst Du schon aus anderen Kapiteln dieses Buches.

**3. SOZIALISIERE DICH**

Der Mensch ist ein Herdentier und kann alleine nicht glücklich sein. Du BRAUCHST Freunde. Gute Freunde.

**4. ARBEITE AN DER AUFLÖSUNG DEINER ÄNGSTE**

Das größte Hindernis für Deinen Erfolg im Leben sind Deine Ängste. Weniger Angst bedeutet mehr Flexibilität. Mehr Flexibilität bedeutet mehr Optionen. Mehr Optionen bedeuten: Du kannst Dir den für Dich besten Weg wählen. Wie *Fast Phobia Cure*↗ funktioniert, erfährst Du in diesem Buch!

### 5. SCHÄRFE DEINE WAHRNEHMUNG

Wie abenteuerlich und intensiv Du Dein Leben wahrnimmst, hängt weniger von Deinen Erlebnissen ab, als vielmehr davon, WIE Du diese Ereignisse wahrnimmst. Kennst Du Travnicek, die fiktive Figur eines Wiener Kabaretts? In der Geschichte »Travnicek im Urlaub« (anzuhören auf YouTube) wünscht er sich sein ganzes Leben lang, nach Rom zu fahren und die Ewige Stadt zu besuchen. Schließlich erfüllt sich sein Wunsch und er ist dort angekommen. Du hörst ihn sagen: »*Stoana, lauta Stoana, Ruinen, wo i hinschau. Des is Rom, die Ewige Stood. Wann mi des Reisebüro net vermittelt hed.*« Die Übersetzung überlasse ich Deiner Fantasie.

### 6. TUE MEHR VON DEM, WAS FUNKTIONIERT

Dieser Ratschlag erklärt sich von selbst. Vielleicht eins: Nutze regelmäßig ruhige Stunden, und denke darüber nach, was in Deinem Leben wirklich gut funktioniert. Schreibe die gewonnenen Erkenntnisse in Dein Tagebuch.

### 7. LEBE GLÜCKLICH UND ZUFRIEDEN

Vielleicht bist Du mit dem Lesen hier angelangt, verschränkst innerlich die Arme vor der Brust und und denkst Dir: So einfach kann das alles ja gar nicht sein! Dazu möchte ich Dir den ehrwürdigen Geheimrat Johann Wolfgang von Goethe in Erinnerung rufen. Er war ja ziemlich erfolgreich. Er sagte:

> »Der Weg zum Erfolg hat drei Buchstaben: TUN.«

**Erfolg durch Handlung: Act on it**

Ich hab mal bei meinen *Trainern* gefragt: »Leute, wollt Ihre eine Hausaufgabe?« Die Antwort war: »Ja.« Dann hab ich die Hausaufgabe beschrieben: »Ich nenne Dir ein Gemälde, Du informierst Dich und machst eine klassische Bildbeschreibung zu diesem Bild. Im Internet findest Du genügend Quellen zum Recherchieren. Kein Copy & Paste, schreibe mit Deinen eigenen Worten. Wer wird das machen?«

Alle haben die Hand gehoben. Jeden Einzelnen habe ich gefragt: »Du willst es also machen? Bis wann kannst Du die Aufgabe fertig haben?« Von jedem Einzelnen habe ich unterschiedliche Daten bekommen, zwischen einem Monat und vier Monaten. Jeder hat gesagt, er werde die Bildbeschreibung bis zum genannten Zeitpunkt erstellt haben.

Was glaubst Du, als alle Zeitabschnitte abgelaufen waren, wie viele hatten die Bildbeschreibung wirklich gemacht? Kein. Einziger. Null.

Rate, wer von dieser Übung am meisten profitiert hat? Richtig: Das war ich. Ich habe nämlich kapiert, dass der Unterschied zwischen Menschen, die etwas werden, und Menschen, die nix werden … die Selbstdisziplin ist. Zu sagen: »Okay. Das werde ich machen.« Und es dann auch zu tun.

Was immer Du Dir vornimmst, was für abstruse Projekte Dir jetzt vielleicht vorschweben, die Du später realisieren willst: Schreibe sie Dir auf. Lasse sie eine Zeit lang liegen und dann entscheide. »Will ich das wirklich realisieren oder will ich das nicht?« Und wenn Du willst, dann mache es auch. Niemand hat Dich dazu gezwungen. Du wirst nicht immer zum Erfolg gelangen. Aber wenn Du Dir die grundsätzliche Arbeitsmethode des ACT ON IT angewöhnst, dann bist Du mit den Erfolgreichen dieser Welt auf einer Stufe.

Damit Du herausfinden kannst, ob und wie meine »Rezepte« den Erfolg in sich tragen, den Du Dir wünschst, wirst Du dranbleiben müssen und glücklich werden. Vielleicht eine Erkenntnis zum Schluss:

> Ein glückliches Leben ist immer erfolgreich.
> Ein erfolgreiches Leben ist nicht immer glücklich.

**Gute Entscheidungen – Dein Schlüssel zum Erfolg**

Ohne Lernen geht es nicht im Leben. Ob als Erwachsener oder als Heranwachsender, viele Menschen müssen im Leben mehr lernen, um ihre Ziele zu erreichen. Wenn Du mehr und schneller lernen möchtest, kannst Du an den Schulkarrieren von Einserschülern ablesen, wie dies jungen Menschen gelingt. Nur, welches sind die wichtigen Entscheidungen, die Dich zum Ziel führen?

Ich möchte Dir kurz die Geschichte von David Weinstock erzählen. Vielleicht kennst Du seinen Namen oder hast ihn in der Zeitung gelesen. Zwei Jahre vor seinem Abitur war er ein Schüler, weit schlechter als der durchschnittliche Schüler auf seinem Gymnasium. Er schrieb Vieren und Fünfen in seinen Arbeiten und ging seinen Lehrern und seinen Eltern gewaltig auf die Nerven. Eine weitere – kleine – Verfehlung hätte den Hinauswurf aus der Schule bedeutet. Ein typischer Null-Bock-Pubertierender also – wie so viele.

### Es geht auch anders
Sprung nach vorne: Nach seinem Abitur mit Schnitt 1,0 studiert der gleiche Schüler nun das Fach Business Administration an einem privaten College in Berlin. Wie hat er das gemacht? Ich bin überzeugt, jeder heutige Null-Bock-Durchschnittsabiturient und jeder unmotivierte Erwachsene würde viel darum geben, Zugang zu seinen Strategien und Rezepten zu bekommen. David Weinstock hat über seine Strategie eine kleine Fibel geschrieben: *Schluss mit Ungenügend!* Sie gibt Dir eine genaue Anleitung, wie Du es anstellen kannst, erfolgreich zu lernen. Die Formel ist einfach, leider gibt es keine Abkürzungen. Lernen, Strukturieren, Pauken – das ist sein Geheimnis.

Die viel wichtigere Frage: Was unterscheidet den erfolgreichen David Weinstock von all den anderen mittelmäßigen Schülern? Ganz einfach.

Er hat eine Entscheidung getroffen. In einem Interview berichtet er, dass er in einer ruhigen Minute das Gefühl hatte, aus seinem Körper herauszutreten. Er sah sein Leben vor sich ausgebreitet. Er sah den Weg, zu jemandem zu werden wie so viele andere, die den Tag damit verbringen, sich über unzureichende Hilfen zu beklagen, und anderen die Schuld für ihre eigene Faulheit geben (klassisches *Future Pacing*[↗]).

### Ist das nicht eine Menge an Arbeit?
Und er sah den anderen Weg – nämlich mit Disziplin und Arbeit zum Erfolg zu gelangen. Wörtlich sagte er: »Ich

entschied mich, dass ich den Erfolg in der Schule zu meiner obersten Priorität mache und alles andere hintenanstelle!« Am Anfang waren es vier bis fünf Stunden Arbeit täglich. Es gab viel Stoff nachzulernen. Aber bereits nach einem halben Jahr reduzierte sich die Arbeit auf etwa ein bis zwei Stunden täglich. Es kam so weit, dass er nebenher sein kleines Buch schrieb, eine Internetfirma (für den Vertrieb gebrauchter Golfbälle) gründete und trotzdem »massig Freizeit« übrig hatte. Ich zitiere ihn weiter:

»Ich wusste aber, dass ich auf der Stelle mit all meinen netten Freizeitaktivitäten aufhören würde, sobald meine Leistungen in der Schule nachließen!«

**Ist Erfolg im Leben etwas für Dich?**
Es ist also wie überall im Leben: Harte Arbeit und Selbstdisziplin sind einmal mehr der Schlüssel zum Erfolg. Tut mir leid, wenn das für Dich eine schlechte Nachricht ist. Das gilt auch für Dich – oder finde wie so oft jemanden, der Schuld an Deiner Faulheit und Deinem Mangel an Selbstdisziplin trägt. Hätte, wollte, könnte, würde, sollte ... Sind das Worte, die Du oft benutzt? Was immer Du Dir erträumst oder als Deine Ziele formuliert hast, am Beginn Deiner Projekte wird Dir nichts anderes übrig bleiben:

Du musst Deine Entscheidung treffen.

In der Zeitung las ich kürzlich von einer Studie mit der Überschrift: Warum Kinder ostasiatischer Migranten (Vietnam und Korea) bessere Noten in der Schule haben als Kinder arabisch-stämmiger Migranten (Türkei, Iran, Irak). Die Ergebnisse laufen darauf hinaus, dass die familiär kommunizierte Wertestruktur des ostasiatischen Kulturkreises die Notwendigkeit harter Arbeit und Selbstdisziplin vermittelt. Kinder aus dem arabischen Kulturkreis werden in ihrer Phase des Erwachsenwerdens meist alleine gelassen. Das macht sie auch so anfällig für politisch motivierte Anwerbungen. Jeder junge Mensch braucht Anerkennung, Lob und Bestätigung. Dafür arbeitet er gerne hart.

**Dein Weg im Leben**
Ich finde es interessant, dass wir Deutschen im Ausland als strukturiert, diszipliniert und organisiert gelten. Gilt das noch? Bekommt die jüngere Generation diese »typisch deutschen« Werte noch in genügendem Maße vermittelt?

Es kann Dir egal sein, was andere Nationen und andere Menschen tun oder sagen oder wie sie Dich beurteilen. Wenn Du »etwas werden willst«, wirst Du Dich darum kümmern und eine Entscheidung treffen MÜSSEN. Es nützt Dir nichts, den nicht vorhandenen Vater, die vermeintlich schlechten Lehrer oder den Staat für Deinen Mangel an Entscheidungskraft, Disziplin und Durchhaltevermögen verantwortlich zu machen. Überlege es Dir! Wenn Du etwas werden willst, wenn Du hoch gesteckte Ziele erreichen willst, wirst Du ZUERST Deine Entscheidung treffen müssen.

**Gute Entscheidungen bestimmen Dein Leben**
Über den Tag hinweg triffst Du etwa 20 000 Entscheidungen. In Worten: ZWANZIGTAUSEND. Viele dieser Entscheidungen triffst Du automatisch und unbewusst. Ich liebe klassische Musik und gehe öfters ins Konzert. Danach habe ich oft einen kleinen Hunger und freue mich, ein Stück Pizza vorne in der Pizzeria an der Ecke zu essen. Ich sitze auf der Bank und erlebe oft großes Kino. Neulich

beispielsweise: Ein nachlässig gekleideter Mann stand vor mir am Tresen und sprach, mehr mit sich selbst als mit dem Pizzabäcker: »Immer nur Pizza ist auch scheiße. Aber was will man für fünf Euro schon groß anderes essen. Margherita – ist bestimmt schon kalt. Funghi – nicht schon wieder. Salami – viel zu scharf, bekommt meinem Magen nicht. Na, dann ess ich halt wieder mal Rucola mit Mozzarella. Hallo, gibt's denn hier keine Bedienung? Was ist denn los hier?«

So ging das, zu meiner Belustigung, einige Zeit lang. Nachdem der Mann seine Pizza erhalten hatte, bekam ich meine und landete neben ihm auf der Bank. Sofort ging es weiter mit seiner Litanei. Er erzählte mir ungefragt, wie schlecht die Welt doch sei. Ihm bliebe keine andere Alternative, als täglich entweder Pizza, Döner oder Currywurst zu essen. Gesund sei das bestimmt nicht, aber der Staat kümmere sich ja nicht richtig um die Hartz-IV'ler und so weiter und so fort … Ich erspare Dir den Rest.

**Das Positiv-Beispiel**
Viel interessanter wurde es, als er den Laden verlassen hatte. Ich war bereits am Aufbrechen, als ein dunkelhaariger junger Mann die Pizzeria betrat. In gebrochenem Deutsch fragte er, ob der Pizzabäcker vielleicht Englisch spräche, was der bejahte. Folgende Konversation entwickelte sich:

»Ich habe bei Google nachgeschlagen und hier soll es die beste Pizza im Umkreis geben, stimmt das?«

»Ja, das sagen viele Leute, die zu uns kommen.«

»Also gut, dann probiere ich es aus. Wie viele Stücke werden denn im Durchschnitt gekauft?«

»Bei großem Hunger drei, sonst zwei.«

»Dann nehme ich zwei. Welche ist denn die frischeste?«
»Die Margherita kam gerade aus dem Ofen!«
»Dann ein Stück davon – und welche Pizza schmeckt Ihnen am besten?«
»Die Thunfisch mit Lauch!«
»Gut, dann nehme ich noch ein Stück davon!«

Er kam neben mir zu stehen, und diesmal begann ich die Konversation: »Sagen Sie mal, welche Nationalität sind Sie denn?«

»Na, raten Sie mal!«

»Sie sind Israeli, gerade vom Militär entlassen und haben sich entschieden, lieber länger nach Berlin zu fahren als kürzer nach Nepal.« Er erblasste. »Woher kennen wir uns, wann haben wir uns schon einmal getroffen?!« Ab diesem Augenblick wurde unser Gespräch interessant. Doch hier geht es darum, gute Entscheidungen zu treffen, nicht ums Gedankenlesen.

Wie ich die Hintergründe des jungen Mannes »erraten« habe? Ich weiß zum Beispiel, dass Angehörige des israelischen Militärs ausgebildet werden, schnell gute Entscheidungen zu treffen. Das Wissen um gute Entscheidungen ist für den Ernstfall gedacht, und natürlich betrifft es auch die Entscheidungen im Alltagsleben. Weiter: Die Sprachfärbung des jungen Mannes gab mir Hinweise auf seine israelische Herkunft. Und ich weiß, dass alle jungen Menschen seines Alters in Israel zum Militär eingezogen werden. Und schließlich: In Nepal, während des *TrainerTracks*⁷ kommen wir oft ins Gespräch mit frisch entlassenen Militärs aus Israel. Ich höre, dass es nur wenige Reisealternativen für sie gibt. Entweder nach Nepal oder eben Berlin, weil beides billig ist.

Zurück zum Thema »Entscheidungen«. Ist es nicht lehrreich, zwei so unterschiedliche Typen nacheinander in einer Pizzeria zu treffen? Die Handlungen der beiden ließen mich über mehrere Tage hinweg nicht los und regten mich zum Nachdenken an. Wenn Du nur bei den Erlebnissen in der Pizzeria bleibst, ist es interessant, wie jeder der beiden zu seinem Essen kam. Wollte ich die Strategien der beiden zusammenfassen, käme mir im ersten Falle der Begriff *»treiben lassen und klagen«* in den Sinn und im zweiten Falle *»zielführend fragen und entscheiden«*.

Vielleicht käme es mir auch in den Sinn, die erste Entscheidungsstrategie als »emotional« und die zweite als »rational« zu benennen. Komisch, dass der Israeli gut gelaunt und EXTROVERTIERT, der Grummelbär eher INTROVERTIERT und schlecht gelaunt war. Können diese Beobachtungen etwa für Dein Leben und für Deine Entscheidungen Konsequenzen haben? Ja: Gute Entscheidungen triffst Du mit guten Gefühlen. Das ist der erste Grundsatz der Entscheidungsfindung. Wenn Du eine Entscheidung treffen willst, sorge dafür, dass Du währenddessen die besten Gefühle hast, derer Du habhaft werden kannst. In diesem Buch habe ich Dir zahlreiche Möglichkeiten dazu gezeigt. Hier fasse ich nur kurz zusammen, welche NLP-Techniken Du nutzen kannst:

▶ *Ressourcenanker*↗
▶ *Selbsthypnotische Suggestionen*↗
▶ *Submodalitätenveränderungen*↗

Das bedeutet auch, dass bei einer Überprüfung Deiner Entscheidung erneut gute Gefühle präsent sein sollten. Wenn Du Dich für einen Partner im Überschwang GUTER Gefühle entschieden hast, weißt Du, dass dies eine gute Entscheidung war. Dann ist es bestimmt keine gute Idee, bei der ersten Auseinandersetzung im Überschwang der SCHLECHTEN Gefühle genau diese Entscheidung zu revidieren. Ich schlage Dir folgenden *internen Dialog*↗ vor: »Na gut, ich fühle mich jetzt scheiße. Daran bin ich selber schuld. Ich treffe allerdings keine Entscheidung, bis ich wieder gute Laune habe!«

Viele Menschen treffen wichtige Entscheidungen nach dem Motto: »Ich kann ja nur …!« Sie beachten dabei nicht, dass sie bereits unbewusst aus einer Vielzahl von Optionen eine ausgewählt haben. Diese präsentieren sie dann als einzig mögliche Alternative. Du weißt, dass erfolgreiche Menschen VOR jeder Entscheidung eine möglichst große Zahl an Optionen generieren. Durchaus unrealistische und seltsame, auf den ersten Blick vielleicht sogar widersinnige Möglichkeiten. Ich habe einmal einen Multimillionär und Besitzer von acht Firmen gefragt, wieso er dies tut. Seine Antwort: *»Ich schalte damit mein Möglichkeiten-Gehirn ein! Über die sinnlosen Alternativen entdecke ich oft Optionen, an die ich anders nie gedacht hätte!«*

### Die richtigen Fragen zur Entscheidung

Viele Optionen zu finden, das ist relativ einfach. Wie findest Du dann zu der einen Option, die Du auswählst? Du wirst die gefundenen Optionen für Dich bewerten. Dabei helfen Dir vier Fragen:

- ▸ Was wird passieren, wenn ich es entscheide?
- ▸ Was wird nicht passieren, wenn ich es entscheide?
- ▸ Was wird passieren, wenn ich es nicht entscheide?
- ▸ Was wird nicht passieren, wenn ich es nicht entscheide?

Bevor Du Dich entscheidest, brauchst Du vielleicht eine Ahnung davon, WAS Du erreichen willst. Im Falle des jungen Israeli könnte seine Antwort gelautet haben: »Ich bin in einer fremden Stadt, habe Hunger, möchte etwas Leckeres essen und wenig Geld dafür ausgeben. Welche Möglichkeiten habe ich?« Das klingt doch richtig gut. Mache es Dir zur Gewohnheit, was Du entscheiden willst in einem ganzen Satz im Gehirn zu formulieren.

**Entscheidungsstrategien am Beispiel »Gutes Lokal«**
Wenn ich auf Reisen bin und in einer fremden Stadt ein Lokal suche, nutze ich unterschiedliche Strategien. Ich stelle Dir zwei vor. Sie zeigen Dir, dass es viele Wege gibt, zu einer Entscheidung zu kommen.

**1. DIE KREUZRECHERCHE**
Du kannst das Internet konsultieren und eine Kreuzrecherche machen. Das heißt, Du vergleichst Empfehlungen aus unterschiedlichen Richtungen und verifizierst sie damit. Du kannst auf Tripadvisor nachsehen, welches für das beste Restaurant in Berlin gehalten wird. Da werden Dir Lokale angezeigt, von denen ich nie etwas gehört habe – und ich lebe seit fast 30 Jahren in dieser Stadt. Du findest bei Tripadvisor eher Antwort auf die Frage: »Welches Lokal hat die beste Marketingstrategie für Listings bei Tripadvisor?«

Suche deshalb im Internet mindestens zehn Empfehlungsportale auf und das geeignete Lokal heraus. Akkurater sind Kritiken unabhängiger Tageszeitungen. Vielleicht ist es eine gute Übung für Dich, im Internet das für Dich beste Lokal in Berlin herauszufinden und bei einem Besuch die Qualität Deiner Strategie zu testen. Das nennt man in NLP *kalibrieren*↗.

**2. HERUMSTROMERN**

Eine weitere Strategie kann es sein, eine belebte Gegend aufzusuchen und so lange herumzulaufen, bis Du ein Lokal findest, das zur Essenszeit bestens besucht ist. Diese Strategie hat leider den Nachteil, dass öfters kein Tisch mehr zu bekommen ist.

Du kannst dann gleich lernen, die Speisekarte eines Restaurants »richtig« zu lesen. Achte darauf, ob mehr Standards oder eher außergewöhnliche Gerichte die Speisekarte dominieren.

## Wichtige Kriterien einer Entscheidungsstrategie

Im Modell von NLP sind Prozesse wichtig. Prozesse beschreiben, wie ein Geschehen in Einzelschritten abläuft. Im Falle Deiner Entscheidungen kann es erhellend sein, darüber nachzudenken, wie Du zu Deiner Entscheidung kommst. Von Schritt 1 bis Schritt N.

Ich schreibe Dir hier ein paar Punkte auf, von denen ich glaube, sie wären für eine Entscheidungsstrategie wichtig. Jede Entscheidungsstrategie ist unterschiedlich, deshalb kann auch die Reihenfolge unterschiedlich sein. Vielleicht willst Du ein Haus kaufen? Dann brauchst Du eine andere Entscheidungsstrategie als bei der Beantwortung der Frage, ob Du Deinen Partner heiraten willst.

**INFORMATIONEN SAMMELN UND AUSWERTEN**

- Ressourcen auflisten oder besorgen
- Alternativen und Optionen zu Deiner Entscheidung finden

- Ziel festlegen (wo willst Du hin?)
- Ergebnisse durch die *Repräsentationsebenen*↗ testen:
  - Wie sieht das Ergebnis aus?
  - Wie fühlt sich das Ergebnis an (wichtig)?
  - Was sage ich oder was sagen andere dazu?
- MindMap mit allen Optionen und Ressourcen anfertigen
- Mindestens eine Nacht darüber schlafen
- Mit Freunden und/oder Mentoren über die Entscheidung sprechen

**Gute Entscheidungen schneller und einfacher treffen**

Eine Entscheidungsstrategie ist ein in einzelne Schritte gegliederter, sequentiell ablaufender Prozess, der die Wahlmöglichkeiten für Handlungen in Bezug auf ein gesetztes Ziel eingrenzt. Er führt am Ende zu einer oder mehreren Aktionen, die dazu beitragen, Dein Ziel zu erreichen.

Eine Entscheidung läuft also als Prozess in einzelnen Schritten in Deinem Kopf und auch in Deinem Körper (Gefühle) ab. Im Modell von NLP hat man Strategien von Menschen analysiert, die häufig gute Entscheidungen treffen. Dann hat man sie bearbeitet und anderen Menschen zugänglich gemacht. Diese Technik heißt *Modelling*↗. Eine Möglichkeit, den Prozess guter Entscheidungen in einzelne Schritte aufzulösen und darzustellen, findest Du nachfolgend.

Um Dir zu verdeutlichen, was ich meine, beginne ich mit der Beschreibung der Strategie, mit der die meisten Menschen FALSCHE ENTSCHEIDUNGEN treffen. Diese Strategie verfolgen nach meiner Meinung viel zu viele Menschen. Es gibt nach meiner Einschätzung zwei

Möglichkeiten, falsche Entscheidungen zu treffen und damit nicht zum gewünschten Ergebnis zu kommen.

### Fehler bei falschen Entscheidungen

Die erste Möglichkeit nenne ich den »Rohrkrepierer«. Er umfasst Schritte innerhalb Deiner Entscheidungsstrategie, die Deine Entscheidung verzögern oder unmöglich machen. Du kommst gar nicht erst zu einer Entscheidung. Wie dieser Rohrkrepierer funktioniert? Stelle Dir vor, Du wolltest das Snowboarden lernen. Du kannst alle Risiken sammeln, die auf Dich warten, indem Du Dir im Internet spektakuläre Snowboard-Unfälle anschaust. Im nächsten Schritt kannst Du Dir lebhaft vorstellen, wie all dies für Dich eintritt. Du solltest Dich möglichst schlecht dabei fühlen. Dann fällt Dir die Entscheidung, lieber nichts zu tun, sehr leicht.

Diese Strategie gefällt Dir nicht? Obwohl Du sie so oft anwendest? Wie wäre es dann mit einer zweiten Misserfolgsstrategie:

Triff Deine Entscheidung, aber lasse die daraus resultierenden Handlungen nicht zum gewünschten Ergebnis führen. Viele Menschen meinen, sie wären das Opfer von Schwierigkeiten, die andere an sie herantragen. Die Eltern, die Lehrenden, der Staat, der Partner, irgendjemand ist immer schuld – außer Du selbst.

Willst Du einen ersten Lösungsansatz? Es hilft Dir sehr, für eine bestimmte Zeit, natürlich nur zu Testzwecken, Dir folgenden, nützlichen Glaubenssatz zu eigen zu machen:

»Für alles das, was nicht zu meinem Ergebnis führt, trage ICH ALLEINE die Verantwortung!«

Dies ist eine wirklich sinnvolle Anwendung des *»Was wäre, wenn ...«-Rahmens*↗ aus dem NLP. So, jetzt genug der Strategien schlechter Entscheidungen.

**Bestandteile einer guten Entscheidungsstrategie**
Du kannst eine Entscheidungsstrategie in drei Abschnitte gliedern:

- Erkenne den AUSLÖSER für Deine Entscheidung.
- Finde zur RICHTIGEN Entscheidung.
- Entscheide Dich BEWUSST.

Für eine gute Entscheidung ist jeder dieser drei Schritte wichtig. Es nützt Dir nichts, eine theoretisch ausführbare Entscheidung zu treffen, die sich nachher als nicht realisierbar herausstellt. Klingt nach Allgemeinwissen, aber diesen Punkt berücksichtigen viele Menschen nicht.

**Vier Schritte zur schnellen und einfachen Entscheidung**

**SCHRITT 1: ERKENNE DEN AUSLÖSER FÜR DEINE ENTSCHEIDUNG**
Wenn Du das Fragemodell im *NLP-Modelling*↗ zu Hilfe nimmst, kannst Du den Auslöser für eine anstehende Entscheidung schnell bestimmen. Stelle Dir die Frage: »Wann weißt Du, dass Du Deine Entscheidung treffen wirst?«

Beispiel: Wann weißt Du, dass Du die Entscheidung treffen wirst, aktiv Deine körperliche Fitness zu verbessern? Es könnte ja sein, dass die Waage im Badezimmer gerade mehr als die magischen fünf Kilo zu viel angezeigt hat. Es kann auch sein, dass sich im Spiegel das Doppelkinn oder andere körperliche Veränderungen so deutlich gezeigt haben, dass Du zu Dir sagst: »Jetzt ist es genug, ich werde etwas tun!« Es kann auch sein, dass Du beim Hochsteigen in den fünften Stock so aus der Puste gekommen bist, dass sich Deine Glieder bleischwer anfühlen und Du außer Atem bist. Es kann auch sein, dass Dein bester Freund oder Deine beste Freundin zu Dir sagt: »Sag mal, hast Du zugenommen? Im Sommer hast Du viel schlanker ausgesehen!«

Du hast also vielleicht etwas gehört, etwas gesehen oder etwas gefühlt. Kommt Dir diese Gliederung bekannt vor? Das sind *Submodalitäten*⁷. In Deinen Submodalitäten liegt der Auslöser für Deine Entscheidungen. Deine internen und externen Referenzen gliedern sich nach den Repräsentationssystemen. Es kann auch eine Kombination von Signalen in mehreren oder allen Repräsentationssystemen sein. Vielleicht müssen sie in einer ganz bestimmten Reihenfolge passieren, damit der Auslöser für Deine Entscheidung betätigt wird. Dies kannst Du berücksichtigen: Frage Dich, wie oft Du die im obigen Beispiel beschriebene Referenz brauchst. Manch einer klettert nur EINMAL die Treppe hoch und sagt dann zu sich: »Jetzt reicht es mir, jetzt werde ich meine körperliche Fitness verbessern!« Ein anderer braucht fünf Male am gleichen oder an verschiedenen Tagen, bis er die Notwendigkeit einer Entscheidung erkennt.

**SCHRITT 2: FINDE ZUR RICHTIGEN ENTSCHEIDUNG**

Die Erkenntnis, dass eine Entscheidung ansteht, setzt das Vorhandensein der richtigen Entscheidung leider nicht voraus. Achte darauf: Viele Menschen wählen ihre Aktion unbewusst und sagen dann: »Da bleibt mir ja als Einziges nur übrig ...!«, dabei gibt es für jedes Ziel schier unendlich viele Möglichkeiten. Mache Dir bewusst, wie viele Optionen Du zur Auswahl hast. Diesen Schritt kannst Du in Zeitlupe tun. Nimm Dir ein Ziel vor, zu dem Du eine gute Entscheidung treffen willst. Vielleicht: »Ich werde meine körperliche Fitness verbessern!« Achte auf die *Modaloperatoren der Notwendigkeit*[7]. »SOLLTE« macht andere Dinge in Deinem Gehirn als »WERDE«!

Schreibe auf eine Liste alle Aktivitäten, die Dir einfallen, Deine Fitness zu verbessern. Wie viele hast Du gefunden? Zwei, fünf, zwölf, achtundzwanzig? Dann gehe ins Internet und suche: »Fitness verbessern«. Wie viele Möglichkeiten gibt es da? Dort findest Du weit über eine Million verschiedener Strategien. Da findest Du exotische, einfache, harte und schnelle Strategien. Lasse Dich inspirieren!

Im nächsten Schritt geht es an die Arbeit. Wähle zehn der für Dich besten Strategien aus. Dann testest Du die erste Strategie gegen alle weiteren. So verfährst Du mit allen Möglichkeiten. Auf diese Weise erhältst Du EINE GEWICHTETE LISTE, auf der die für Dich beste Methode ganz oben steht, die zweitbeste an zweiter Stelle usw.

**SCHRITT 3: ENTSCHEIDE DICH BEWUSST**
Jetzt hast Du alle Voraussetzungen, Deine Entscheidung auch zu treffen. Also: Genieße es, Deine Entscheidung zu treffen. Sage zu Dir: »Ich treffe gerade die Entscheidung, ab sofort meine Fitness zu verbessern. Dazu mache ich …!« Und dann fühle Dich richtig gut dabei! Bist Du jemand, der sich öfter auf etwas zubewegt, was sich gut anfühlt, oder bewegst Du Dich häufig von etwas weg, das Dir Schmerzen oder schlechte Gefühle beschert? Es gibt viele Situationen innerhalb einer Entscheidungssituation, bei denen die Schmerzen oder die unangenehmen Gefühle als Folge

vorheriger Entscheidungen zu groß geworden sind. Entscheidungen und Handlungen, die auf diesem Auslöser aufbauen, nennt man eine *»moving away«-Strategie*↗. Der interne Dialog einer solchen Strategie könnte dann in etwa lauten:

»Jetzt reicht es mir! Das (was auch immer) bereitet mir zu viel Schmerz, das will ich nicht mehr …!« Damit hast Du jedoch nur festgelegt, was Du NICHT willst, noch lange nicht, was Du STATTDESSEN willst. Vielleicht stellst Du Dir deshalb bei nächster Gelegenheit einfach die Frage: »Was will ich denn (statt meiner Schmerzen) haben?« In Deinem Leben solltest Du darauf achten, die meisten Deiner Handlungen mit *»moving towards«-Entscheidungen* auszulösen.

**SCHRITT 4: GLIEDERE DIE EINZELNEN AKTIONSSCHRITTE IN BEZUG AUF DAS ERGEBNIS**

Vielleicht sagst Du im Dialog mit Dir: »MAN sollte mal wieder Fitness machen!« Wie präzise ist diese Entscheidung im Hinblick auf Deine mögliche Aktion? Formulierst Du im *assoziierten*↗ »ich-Rahmen« oder *dissoziierten*↗ »man-Rahmen«? Wie steht es um Deine *Modaloperatoren der Notwendigkeit*↗? Nutzt Du »sollte« oder »werde«?

Oft taucht auch der *moving Timeframe*↗ in Deinen Entscheidungen auf. Er markiert das versteckte »später«, »Nächste Woche beginne ich mit meinem Fitnessprogramm!« oder »Noch ein paar Tage und dann werde ich mit Fitness beginnen!« Du ahnst es sicherlich. In einer Woche oder in ein paar Tagen ist die Entscheidung wieder ein paar Tage oder eine Woche weit weg. So wandert Deine Entscheidung zur Aktion immer weiter. Entweder Du beginnst sofort oder nie.

Zur Veranschaulichung gebe ich Dir eine optimierte Version einer kompletten Entscheidung mit den dazugehörenden »ACT ON IT«-Elementen im internen Dialog wieder: »Jetzt reicht's mir. Ich setze mich jetzt an den Computer, suche mir das nächstgelegene Fitnessstudio im Internet heraus. Dann rufe ich dort an und vereinbare ein Probetraining für Montagabend. Ich werde direkt nach der Arbeit ins Fitnessstudio gehen! Ich werde zwei Mal in der Woche ein halbes Jahr lang das Fitnessstudio besuchen. Dann sehe ich ein Ergebnis und danach entscheide ich neu!«

**Von der Entscheidung über die Aktion zum Ziel**

Einsicht und Aktion sind die beiden Begriffe, die für eine gute Entscheidung wichtig sind. Die meisten von uns verstehen es nicht, sich aus ihrer Einsicht heraus konsequent und mit guten Gefühlen zu entscheiden und dann zu handeln. Mit dieser Eigenschaft kannst Du wichtige Ziele im Leben planen und erreichen.

Einsicht bedeutet, dass Du den gesamten Verlauf Deines Entscheidungsprozesses bis zum Ende, also bis zum Erreichen Deines Ziels, durchgedacht hast. Und dass Du zu dem Ergebnis gekommen bist, dass es gut für Dich ist, dieses Ziel auch zu erreichen. Alles andere wäre verschwendete Kraft. Überlege Dir nur, wie oft Du auf halber Strecke aufgegeben hast, weil Du vorher nicht gründlich nachgedacht hattest.

**Ein Beispiel aus dem richtigen Leben**
Als ich vor einigen Jahren die Entscheidung getroffen hatte, jeden Tag nach dem Aufstehen Yoga zu praktizieren, war

für mich nicht abzusehen, dass dies eine dauerhafte Praxis in meinem Leben werden würde. Ganz im Gegenteil.

Es passierte in Sri Lanka. Teilnahme am Morgen-Yoga war bei meiner Ayurveda-Kur gefordert. In der ersten Yoga-Stunde glaubte ich, die erste Übungssequenz, den Sonnengruß, nicht zu überstehen. Ich erinnere mich genau an meinen verzweifelten *internen Dialog*: »Das überlebe ich nicht, keine Minute halte ich das durch!« Mal ehrlich: Nur meine Selbstachtung und die Anwesenheit deutlich älterer und fitterer Teilnehmerinnen, denen diese Übung offensichtlich auch noch Spaß bereitete, veranlassten mich zu bleiben.

Nach der ersten Woche morgendlicher Tortur bemerkte ich deutliche Fortschritte in Kondition und Flexibilität. Die Übungen fielen mir zunehmend leichter und die Übungen begannen mir Freude zu bereiten. Ich nahm mir vor, nach der Rückkehr nach Deutschland mit meiner Yoga-Praxis fortzufahren. Eine Stunde am Morgen wie auf Sri Lanka war mir jedoch zu viel. Ich entschloss mich, jeden Tag fünf Minuten in mein körperliches und geistiges Wohlbefinden zu investieren.

Sonnengruß, Vorwärts- und Rückwärtsbeugen, einige Dehnungsübungen, eine Atemübung, das war's. Meist überschritt ich die fünf Minuten. Ich hielt einen Monat durch und der Unterschied in meiner körperlichen Befindlichkeit war enorm. Ich entschloss mich, »bis auf Weiteres« weiterzumachen. Ich gebe es zu: Das morgendliche Yoga war zu einer Gewohnheit geworden. Ich war süchtig nach dem guten Gefühl geworden, das sich einstellt, wenn die Energie in Geist und Körper erwacht. Damit starte ich anders in den Tag.

**Strategie zur Planung der einzelnen Handlungsschritte**
In dieser kleinen Geschichte steckt die Strategie für die erfolgreiche Planung einzelner Handlungsschritte zum Erreichen Deines Ziels:

1. **LEGE DIE ERFOLGSKRITERIEN AM ANFANG FEST**
   Woran messe ich, dass ich Erfolg habe?
   Was sehe, höre, fühle ich, wenn ich am Ziel bin?

2. **TRIFF DEINE ENTSCHEIDUNG**
   Aus unterschiedlichen Möglichkeiten
   die beste Option wählen.
   Achte auf gute Gefühle!

3. **ACT ON IT**
   Führe den ersten Schritt *sofort* nach Deiner
   Entscheidung aus.

4. **FINDE DIE RICHTIGE GRÖSSE DER SCHRITTE HERAUS**
   Nutze den *Ökologie-Check*↗ im NLP.
   Kalibriere die Handlungsschritte durch Testen.

5. **STEIGERE MIT DEM FORTSCHRITT DEINEN ANSPRUCH**
   Übung macht den Meister.

6. **BAUE REGELMÄSSIGE TESTROUTINEN EIN**
   Führt das, was ich gerade tue, auch zum Ziel?

Wie verhält es sich, wenn Du es mit WIEDERHOLTEN HANDLUNGEN zu tun hast? Gerade Gewohnheiten sind ja wichtig im Leben. Wenn Du Gewicht verlieren willst, wenn Du fitter werden willst, wenn Du eine Sprache lernen willst, wenn Du ein Vermögen aufbauen willst, wenn Du im Beruf Karriere machen willst … Sprich: Wenn Du ein Ziel erreichen willst, das nur durch wiederkehrende Aktionen zu erreichen ist.

Erste Regel: Kein Mensch ist vollkommen. Auch Du nicht. Es wird Dir passieren, dass Du das vorgenommene Muster der Regelmäßigkeit durchbrichst. Das nehmen viele Menschen als Grund für den Abbruch ihres Vorsatzes, der nur durch Regelmäßigkeit zum Erfolg führen würde. Überlege Dir, wie Du nach einer Unterbrechung wieder in die regelmäßige Aktion kommst. Ein Beispiel?

Meine Yoga-Übungen kann ich auf meine Reisen mitnehmen. Ich sammle in meinem Kopf die Erinnerungen an die schönsten Stellen meiner morgendlichen Übungen: Eine Terrasse hoch über dem Bergurwald, am Rande einer heißen Quelle, wenn der Morgennebel noch über dem Tal liegt, im Innenhof eines alten chinesischen Hofes auf 3000 Meter Höhe bei Temperaturen nahe dem Gefrierpunkt. So viele wunderbare Erinnerungen. Die hätte ich nicht, wenn ich auf meine Übungen verzichtet hätte. Diese Erinnerungen wirken als Anker für die »normale« Zeit zu Hause. Zu Hause, wenn es mir schwerfällt, am Morgen zu beginnen, sage ich mir: »Ein bisschen dehnen, nur eine kleine Übung, wie damals in China …«

Und wenn ich mit meinen Übungen begonnen habe, wird ganz von selbst meist mehr daraus. Dann ist die Zeit wieder einmal schnell vergangen.

## Tipps zum Berufsleben

Es gibt viele Situationen in Deinem Leben, wo es nützlich ist, richtig auf einen Gesprächspartner zu reagieren und bewusst Dinge zu tun, die einen sehr guten Eindruck von Dir hinterlassen. Ein Bewerbungsgespräch ist nur eine Möglichkeit. Denke an die aufregende Frau oder an den hübschen Mann. Denke an das neue Projekt, das Du realisieren willst. Oder denke an den neuen Job, den Du gerne antreten möchtest.

Ich rate Dir in diesem Kapitel nicht zu dem, was Du im Internet einfach finden kannst. Ratschläge zu ordentlicher Kleidung oder zur Mundhygiene sind technische Details, die nur an der Oberfläche kratzen. Ich denke mir, Du bist daran interessiert, jene 20 Prozent von mir zu bekommen, die dafür sorgen, dass 80 Prozent Deines Eindrucks positiv sind (*Pareto-Prinzip*↗). Danach gebe ich Dir ein paar Tipps, die Du befolgen kannst, wenn Du die beiden wichtigsten Techniken beherrschst. Beherrschen heißt: üben, üben, üben. Beginne gleich, wenn bald ein Gespräch ansteht. Auch kleine Fortschritte bringen Dir Vorteile im Leben – nicht nur bei Deinem Vorstellungsgespräch.

### Empathisch kommt weiter

Versetze Dich in die Lage Deines Gegenüber bei einem Vorstellungsgespräch. Da kommt ein unsicheres Häufchen Elend in den Raum, setzt sich auf die Stuhlkante, Augen niedergeschlagen, und bringt zögernd und stotternd vor, wie sehr er glaubt, für die angebotene Tätigkeit geeignet zu sein. Welchen Eindruck macht das auf Dich? Wie würdest Du entscheiden?

Über den Eindruck der ersten Minute wird der größte Anteil der Information aufgenommen, die als Grundlage für eine spätere Entscheidung dient. Meistens beruhen diese Entscheidungen auf einem unbewussten Gefühl, das später rationalisiert wird. Auch bei Profis. Es gilt also, in der ersten Minute einen guten Eindruck zu machen. Und tatsächlich, das kannst Du lernen.

### Die richtige Einstellung

Das wichtigste Element bei einem Vorstellungsgespräch ist Deine innere Einstellung. Wie möchtest Du bei einem Einstellungsgespräch wirken? Nimm Dir ein Blatt Papier und schreibe alle Zustände auf, die Du in Dir vereint haben möchtest: Zuversicht, Selbstvertrauen, Kompetenz, Offenheit, Sicherheit, … Was immer es ist, es landet auf Deiner Liste.

Im nächsten Schritt ordnest Du diese Liste. Priorisieren – diese Technik kennst Du bereits. Das, was Du am einfachsten als Zustand erreichen kannst, steht ganz oben auf Deiner Liste. Du wirst viele Zustände auf der Liste nehmen und daraus einen *Bewerbungsanker*↗ gestalten. Zustände oben auf Deiner Liste, die Du einfach erreichen kannst, verschaffen Dir Übung. Danach kannst Du dann die anderen Zustände ankern.

Ankere auf einen visuellen Anker. Das heißt, Du stellst Dir beispielsweise ein rotes Quadrat oder einen glitzernden, blauen Diamanten vor. Die Vorstellung löst Deinen Bewerbungsanker aus. In NLP-Sprech nennt man das einen *visuellen Ressourcenanker*↗. Du kannst ihn mit etwas Übung und Ausdauer leicht selbst installieren.

### Mittel gegen die Angst

Dein gerade gestalteter Ressourcenanker wirkt im (Bewerbungs)gespräch besonders gut, wenn Du keine Angsthürde überwinden musst. Viele Ratgeber empfehlen Dir zum Üben Probegespräche zu absolvieren. Du bewirbst Dich bei Unternehmen, bei denen Du eigentlich nicht arbeiten willst. Das nennt man Desensibilisierung – und es ist Zeitverschwendung auf beiden Seiten. Den gleichen Effekt kannst Du effektiver erreichen: Mit der Anwendung der *Fast Phobia Cure*↗.

Im Anhang findest Du eine einfache Anleitung. Nimm als »Phobie« die Vorstellung, wie Du versagst, stotterst, unsicher bist, eben alle Ängste, die zu Deinem Versagen führen könnten. Als Ressourcenanker nimmst Du ... na, das kennst Du schon. Wie jetzt? Das soll reichen? Ja, wenn Du beide Übungen gemacht hast, reicht das für einen sehr guten ersten Eindruck im Vorstellungsgespräch! Probiere es aus. Auch wenn Du schon viele Jahre in Deinem Unternehmen arbeitest, lohnt es sich durchaus, Deinen »Marktwert« zu testen.

### Zwei Kleinigkeiten mit großer Wirkung

Ich rate Dir, zwei Dinge in jedem Gespräch zu berücksichtigen, die für einen guten Eindruck sorgen, aber eigentlich selbstverständlich sein sollten:

1. Lächle oft und entspannt aus dem Herzen.
2. Sieh Deinem Gegenüber in die Augen.

Das kannst Du in JEDEM Gespräch gut gebrauchen. Du solltest es so lange üben, bis es in Dein Unterbewusstsein übergeht. Bitte einmal einen guten Freund, während eines

Gespräches zu signalisieren, wenn Deine Augen den Kontakt zu ihm verlieren. Du wirst Dich wundern, wie oft er sich meldet. Lächelnd durchs Leben zu gehen heißt, den anderen zu verstehen und mit Empathie durchs Leben zu gehen. Das ist eine sehr gute Haltung.

**Noch eine Erkenntnis für Deinen Lebensweg**
Es kann durchaus sein, dass Dir all die Vorbereitung und all der gute Eindruck nichts nützen und das Unternehmen einfach jemand anderen nimmt. Mache Dir nichts daraus. Du kannst den Schluss daraus ziehen, dass Dein Lebensweg vom Universum anders geplant ist. Dazu gibt es eine NLP-Grundannahme:

> Wenn das, was Du tust, nicht funktioniert, mach etwas anderes – ABER MACH.

**Mehr Erfolg im Beruf**

Wenn Du es dann geschafft hast, wenn Du Deinen Traumjob bekommen hast: Wäre es nicht schön, so etwas wie eine »Erfolgsmaschine« für unterschiedliche Bereiche im Leben zu haben? Also auch für Deine berufliche Laufbahn? Was wäre, wenn ich Dir sage, dass Du relativ einfach eine solche »Maschine« in Deinem Unterbewusstsein installieren kannst? Für den Lebensbereich »Beruf« zeige ich Dir exemplarisch, wie Du mit einfachen Grundtechniken aus dem Modell von NLP, *Hypnose*⁊ und gesundem

Menschenverstand Deine unterbewussten Ressourcen so einsetzen kannst, dass sie für Deinen beruflichen Erfolg arbeiten. Eine Garantie für Deinen Erfolg gibt es allerdings nicht. Zum Glück! Stelle Dir nur vor, Du würdest alles erreichen MÜSSEN, was Du Dir vorgenommen hast. Es sind schließlich die Erkenntnisse des täglichen Lebens, die Dir die Grundlage für Deine beständige Veränderung liefern. Augenblickliche Wunscherfüllung würde Dein Leben ziemlich durcheinanderbringen. Ich finde, das Universum hat das schon ganz gut organisiert. Das muss allerdings nicht bedeuten, dass Du passiv zusehen musst, wie sich allmählich die Dinge für Dich organisieren oder eben nicht.

Ich zeige Dir eine Technik, die Dir einen Eingriff in Deine Erfolgsstrategien ermöglicht. Ich spreche von Deinen UNTERBEWUSSTEN Erfolgsstrategien, nicht von Deinem Wissen und Deiner zunehmenden Erfahrung. Ich zeige Dir, wie Du Deine unterbewussten Ressourcen, also alles, was sich Deinem Zugriff im normalen Leben entzieht, auf einfache Weise so programmieren kannst, dass sie für Dich unterstützend tätig werden.

**Etwas Theorie zu Beginn**
Hier ist mein Ansatz: Ich werde Dir Techniken nahebringen, für deren Anwendung Du kein spezielles Wissen oder jahrelanges Training brauchst. Schnell soll es gehen, einfach soll es sein. Das Problem: Für die Installation *subbewusster Strategien*, wie sie in NLP-Sprech genannt werden, brauchst Du Zugang zu Deinem Unterbewusstsein. Diese Türe öffnest Du in besonderen Bewusstseinszuständen. Glücklicherweise gibt es Zeiten in Deinem Leben, in denen Du Dich »automatisch« in solchen Zuständen befindest:

Zum Beispiel die Zeit abends, vor dem Einschlafen, wenn Dein Geist weit wird. Kurz bevor Du in den Schlaf hinübergleitest. Oder die Zeit morgens nach dem Aufwachen, wenn Dein Geist von seinen Reisen aus dem Traumland in das Alltagsbewusstsein zurückkehrt. Die Zeit nach dem Aufwachen ist dazu am besten geeignet. Vielleicht nutzt Du diese Zeit längst für Deine kreativen Zwecke. Wenn nicht, rate ich Dir dazu. Damit Du die Zeit am Morgen für Dich nutzen kannst, solltest Du einige kleinere Probleme überwinden.

### Das Erreichen des Grundzustandes

**ERSTENS: GENUG SCHLAF**

Du musst ausgeschlafen sein. Das heißt, Du bist früh genug schlafen gegangen, um von selbst und ohne Wecker nach genügend Schlafenszeit aufzuwachen. Deine Schlafenszeit findet in Zyklen von ca. 90 Minuten statt. Fünf Schlafzyklen pro Nacht sind optimal. Das bedeutet etwa 7,5 Stunden erholsamen Schlaf. Die meisten Menschen gönnen sich leider viel weniger Schlaf und leiden so unter chronischem Schlafmangel.

Es steht die Entscheidung an, ob Du für die Zeit Deiner Experimente so früh schlafen gehst, dass Du am Morgen erholt aufwachst und noch Zeit für Deine Programmierungen hast. Das mag erst einmal bedeuten, Dein chronisches Schlafdefizit aufzulösen. Das kann durchaus eine Woche in Anspruch nehmen. Eine Woche, in der Du früher schlafen gehst, so lange, bis Du morgens von alleine aufwachst – ein paar Minuten bevor der Wecker klingelt. Diese Zeit kannst Du bereits für Deine Experimente nutzen.

## ZWEITENS: KLARHEIT

Ein wichtiges Kriterium für Deine erfolgreiche Selbstprogrammierung ist die Klarheit und Reinheit Deines morgendlichen Zustandes. Du musst frei von Problemgedanken sein. Sicherlich ist Dir aufgefallen, dass die Probleme des Tages, mit denen Du am Abend einschläfst, am Morgen in umgekehrter Reihenfolge wieder auftauchen. Viele Menschen springen dann schnell aus dem Bett, damit sie sich nicht erneut mit diesen »alten« Problemen herumschlagen müssen. Mein Rat lautet: Befreie Dich VOR DEM Einschlafen von Deinen Alltagsproblemen.

Wie Du vor dem Einschlafen zur Ruhe kommst und Deine Alltagsprobleme nicht mit in den Schlaf nimmst? Lies weiter: Eine Möglichkeit besteht darin, eine bewährte *Entspannungstechnik*⁷ zu lernen und während der Phase der zunehmenden Entspannung mit NLP-Techniken an der Auflösung des Tagesballasts zu arbeiten. Dazu kannst Du die *Sedona-Methode*⁷ oder die *Silva Mind Control* nutzen. Im Internet kannst Du Dich einfach informieren. Danach kannst Du entspannt in einen erholsamen Schlaf hinübergleiten.

Wenn Du alles richtig gemacht hast, hast Du nach einigen Tagen – oder Wochen – den »Grundzustand« für Deine erfolgreiche Selbstprogrammierung erreicht. Dieser Zustand wird bereits einen großen Fortschritt in Deinem Leben darstellen. Du schläfst rechtzeitig ein, ohne Tagesprobleme mit hinüber in den Schlaf zu nehmen. Du schläfst entspannt bis zum Morgen durch *und* wachst am Morgen erfrischt und gut gelaunt ein paar Minuten vor dem Klingeln des Weckers auf. Du bist voller Energie. Also nutze die halbe Stunde am Morgen sinnvoll.

### Unterbewusster Erfolg in einfachen Schritten
Für die Optimierung Deiner Ressourcen und für die Programmierung nutzt Du die Technik der Visualisierung und eine spezielle Variante der *Zeitstrahlprogrammierung*↗.

**SCHRITT 1: BEGIB DICH IN DIE ZUKUNFT**

Stelle Dir vor, wie Du aus Deinem Körper herausschwebst und Dich durch Zeit und Raum an einen bestimmten Ort in Deiner Zukunft begibst. Stelle Dir vor, wo Du sein wirst, wenn Du den Erfolg, für den Du Dich programmieren willst, erreicht hast. Achte darauf, dass Du *assoziiert*↗ bist.

**SCHRITT 2: INTENSIVIERE DEINE SUBMODALITÄTEN**

Orientiere Dich. Was siehst, hörst und fühlst Du in diesem Moment in Deiner Zukunft? Wo bist Du? Ändere und optimiere Deine *Submodalitäten*↗ so lange, bis das resultierende gute Gefühl wirklich stark geworden ist.

**SCHRITT 3: ANKERE DEN RESULTIERENDEN INTERNEN DIALOG**

Höre Dir zu. Was sagst Du zu Dir, wenn Du Deinen Erfolg erreicht hast? WIE sagst Du es? Das sind die inhaltlichen und analogen Komponenten Deines *internen Dialogs*↗. Verstärke durch die Veränderung der analogen Komponenten (Betonung usw.) Dein positives Gefühl und gestalte Dir gleichzeitig einen visuellen *Anker*↗, zum Beipel Deinen blauen Diamanten. Ähnlich gut funktioniert auch jedes andere vorgestellte Symbol. Nimm ein rotes Dreieck, eine langsam im Raum rotierende, blaue Pyramide. Nimm, was Dir passend erscheint. Teste Deinen Anker. Das war's auch schon.

Begib Dich in Gedanken zurück in die Gegenwart, zurück in Deinen Körper. Lasse die positiven Gefühle und Gedanken für einen Augenblick nachschwingen. Danach stehe auf und stürze Dich voller Energie in den Tag.

Bestimmt ist Dir aufgefallen, dass sich diese Technik aus den einfachen Grundtechniken im Modell von NLP zusammensetzt. Du nutzt sie immer wieder: *Ankern*, *Submodalitäten*, *Future Pace*. Einmal gelernt, vielfach angewendet.

**SCHRITT 4: KONTEXT FÜR DEN ALLTAGSGEBRAUCH**

Mit kontextualisieren meine ich, Deinem installierten Anker einen Gegenwartsbezug zu geben. Es gibt mehrere Möglichkeiten dazu. Du kannst sie nach der Programmierung gleich über den Tag hinweg ausprobieren.

Zuerst kannst Du herausfinden, wie viel eine Tätigkeit oder ein Ziel zu Deinem gewünschten Erfolg beiträgt. Dazu genügt es, Dir die Tätigkeit vorzustellen oder sie auszuführen und gleichzeitig darauf zu achten, ob Dein visueller Anker in Deiner Vorstellung auftaucht. Du wirst schnell ein sehr gutes Gefühl dafür entwickeln. Nach einigen Anwendungen wird sich diese Strategie automatisieren und Dein Anker wird in vielen Situationen von selbst auftauchen.

Du kannst Deinen Anker auch nutzen, um Deine Pläne, Projekte oder eine aktuelle Tätigkeit auf einen zukünftigen Erfolg hin zu optimieren. Dazu genügt es, Dir den visuellen Anker einfach vorzustellen, während Du Deine Tätigkeit ausführst oder planst. Die nötigen Optimierungen fließen automatisch in Deine Handlungen ein – ob Du es glaubst oder nicht. Achte darauf, dass Dein interner Dialog konstant positiv bleibt.

Was Du mit »Erfolg« benennst, hat viele Facetten. Beginne deshalb erst einmal mit einem Lebensbereich. Die Überschrift des Kapitels ist auf den Bereich »Beruf« ausgelegt. Später kannst Du andere Bereiche dazunehmen. Dafür kannst Du einen anderen visuellen Anker einsetzen.

Du kannst Deinen »kreativen« Zustand am Morgen nutzen, um Feinjustierung Deines Ankers zu betreiben. Die tägliche Anwendung des Ankers wird Deine Wahrnehmung verändern, und die Veränderung der Wahrnehmung verändert bekanntlich auch Deine Realität. Das ist eine positive Rückkopplung – die Straße zum Erfolg.

Die Technik der subbewussten Erfolgsprogrammierung kannst Du hervorragend mit dem Entwurf Deines Lebensplans verbinden. Aspekte Deines selbstbestimmten Lebens: Entscheide, wie Du leben willst, was Du erreichen willst – von mir bekommst Du die Techniken zur Umsetzung.

**Komme schneller ans Ziel**

Die Erfüllung Deiner Wünsche und Träume ist oft der Inhalt dieses Buchs. Die meisten Menschen werden ungeduldig, wenn sie erst die Entscheidung gefällt haben, ihren Traum in einem Projekt zu realisieren. Jedes Projekt braucht seine Zeit, doch gibt es einige Regeln, mit denen Du schneller ans Ziel kommen kannst.

Mir ist aufgefallen, dass bei vielen Menschen zwar der Wille vorhanden ist, mit Arbeit und Selbstdisziplin ans Ziel zu gelangen. Doch verzögert sich manches Projekt so stark, dass an ein konstruktives Ergebnis in akzeptablen Zeiträumen nicht zu denken ist.

## 1. Zeitfenster

Es reicht nicht, Dich zu entscheiden, Deinen Traum Wirklichkeit werden zu lassen. Das ist Dir bestimmt klar. Du brauchst AKTION. Genau hier lauert die erste große Möglichkeit zur Verzögerung. Gewöhne Dir an, möglichst schnell nach Deiner Entscheidung die erste Aktion zu ergreifen. Tue etwas, das Dir signalisiert: JETZT habe ich mit meinem Projekt begonnen.

- Wenn Du mehr Fitness machen willst, rufe JETZT im Studio an und mache einen Termin für Dein Probetraining.
- Wenn Du besseres Englisch sprechen willst, suche JETZT im Internet nach Konversationszirkeln in Deiner Stadt und melde Dich gleich an.
- Wenn Du in den nächsten Monaten Körperfett verlieren willst, verzichte JETZT gleich auf den kleinen Nachmittagssnack, den Du Dir sonst genehmigst.

Du verstehst, was ich meine. Das gilt übrigens nicht nur für die kleinen Projekte Deines Privatlebens. Du kannst es direkt auf große Projekte in Deinem Berufsfeld übertragen.

## 2. Kritischer Pfad

Diese Erkenntnis habe ich aus dem Projektmanagement übernommen. Bei vielen Projekten laufen einzelne Aktionen nebeneinander. Während beim Hausbau noch das Dach gedeckt wird, kann der Innenausbau bereits beginnen. Das Dach kann allerdings erst gedeckt werden, wenn Dachbalken und -latten an ihrem Platz sind. Der Zimmermann muss also die Konstruktion erst errichtet haben, damit die Dachdecker beginnen können. DAS ist ein kritischer Pfad beim Hausbau. Den Maurer im Innenausbau interessiert die Dauer des Errichtens der Dachkonstruktion wenig. Ihn interessiert, wann der Elektriker die Leitungskanäle gefräst hat, damit er den Verputz auftragen kann. Ein weiterer kritischer Pfad.

Das gibt es auch bei Deinen Projekten: gegenseitige Abhängigkeiten, ohne die es keinen Fortschritt im Projekt gibt. Bei der Planung kannst Du dies bereits berücksichtigen.

### 3. Leerzeiten

Wenn Du den kritischen Pfad erkannt hast, achtest Du darauf, keine Leerzeiten zwischen einzelnen Aktionen auftreten zu lassen. Wenn der Dachdecker erst drei Wochen nach dem Errichten der Dachkonstruktion auftaucht, wird das Haus drei Wochen später fertig. Vielleicht lässt sich auch der Dachdecker mehr Zeit, als er bräuchte. Vielleicht hilft es, für jeden Tag, den er früher fertig wird, einen Bonus zu vereinbaren. Das hat man bei der Neubeschichtung der hochfrequentierten Stadtautobahn in Berlin versucht. Mit Erfolg: Statt 18 veranschlagten Tagen war die Autobahn in 12 Tagen fertig. Vielleicht willst Du bei Deinen Projekten überprüfen, wie viel besser es sich anfühlt, wenn Du Dich schneller in Richtung Ziel bewegst. Das kannst Du mit einem geeigneten Anker verstärken.

### 4. Zielzeit

Achte darauf, dass Du Ziele hast, die Du erreichen willst, und nicht solche, die Du vermeiden möchtest (*moving away/moving towards*). Stelle Dir das, was Du erreichen möchtest, *assoziiert*[↗] in den buntesten Farben vor. So bunt, dass Dein Ziel wie ein Magnet wirkt. Magnete haben die Eigenschaft, anzuziehen. Probiere doch einfach einmal aus, was passiert, wenn Du die veranschlagte Zeit für Dein Projekt dramatisch verkürzt. Vielleicht halbieren? Häufig hast Du auf der Basis Deiner Gefühle herausgefunden, wann Du ein Projekt umgesetzt haben willst.

### 5. Nutze die Zeit, sie ist ein kostbares Gut

Diese Erkenntnis stammt aus Adalbert Stifters Buch *Der Nachsommer*. Überlege, wie viel Zeit Du über den Tag hinweg zur freien Verfügung hast. Wie viel davon verplemperst Du mit WhatsApp, Facebook, zocken, Zeit totschlagen? Das kannst Du einfach verändern. Vielleicht nicht sofort und nicht vollständig, aber gelegentlich bis öfters. DAS wäre doch ein nützliches Projekt für Dich. Denke nur, was Du in diesen freien Minuten für die Realisation Deiner Träume tun kannst.

# KAPITEL 6

## Gestalte Deine Zukunft

## Entwirf Deinen Lebensplan ...

Wohin nur mit all Deinen guten Vorsätzen, Plänen, Wünschen, Träumen? Meistens beginnt es mit den Träumen. »Wie schön wäre es, wenn ...!«, so lautet der Beginn und gleichzeitig meist das Ende Deiner Planungen. Bei vielen Menschen bildet sich im nächsten Schritt eine Nebelwolke des Wollens im Gehirn. Wäre es da nicht eine gute Idee, endlich Struktur in diesen großen, positiven Wirbel in Deinem Kopf zu bringen? Dazu gibt es eine sinnvolle Beschäftigung: Deinen Lebensplan. Gestalte diesen als einen strukturierten »Download« aus Deinem Gehirn auf einem Bogen Papier. Das schafft Übersicht und Klarheit in Deinem Leben und setzt eine Menge an Energie frei. Diese kannst Du für Deinen Erfolg im Leben gut nutzen.

Für die Gestaltung Deines Lebensplans nimmst Du Dir am besten einen Nachmittag oder einen ganzen Tag Zeit. Verregnete Nachmittage oder ein trüber Herbsttag eignen sich sehr gut dazu. Achte darauf, dass Du Ruhe hast und ungestört bleibst.

Schalte Dein Mobiltelefon aus. Vielleicht lässt Du entspannende Musik nebenher laufen – und dann lege los. Gliedere Deine Aktionen in die einzelnen, unten angegebenen Schritte. Denke daran, kreative Pausen zwischen den einzelnen Schritten einzulegen: Gehe spazieren, lege Dich schlafen, komme auf andere Gedanken. Im Modell von NLP nennt man dies *Break State*↗.

### Schritt 1: Sammle Deine Ideen

Damit Du schnell möglichst viele Deiner Ideen aus dem Gehirn bekommst, ist die Technik der Mindmap eine gute

Idee. Nimm ein großes Blatt Papier und schreibe in die Mitte: »Mein Leben«. Sammle alle Deine Projekte, Vorhaben, Wünsche, Ziele und Träume auf diesem Blatt. Bei einem einigermaßen aktiven Leben kommen schnell fünfzig bis achtzig Punkte zusammen.

### Schritt 2: Übertrage und ordne die Ideen

Im nächsten Schritt kommt es darauf an, alles, was Du auf Deinem großen Stück Papier gesammelt hast, in sinnvolle Untergruppen zu gliedern. Eine einfache und schnelle Methode besteht darin, kleine Karteikarten im Format DIN-A8 zur Hand zu nehmen und Deine Begriffe darauf zu schreiben. Wenn Du keine Karteikarten hast, kannst Du ein DIN-A4-Blatt dreimal falten und reißen. Jedes Stichwort bekommt seine eigene Karte. Dann ordnest Du durch Hin- und Herschieben die Karten in Gruppen.

### Schritt 3: Finde Namen für die Lebensbereiche

Wahrscheinlich ist Dir bei der Gruppierung schon der eine oder andere Name als Überschrift für die Kartenstapel eingefallen. Wenn Du keine Idee hast, kannst Du die NLP-Technik des *Chunkings*↗ für Dich nutzen, um einen Namen zu finden. Gehe eine »Chunk-Ebene« höher, beispielsweise von »Teilnahme an einer Literaturgruppe« zu »Freizeit«, und bilde die Oberbegriffe für die einzelnen Gruppen.

- Beziehung
- Arbeit
- Gesundheit
- Vermögensbildung
- Fitness
- Ausbildung

Das sind einige Beispiele. Es gibt kein Richtig oder Falsch. Die Bezeichnungen für Deine Lebensbereiche sind immer richtig – für Dich.

**Schritt 4: Gliedere die Bereiche nach Aktionsgrad**
In diesem Schritt ordnest Du die einzelnen Karteikarten innerhalb der Lebensbereiche nach Priorität und Aktionsgrad. Zuerst sortierst Du den jeweiligen Stapel an Karteikarten in folgende Kategorien:

**KATEGORIE 1: AKTION LÄUFT, WIE SIE SOLL**
Diese Kategorie erklärt sich von selbst. Schön, dass es solche Bereiche in Deinem Leben gibt. Vor lauter »Problemen« mit Deinen Aktionen und dem vielen Planen kann es durchaus vorkommen, dass Du vergessen hast, die schönen Seiten des Lebens zu betrachten. Weil die Dinge in manchen Bereichen Deines Lebens so laufen, wie sie sollen, hast Du eine Referenz, dass es Dir gelungen ist, Dinge zum Laufen zu bringen.

Oder Du hast zugelassen, dass das Universum die Dinge für Dich an seinen Platz fallen ließ. Ankere doch die guten Gefühle und nutze die daraus entstehenden Ressourcen. Damit stehen sie Dir in anderen Lebensbereichen zur Verfügung. Auf den nächsten Stapel kommen die folgenden Aktionen:

**KATEGORIE 2: AKTION LÄUFT MIT KLEINEN VERÄNDERUNGEN OPTIMAL**
Diese Art von Projekten oder Bereichen brauchst Du zu Deiner Motivation. Denn es läuft ja grundsätzlich gut, nur eben mit kleinen Ausnahmen. Im Prinzip gilt das Gleiche wie bei Punkt 1. Ein wenig Einsatz würde diese Bereiche

erfolgreich machen. Bei diesen Projekten kannst Du das *Pareto-Prinzip*↗ nutzen. Mit 20 Prozent an Aufwand sind hier 80 Prozent Ertrag zu holen.

Ich kenne eine Menge Menschen, die die Mehrzahl ihrer Projekte bis kurz vor dem Erfolg realisieren, um sich dann kurz vor dem Ziel auf vielerlei Arten ein Bein zu stellen. Diesen Typ Mensch interessiert ein Projekt nur, solange es schwierig ist, der Erfolg würde es langweilig machen.

Was auch immer der Grund sein mag: Finde heraus, ob Du zu diesem Typus gehörst. Sage nicht: »So ein Hirnriss, würde mir nie passieren!« Denke nach, wo in Deinem Leben bei Dir solche Muster bereits am Laufen sein könnten. Ich weiß aus vielen Coaching-Gesprächen, dass EIN bewusst durchbrochenes Muster, EIN bewusst zum Ziel geführtes Projekt diese Strategie zum Einsturz bringen kann. Im NLP nennt man dies eine *Generalisierende*↗ *Integration*.

**KATEGORIE 3: AKTION BRAUCHT GRÖSSERE VERÄNDERUNGEN**

In diesem Bereich kann Dir die Anwendung des *NLP-Metamodells*↗ gute Dienste erweisen. Einige Fragen, die Du Dir stellen kannst:

»Ist das Ergebnis genau definiert?«
»Ist die Erreichbarkeit des Ergebnisses geprüft?«
Da hilft Dir der *NLP-Ökologie-Check*↗.

Wenn Du sicher bist, Dein Ergebnis definiert zu haben, kannst Du Dich auf die Ressourcen konzentrieren: »Was hast Du bereits zur Verfügung, das Projekt zu realisieren? Was brauchst Du noch dazu?« Es ist sinnvoll, eine zweispaltige Liste zu schreiben und Soll und Haben einander gegenüberzustellen. Das zeigt Dir, wo Dein Projekt steht. Aus dem Projektmanagement kommt der Vorschlag, die nötigen Schritte zum Projektergebnis aufzuschreiben. Schritt für Schritt. Frage Dich nach jedem Schritt: »Gibt es etwas, das ich vor diesem Schritt machen muss, damit dieser Schritt erfolgen kann?«

Damit kommst Du gelöschten Schritten auf die Spur. Frage Dich darüber hinaus bei jedem Projektschritt: »WIE genau werde ich diesen Schritt ausführen?« Um zu einem realisierbaren Zeitplan zu gelangen, kannst Du Dich fragen: »WANN genau werde ich diesen Schritt erledigt haben?«

An der Liste der Fragen bemerkst Du, dass wieder einmal etwas Arbeit nötig sein wird, Deinen Lebensplan in Ordnung zu bringen. Damit wir uns nicht in grauer Theorie verlieren, gebe ich Dir ein Beispiel aus meinem Leben, aus dem Bereich WISSEN und FÄHIGKEITEN: Japanisch lernen. Der zergliedert sich in die Bereiche:

- Sprache sprechen lernen
- Vokabeln lernen
- Sprache schreiben lernen
- Sprache im Alltag anwenden lernen

Jeder dieser Bereiche hat Unterbereiche. Zum Beispiel hat »Sprache im Alltag anwenden lernen« den Unterbereich »In Deutschland anwenden lernen«.

- Japaner auf der Straße mit ihrer Sprache ansprechen
- An Veranstaltungen des japanischen Kulturinstituts teilnehmen
- Im Internet japanische Animationsfilme in originaler Sprache ansehen

Und für den Unterbereich »Sprache in Japan anwenden lernen«:

- Nach Japan reisen
- »Total Immersion« – nur Japanisch sprechen

Dich mit einem Lebensbereich genau zu beschäftigen hat einen großen Vorteil. Er liegt in der Menge der Optionen, die Du damit generierst. Dir wird nie langweilig werden. Stelle Dir vor, die einzige Möglichkeit, des Japanischen mächtig zu werden, wäre es, einen Volkshochschulkurs zu besuchen. Es gibt doch wirklich sinnvoll aufbereitete Sprachkurse zum Selbststudium. Mir zum Beispiel kommt die *Pimsleur-Methode* entgegen. Andere lieben die *Rosetta-Stone-Methode*, wieder andere die klassische Methode. *Timothy Ferriss*↗ stellt eine Methode vor, mit 130 Vokabeln 80 Prozent der Sprache zu sprechen. Siehst Du, da sind wir mittendrin.

**KATEGORIE 4: AKTION LÄUFT NICHT, WEIL NOCH NICHT BEGONNEN**

Entscheide Dich, willst Du realisieren oder träumen. Realisieren? Dann frage Dich: »Was ist der erste Schritt, den ich JETZT gleich tun kann, damit ich weiß, dass ich mit der Realisierung begonnen habe?« Dann brauchst Du Dich nur DAFÜR zu entscheiden, schon ist Dein Projekt angelaufen. Alle weiteren Fragen beziehen sich auf Kategorie 3.

**KATEGORIE 5: AKTION IST EIN TRAUM, WUNSCH ODER FERNES ZIEL**

Es sollte in Deinem Lebensplan einen eigenen Bereich geben, der die Überschrift trägt: *Nice to have* – wäre schön …

Dort hinein kommt alles, was Du nicht sofort realisieren kannst oder willst. Alles, was Dir interessant genug erscheint, es irgendwann einmal zu realisieren, packst Du da hinein. Willst Du ein Beispiel aus meinem Leben?

»Meine Tagebücher scannen und kommentieren.« Irgendwann werde ich die Zeit dazu haben. Bis dahin bleibt es *Nice to have*. Alle Wünsche und Träume gehören in diese

Kategorie. Am Anfang wird die Liste Deiner Wünsche wahrscheinlich recht lang sein. Du kannst sie einfach kürzen.

Frage Dich:

»Will ich mein Projekt überhaupt realisieren?«

Entweder:

»Ich habe mich entschlossen, das Projekt zu realisieren.« – Dann beginne mit der Realisierung!

Oder:

»Ich habe mich entschlossen, das Projekt nicht zu realisieren!« – Dann vergiss es einfach!

Es ist auch eine Kunst, Wunschprojekte loszulassen. Sie beanspruchen sonst Energie und Platz in Deinem Gehirn. Du kannst Dir vorstellen, dass mir viele Projekte angeboten werden. Ich weiß, dass ich sie mit Erfolg realisieren könnte. Doch auch meine Zeit ist endlich. Auch für mich hat der Tag nur 24 Stunden. Alle Angebote, und seien sie noch so verlockend, kannst Du unmöglich realisieren. Du wirst Entscheidungen treffen müssen. Es wäre dumm, Projekte halbherzig anzugehen und sie dann im Sande verlaufen zu lassen.

Zum Loslassen empfehle ich Dir ein kleines Ritual: Schreibe das Projekt, das Du loslassen möchtest, auf ein Blatt Papier, falte es und zünde es an vier Ecken an. Sieh zu, wie es Dich verlässt und zu Asche zerfällt. Ich kann aus eigener Erfahrung berichten, dass es sehr erleichternd ist. So arbeitest Du Dich durch Deine Aktionen und wirst erstaunt sein, wie groß der Stapel an möglichen Projekten wird. Wenn Du fertig bist, kannst Du die Inhalte Deiner Karteikarten auf einen großen Bogen Papier oder in eine Computerdatei übertragen. Aus meiner Sicht ist es nicht nötig, Dich beständig mit Deinem Lebensplan zu befassen.

Du wirst bemerken, dass sich im Verlaufe der Zeit vieles fast von selbst realisiert, wie Du es geplant hast – ohne bewusstes Zutun. Wenn Du nach ein paar Jahren Deinen Lebensplan erneut zur Hand nimmst, wirst Du in vielerlei Hinsicht erstaunt sein.

Nachfolgend habe ich Dir einige typische Hindernisse beim Erstellen Deines Lebensplans aufgeschrieben.

**FEHLER NUMMER 1: UNREFLEKTIERT GLAUBEN**

Damit Du unbeeinflusst entscheiden kannst, brauchst Du erfahrungsbasierte Handlungsoptionen. Das sind Auswahlmöglichkeiten, deren Qualität Du erfahren hast. Nimm vielleicht als Beispiel den Bereich Deiner Gesundheit.

»Ich möchte gesund sein …«

Das könntest Du auf Dein Blatt geschrieben haben. Jetzt kannst Du das NLP-*Metamodell*↗ anwenden und Dich fragen:

»WAS GENAU verstehe ich darunter?«

Oder – um auf mögliche Handlungen zu kommen:

»Wie genau möchte ich Gesundheit erreichen?«

Du kannst auch fragen:

»Was ist Gesundheit?«

Erinnere Dich an die Definition der WHO. »Gesundheit« ist die Abwesenheit von Krankheit. Das ist mir zu wenig! In meiner Welt ist das Resultat von Gesundheit eine Art von andauernder strahlender Laune, kombiniert mit körperlichem Wohlbefinden.

Wie kommst Du da hin? Jetzt ist der richtige Zeitpunkt, um von »erfahrungsbasierten Handlungsoptionen« zu sprechen. Was, im Hinblick auf Deine Gesundheit, hast

Du selbst erlebt, selbst ausprobiert und verworfen oder behalten? Meist ist es doch so, dass Du den Aussagen anderer glaubst. Der Schulmedizin, der Homöopathie, der klassischen chinesischen Medizin, dem Heiler oder wem nicht sonst noch alles. Stelle Dir vor, die getroffenen Aussagen wären Optionen für Dich, zwischen denen Du entscheiden kannst.

Wenn Du niemandem Glauben schenkst, bleibt Dir als einzige Möglichkeit das Ausprobieren. Was passiert, wenn Du in Bezug auf Deine Gesundheit einem anderen Ansatz glaubst? Das würde den logischen Schluss bedingen, dass Du zuerst herausfindest, welches *Glaubenssystem* in Dir manifestiert ist. Das wiederum zieht weitere Fragen nach sich:

- Welches Essen ist richtig für mich?
- Welche körperlichen (Ausgleichs-)Betätigungen sind die richtigen?
- Wie schaffe ich es, durch das, was ich esse und tue, meinen Körper zu einer dienenden Hülle für einen wachen Geist zu gestalten?

Freue Dich: Der Weg ist das Ziel. Vor einigen Monaten habe ich mit Freunden eine Fastenkur ausprobiert. Dann reiste ich für vier Wochen nach Sri Lanka und absolvierte eine Ayurveda-Kur. Danach mixte ich mir jeden Morgen einen grünen Smoothie. Vor einem Jahr probierte ich die Fleischdiät aus und zwischendrin war ich eine Zeit lang Vegetarier.

Ich habe ausprobiert. Manches davon habe ich für gut befunden und in meinem Leben behalten. Ich habe alle Erfahrungen SELBST gemacht und kann deshalb meine Entscheidungen auf Erfahrung basieren lassen. Dieses ständige Ausprobieren hat mir die erfahrungsbasierten Handlungsoptionen eingebracht, von denen ich heute profitiere.

**FEHLER NUMMER 2: TAKTIK MIT STRATEGIE VERWECHSELN**

Damit Du die Auswirkungen Deiner Entscheidungen auch wahrnehmen kannst, brauchst Du einen geeigneten Zeitrahmen für dieses Ausprobieren und geeignete Entscheidungskriterien. In Deiner Planung gibt es TAKTISCHE und STRATEGISCHE Aspekte.

Wenn Du Kopfschmerzen hast, kannst Du Dich entscheiden, sofort etwas dagegen zu unternehmen. Nimm eine Aspirin. Dann wird es Dir schnell besser gehen. Bis zum nächsten Mal. Das ist TAKTISCHES, kurzfristiges Verhalten. Du kannst die Handlungen im Leben jedoch so verändern, dass Du weniger oft Kopfschmerzen hast. Du könntest rechtzeitig nach Hause gehen oder am Abend vorher einfach weniger oder keinen Alkohol trinken. Dann entsteht erst gar kein Kopfschmerz. Das ist STRATEGISCHES, langfristiges Verhalten.

In Deiner schriftlichen Lebensplanung kann es deshalb taktische UND strategische Elemente für ein gewünschtes Ziel geben. Zehn Kilogramm abnehmen durch Fasten ist taktisch. Dauerhaft ideales Gewicht durch eine Veränderung Deines Essverhaltens ist strategisch.

**FEHLER NUMMER 3: LIMITIERENDE GLAUBENSSÄTZE**

Wenn Du entschieden hast, Dich mit Handlungsoptionen zu versehen, wirst Du viele Dinge ausprobieren. Das macht Spaß und kann ein wichtiger Teil Deines Lebens sein. Teste das, was Du tust, für eine bestimmte Zeit und achte auf den strategischen und auf den taktischen Aspekt. Dadurch versetzt Du Dich in die Lage, überhaupt Entscheidungen treffen zu können, die Du dauerhaft in Deinem Leben verankern kannst.

Ein Körpertherapeut hat mir einmal gesagt, wenn man über 50 Jahre alt ist, könne sich der Körper nicht mehr verändern. Das habe ich als SEINEN Glaubenssatz unverbindlich gehört und meine eigenen Erfahrungen damit gemacht. Ich habe während meiner Ayurveda-Kur drei Wochen jeden Morgen eine Stunde Yoga geübt. Siehe da, ich wurde viel gelenkiger und war doch schon 54 Jahre alt. Wieder zu Hause, habe ich mich entschieden, einen Monat lang jeden Tag die Kurzversion meiner Übungen weiter zu machen. Ich fühlte mich jeden Morgen (taktisch) nach dem Yoga wunderbar und (strategisch) meine Körperhaltung und meine Gelenkigkeit haben sich im Laufe der Zeit sehr verbessert. Die tägliche Yoga-Übung gehört – wie das Zähneputzen oder das Frühstück – zu meinem Leben. Ohne sie fühle ich mich nicht wohl.

**FEHLER NUMMER 4: ENTSCHULDIGUNGEN ZUSAMMENBASTELN**
Neulich, als die administrative Arbeit wieder einmal unvermittelt und in dramatischer Menge über mich hereinbrach, sah ich spontan auf der Webseite der Sonnenaktivität nach. Und siehe da: Riesenausbrüche an Sonnenenergie. Der Mond stand mit dem Saturn und dem Uranus im 278. Haus, und im Horoskop hatte gestanden, dass ich in dieser Woche aufpassen sollte.

»Siehste«, dachte ich mir, »jetzt weiß ich genau, warum das alles passiert ist. Kein Wunder …!« Eine fadenscheinige Begründung für all das gefunden zu haben hat mich der Lösung meiner Aufgaben KEINEN EINZIGEN Schritt nähergebracht. Ich war eine Handbreit davon entfernt zu sagen: »Na, da kann man einfach nix gegen machen, jetzt ist das Universum gegen mich …!«, und mit diesem »Wissen« hätte ich wieder ins Bett gehen können, die Bettdecke über den Kopf gezogen und mich selbst bedauert. Da bist Du wahrscheinlich klüger!

**FEHLER NUMMER 5: SOFORT HEKTISCHE AKTION ERGREIFEN**
Ein weiser Mann hat gesagt, dass es eine große Gabe sei, die Dinge an ihren Platz fallen lassen zu können. Oft hilft es Dir, in Gedanken ein paar Schritte zurückzutreten und Dich zu fragen, ob Du jetzt überhaupt Aktion ergreifen musst. Wenn es Dir gelingt, über eine bestimmte Zeit hinweg den Lauf der Entwicklung eines Projektes zu beobachten, braucht es nur sehr wenig Energie, vielleicht nur einen kleinen Schubs im entscheidenden Moment, um Deinem Projekt die richtige Richtung zu geben. Frage Dich einfach:

»Muss ich wirklich JETZT etwas tun?«

Viele Menschen sind schnell ungeduldig. Wenn sie die Entscheidung getroffen haben, einen Traum zu verwirklichen, kann es ihnen mit der Realisierung nicht schnell genug gehen. Bedenke: Zur Selbstdisziplin gehört nicht nur die Aktion, sondern auch das Warten, bis der richtige Moment zum Handeln gekommen ist.

### Zu guter Letzt
Ein guter Plan ist ein entscheidender Schritt zum Erfolg in Deinem Leben. Vielleicht probierst Du einfach aus, EIN Projekt zu nehmen. Vielleicht eines, das im Moment nicht so gut läuft. Analysiere es mit den Fragen, die ich Dir weiter oben vorgestellt habe. Notiere die einzelnen Schritte zum Ergebnis und überlege Dir die dazu nötige Zeit. Dann gehe den ersten Schritt, beginne, DEIN Projekt zu realisieren. Damit beginnst Du, ein selbstbestimmtes Leben zu führen. Es ist tatsächlich so einfach.

## Ziele: Immer vorab festlegen!

In diesem Abschnitt geht es darum, wie Du Deinen Lebenszielen am besten folgen kannst. Deine Ziele liegen nun klar vor Dir, und Du hast einen Plan. Im Modell von NLP gibt es ein Frageraster. Diese Fragen habe ich zu einer Checkliste von neun Fragen komprimiert. Du kannst sie nutzen, um herauszufinden, ob und unter welchen Umständen ein von Dir gestecktes Ziel überhaupt erreichbar ist. Sie werden Dir darüber hinaus in jedem Gespräch eine Hilfe sein.

### Frage 1: Aktiv handelnd und positiv formuliert

Der erste Teil dieser Frage bezieht sich auf die aktiven Personen in der Zielvorstellung. Beispiel: »Ich möchte nicht mehr ein eifersüchtiger Partner sein. Mein Partner braucht dafür doch nur …!« Zielst Du auf eine Veränderung bei DIR oder bei Deinem Partner ab? Zum Erreichen Deiner Ziele ist es unabdingbar, dass DU SELBST die aktiv handelnde Person bist. Ganz einfach!

Der andere Teil der Frage bezieht sich auf die Art Deiner Motivation. Erreichbare Ergebnisse musst Du positiv formuliert haben. Es kommt darauf an, was Du willst, und nicht darauf, was Du NICHT willst. »Ich will nicht mehr so eifersüchtig sein!« ist aus diesem Grund kein so guter Vorsatz. Wie wäre es stattdessen mit: »Ich möchte lernen, den Freiraum meines Partners zu respektieren.« Das klingt doch viel positiver, oder? In diesem Sinne: Willst Du NICHT mehr rauchen? Willst Du NICHT MEHR so spät ins Bett?

**Frage 2: Beweise**
Eine wichtige *NLP-Grundannahmen*⁊ lautet:

> **Wenn das, was Du tust, nicht funktioniert, tue etwas anderes.**

Um zu überprüfen, ob Deine Aktionen dazu beitragen, Dein Ergebnis zu erreichen, solltest Du genau wissen, WANN und WIE Du Dein Ergebnis erreicht haben wirst. Dafür solltest Du Beweise finden. Du kannst zwei Arten von Beweisen unterscheiden.

Zum einen kannst Du herausfinden, welche Art von Feedback es gibt, das Dir signalisiert, dass Du Dich auf dem richtigen Weg befindest. Das ist die Antwort auf die Frage:

»Was von dem, was ich gerade tue, trägt dazu bei, mein Ergebnis zu erreichen?« Trägt zum Beispiel Dein Herumsurfen auf Facebook dazu bei, Deinen Lebensplan umzusetzen? Die zweite Möglichkeit besteht in einem *Future Pace*⁊:

▸ Dazu begibst Du Dich in Gedanken in die Zukunft.
▸ Stelle Dir vor, Du hättest Dein Ziel realisiert.
▸ Achte darauf, *assoziiert*⁊ zu sein.
▸ Was siehst, hörst, fühlst Du, wenn Du Dein Ergebnis erreicht haben wirst?
▸ Ankere das Gefühl. Du wirst es häufig gebrauchen.

**Frage 3: Genauigkeit**
Wie genau willst Du Dein Ergebnis erreicht haben? Es kann sein, dass Du Deinen Body-Mass-Index (BMI) von 24 auf 15 senken willst. Die anstehenden Aktivitäten sollen jedoch

Dein Liebesleben positiv oder zumindest nicht negativ beeinflussen. Wo also genau willst Du das Ergebnis erreichen, und welche anderen Lebensbereiche wären davon betroffen? Mit der möglichen Entscheidung, Steroide zu nutzen, würdest Du Dein Liebesleben durchaus beeinflussen …

Dasselbe gilt für den Zeitrahmen, den Du Dir gesetzt hast. Dass die Dinge, die Du wirklich willst, meist länger zur Realisation brauchen, als Du in Deiner anfänglichen Begeisterung wahrhaben willst, ist eine Lebensweisheit. Die hast Du zu Beginn eines Projektes berücksichtigt. Es wird sich im Verlaufe der Zeit ein »Korrekturfaktor« herauskristallisieren, den Du einkalkulieren kannst. Dazu ist es sinnvoll, alle Planungsschritte zum Zeitrahmen innerhalb der Realisation eines Projektes zu archivieren.

**Frage 4: Ressourcen**
Frage Dich nach Deinen benötigten und nach den vorhandenen »Ressourcen«. Oft fehlen in einem oder in mehreren Bereichen wichtige Ressourcen. Du kannst Deine erstellte Liste in fünf Bereiche gliedern.
- Bereich 1: Gegenstände, Werkzeuge
- Bereich 2: Menschen, die Dir helfen
- Bereich 3: Rollenmodelle als großes Vorbild
- Bereich 4: Persönliche Qualitäten
- Bereich 5: Geldmittel

**Frage 5: Kontrolle**
Jeder Mensch ist auf vielfältige Weise von seiner Umgebung abhängig. Oft ist es so, dass der Erfolg des Ergebnisses von anderen Menschen direkt abhängig ist. Kein Verkäufer kann sein Umsatzergebnis ohne seine Kunden

realisieren, es sei denn, er kauft seine Produkte selbst. Es lohnt sich, eine ausführliche Liste der Abhängigkeiten für Dein Projekt oder Deine Zielsetzung aufzustellen. Du kannst Dir beispielsweise alle Menschen aufschreiben, die direkt oder indirekt mit ihren jeweiligen Entscheidungen an der Realisation Deines Zieles beteiligt sind.

Die Konsequenz aus diesem Verfahren liegt dann hoffentlich in der Erkenntnis, dass es nötig ist, mit Deinen Mitmenschen wirklich gut zu kommunizieren.

**Frage 6: Ökologie-Check**
Wie viele Fragen hast Du Dir in diesem hypothetischen Zwiegespräch bis hierher bereits gestellt? So kannst Du dem *Ökologie-Check*↗ die richtige Bedeutung beimessen. Er ist wichtig! Nachfolgend noch ein paar Fragen, die sich die meisten Menschen verspätet stellen, wenn sie bereits eine Menge an Zeit und Energie in ein Projekt investiert haben.

**WIE VIEL ZEIT UND MÜHE BRAUCHT ES, DAS ZIEL ZU ERREICHEN?**
Wie schon des Öfteren erwähnt, hat der Tag 24 Stunden und leider keine Minute mehr. Selbst wenn Du perfekt organisiert bist, wird jedes Projekt, das Du zusätzlich beginnst, zusätzliche Zeit in Anspruch nehmen – oder Du zwackst die Zeit von anderen Projekten ab. Solange Du weniger Zeit mit Onlineshopping und Social Media verbringst, gibst Du Deinem Leben ja eine selbstbestimmte Richtung. Was jedoch, wenn Du bereits allen unnötigen Konsum- und Ablenkungskram aus Deinem Leben verbannt hast? Dann wirst Du nicht umhinkönnen, Prioritäten zu setzen. Ist Dir das neue Projekt wichtig genug, die dafür nötige Zeit und Energie zu investieren?

**WER IST NOCH VON MEINEM PROJEKT BETROFFEN?**

Nimm das Beispiel mit dem angestrebten niedrigen BMI. Was wird passieren, wenn Du in Zukunft alle Deine Abende im Fitnessstudio verbringst, statt es Dir mit Deinem Partner auf der Couch gemütlich zu machen? Wird sich Dein Partner jemanden suchen, der mehr Zeit hat? Versuche also, mögliche Folgen Deiner Handlungen vorauszusehen.

**WAS MUSST DU AUFGEBEN, UM DEIN PROJEKT ZU REALISIEREN?**

Diese Frage hat einen ähnlichen Hintergrund wie die vorhergehende. In einem meiner Workshops habe ich gefragt, wer von meinen Teilnehmern das Rezept haben möchte, innerhalb eines Jahres 1 000 000 Euro auf dem Konto zu haben. Fast alle Hände gingen in die Höhe. Als ich dann die nötigen Schritte und die nötige Zeit aufgelistet hatte und erneut fragte, war es etwa noch ein Viertel der Hände. Als ich fragte, wer denn sein Projekt tatsächlich starten würde, gingen noch 20 Hände in die Höhe. Und wer hat das Projekt tatsächlich begonnen? Keiner. Das sagt alles.

**WAS SPRICHT DAFÜR, DAS PROJEKT NICHT ZU BEGINNEN?**

Was ist das Gute an Deiner jetzigen Situation? Um beim BMI-Beispiel zu bleiben: Muss Dein Bauch weg, damit Dein Selbstbewusstsein und Deine Selbstakzeptanz steigen? Oder könntest Du nicht auch bei einer ehrlichen Auseinandersetzung mit Dir und Deinem Charakter Eigenschaften und Züge finden, auf die Du stolz sein kannst, und denjenigen aus Deinem Umfeld Glauben schenken, die Dich so akzeptieren, wie Du bist?

### WIE VERÄNDERT SICH DEIN LEBEN, WENN DU ES REALISIERST?

Stelle Dir vor, Du hättest JETZT eine Million Euro auf Deinem Konto. Was würde sich verändern? Die Antwort auf diese Frage wird mit Sicherheit die Art und Weise beeinflussen, wie Du Dein Projekt realisierst.

Ein Hinweis: In meinen Workshops lasse ich den Fantasien meiner Teilnehmer oft und gerne freien Lauf. Nach einiger Zeit, wenn sie lange Listen des »Ich würde ...« und »Dann würde ich ...« angefertigt haben, stelle ich die Frage: »Brauchst Du für die Verwirklichung Deiner Träume tatsächlich Dein Ergebnis (in diesem Falle die eine Million Euro)?«

Die Antwort auf meine Frage besteht dann meist in langem Nachdenken und der Erkenntnis, dass die materiellen Dinge eben NICHT dafür verantwortlich sind, dass Du Dir Deinen Traum nicht erfüllen kannst.

### GIBT ES OPTIONEN FÜR DEIN GEWÜNSCHTES ERGEBNIS?

Es ist eine sehr gute Idee, mögliche Alternativen zum gewünschten Ergebnis zu betrachten und Dir für die Realisation Deines Zieles mindestens fünf unterschiedliche Verfahrensmöglichkeiten zu überlegen.

In meinem professionellen Bestreben, in Beruf und Leben mit den Mitteln des Modells von NLP erfolgreiche Menschen zu modellieren, stoße ich immer wieder auf eine zentrale Eigenschaft: *Erfolgreiche Menschen akzeptieren nie nur eine Möglichkeit des Handelns.* Erfolgreiche Menschen haben mindestens fünf, manchmal zehn oder mehr Optionen, ein Projekt zu realisieren. Dann wählen sie die beste Möglichkeit für ihre Zwecke aus. Von einem Multimillionär habe ich den Ausspruch übernommen:

*»Ein Projekt ohne Alternativen ist kein Projekt!«*

Dabei kann es schnell passieren, dass Du an die Grenzen Deiner denkbaren Möglichkeiten gerätst. Sätze wie: »Ich kann doch nicht einfach ...« oder »Wo kämen wir denn da hin, wenn ich ...« markieren solche Grenzen. Glücklicherweise gibt es das *Metamodell der Sprache*⁷. Mit der Frage: »Was würde passieren, wenn Du ...?« (*»Was wäre, wenn ...«-Rahmen*⁷) springst Du elegant über diese Limitierungen Deiner eigenen Weltsicht und kommst vielleicht auf den einen oder anderen für Dich revolutionären Gedanken.

**Frage 7: Identität – Passt das Ergebnis zu Dir?**
Jeder Mensch möchte gerne im Leben vorwärtskommen. Stelle Dir vor, es gäbe für Dich ein Angebot, gleich ZWEI Stufen über Deinem jetzigen Niveau tätig sein zu können. Für 50 Prozent mehr Gehalt als jetzt – dazu müsstest Du allerdings nach Finnland ziehen.

Für manchen käme das »Ja« fast augenblicklich, ein anderer bräuchte etwas Zeit zum Nachdenken und Abwägen, und wieder ein anderer würde sofort, ohne groß nachzudenken, das Angebot ausschlagen. In jedem Falle ist es sinnvoll, alle Faktoren in eine Entscheidungen mit einzubeziehen.

**Frage 8: Gesamtbild – Passen die Ergebnisse?**
Um im Beruf glücklich zu sin, brauchst Du womöglich das eine oder andere Projekt. Damit Du ein gesundes Leben führst, brauchst Du Projekte. Die Betonung liegt hier auf der Mehrzahl. Je mehr Du Dich in die Details der einzelnen Lebensbereiche hineinfragst, desto genauer können Deine einzelnen Schritte ausfallen, die Du tust, damit Du Deine Projektergebnisse (Ziele, Wünsche, Träume) erreichst.

Bei der sinnvollen Anwendung des MetaModells der Sprache stößt Du darauf, dass »Glück« und »Selbstbestimmung« unbestimmte Hauptwörter sind. Diese kannst Du bei Bedarf hinterfragen: *»Was genau meine ich damit?«*

Eine *Chunk-Ebene*↗ tiefer kannst Du die Gliederung Deiner Lebensbereiche genauer überdenken. Das können bei Dir Beruf, Gesundheit, Partnerschaft usw. sein. Wenn Du alles richtig gemacht hast, wirst Du in allen Bereichen Ziele haben und Ergebnisse erzielen wollen.

Wie isst man einen Elefanten? Stück für Stück! Ja, ich weiß, dieses kleine Bonmot hat einen langen Bart. Es illustriert allerdings gut, was ich mit obiger Frage meine. Wenn alles richtig bei Dir läuft, dann steht als große Überschrift über Deinem Zwiegespräch: *Ich will glücklich und selbstbestimmt leben.*

### Frage 9: Aktionsplan – Was passiert als nächstes?

Es kann und wird mit dem angegebenen Fahrplan so sein, dass Du irgendwann tatsächlich Ergebnisse erreichen und in vielen Deiner Projekte erfolgreich sein wirst. Und dann? Du kannst schon jetzt darüber nachdenken, was dann passieren wird. Deshalb ein kleiner Exkurs im Hinblick auf das obige Beispielszenario, plötzlich eine Million Euro zu besitzen: Es gibt, ob es nun zu Deinem Weltbild gehört oder nicht, tatsächlich viele Möglichkeiten, ein glückliches und selbstbestimmtes Leben zu führen. Bei weitaus den meisten trägt der Besitz von viel Geld nicht zur Intensität des Erlebens bei. Geld, wenn Du es besitzt, mag beruhigen, aber glücklich macht es Dich nicht automatisch. Vielleicht lohnt sich der Gedanke, Dir ZUERST Strategien anzueignen, glücklich zu sein, und erst dann

Entscheidungen selbstbestimmt so zu treffen, dass das Geld von alleine kommt.

Ein glückliches Leben ist immer erfolgreich.
Ein erfolgreiches Leben ist nicht immer glücklich.

**Realisiere Deine Ziele mit der Wunderfrage**

»*Ich weiß, es wird einmal ein Wunder gescheh'n*«, singt Zarah Leander in ihrem populären Lied aus den Kriegsjahren der Vierziger. Na ja, wie das geendet hat, wissen wir alle. In diesem Abschnitt geht es um Wissen; darum, wie das Wunder Deines Erfolgs mit Gewissheit eintritt. Die Lösung dafür:

> **Deine Landkarte ist nicht die Landschaft.**

So lautet eine Grundannahme im Modell von NLP. Mit anderen Worten besagt diese Annahme, dass Du Deine Realität, dass Du Dir das, was Du für die Wirklichkeit hältst, in Deinem Gehirn zusammenbaust. Oft genug muss ich erleben, dass ein Erlebnis bei unterschiedlichen Menschen ganz unterschiedliche Versionen der gelebten Realität entstehen lässt.

### Wer hält den Stein der Weisen in der Hand?

Für den einen hat ein Erlebnis positive und konstruktive Auswirkungen, während es für einen anderen nur einen Beweis seiner Unzulänglichkeit und Unfähigkeit darstellt.

Was von beidem ist nun die Wahrheit? Das ist eine Frage, über die wir aus oben genannten Gründen trefflich streiten können – über die häufig genug trefflich gestritten wird. Über diese Frage nach der Wahrheit wurden und werden Kriege geführt. Ich will gar nicht wissen, wie viele Beziehungen deswegen zugrunde gegangen sind.

Ein Ausweg aus dem Dilemma unterschiedlich konstruierter Realitäten besteht in der Relativierung Deines Alleinanspruchs. Verzichte auf den Besitz der einzigen, »richtigen« Realität. Dabei hilft Dir die Veränderung Deiner Sprache. Schließlich kommunizierst Du ja Deine Realität an andere mit Deiner Sprache.

**Wie Du sture Esel lockst.**
All das ist gut und schön. Was aber wirst Du tun, wenn eine Person, die Dir nahesteht, sich weigert, die Relativität ihrer eigenen Realitätsgestaltung wahrzunehmen? Wenn diese Menschen glauben, ihre Realität wäre DIE EINZIG RICHTIGE? Und schlimmer: Wenn diese Menschen (wider Dein besseres Wissen) glauben, in ihrer negativen und ressourcenlosen Realität ohne Alternative gefangen zu sein?

Oft manifestiert sich ein solches Weltbild in Sätzen wie: »Das werde ich niemals erreichen!« oder »Das klappt bei mir sowieso nicht!«. Daraus können für Dich Aufgabenstellungen resultieren, die Dir als NLP-Anwender, Coach, Lehrer, Führungskraft, Partner, Freund oder was auch immer jeden Tag in Deiner Realität begegnen.

Ich habe oft deutlich gemacht, dass jeder Mensch sein Schicksal zum Besten wenden kann. Das schließt automatisch auch jene Menschen ein, die sich aus der Realität stetig jene Scheiben herausschneiden, die ihnen vorgaukeln, dass das Schicksal es schlecht mit ihnen meint, dass ihnen das Universum die Realisierung ihrer Wünsche versagt. So kannst Du Dein Leben verbringen, so MUSST Du es allerdings nicht verbringen.

**Der erste Schritt: Wie kann es besser gehen?**
Du kannst damit beginnen, zu erkennen, dass es ein AKTIVER Prozess ist, dem Leben jenen negativen Impuls zu geben. Wer also aktiv etwas tut, um dem Leben seine Schattenseiten abzugewinnen, kann im Gegenzug auch AKTIV etwas tun, damit in Zukunft die Sonne scheint.

Wenn Du betroffen bist, kannst Du mit einer einfachen NLP-Technik beginnen, Deinen Fokus zu verändern. Wenn Du glaubst, im Leben benachteiligt zu sein, formulierst Du das meist auch nach dem Prinzip: »Ich will nicht mehr ...!«

Wenn Du also weißt, was Du nicht willst, fällt Dir auch (hoffentlich) ein, was Du stattdessen willst. Wenn nicht, stellt diese Frage einen ersten Schritt in die richtige Richtung dar: Was willst Du?

Wenn Du die Kriterien der *Zielökologie*⁊ aus dem vorherigen Abschnitt beachtest, hast Du in diesem Schritt gleich sichergestellt, dass sich Deine Ziele tatsächlich verwirklichen lassen. Bei Menschen, denen Du im Erreichen ihrer Ziele weiterhelfen willst, stellt dieser Schritt den Beginn einer sinnvollen Strategie dar. Wenn das bisher Geschriebene gilt, dann ist es Deine Aufgabe, den Fokus der Person ZUERST dahin zu verändern (und auch den Glauben daran), dass positive Ziele überhaupt erreichbar sind.

Du willst erreichen, dass sich Dein Gegenüber zukünftig eine andere Scheibe aus der Wirklichkeit herausschneidet.

### Wie Du eine positive Sicht auf die Welt gewinnst

Die meisten Menschen haben nicht gelernt, sich bewusst mit den positiven Aspekten ihres Lebens und ihrer Ziele zu beschäftigen. Sie konzentrieren sich auf die Beantwortung der Frage: »Warum wird das, was ich mir so sehr wünsche, nicht funktionieren?«

Der *»Was wäre, wenn …«-Rahmen*↗ im Modell von NLP entstammt ursprünglich einer hypnotischen Technik von *Milton H. Erickson*↗. Er nannte sie »Kristallkugeltechnik«. Im Kontext von Coaching und Therapie findest Du sie häufig unter dem Titel »Wunderfrage«. Ich bleibe gerne beim Namen *»Was wäre, wenn …«-Rahmen*, diese Wunderfrage ist ja keine einzelne Frage, sondern eine Reihe an Fragen.

Das Ziel ist, Deinen Fokus auf die Realisierung Deiner Ziele zu lenken und diese Strategie neurophysiologisch zu verankern. Dabei hilft Dir, dass Dein Gehirn zwischen einer konstruierten und einer tatsächlich wahrgenommenen Realität keinen Unterschied macht. Du kannst durch geeignete Fragen nicht nur den Fokus verändern, sondern die Veränderung in Deinem Gehirn als »schon passiert« verankern.

### Eine Frage führt Dich weiter

Das erklärt Erfolg und Popularität des *»Was wäre, wenn …«-Rahmens*. Darüber hinaus ist er einfach anzuwenden. Du beginnst im ersten Schritt mit der Festlegung von Zielen und ihrer Formulierung nach den Kriterien der NLP-Zielökologie. Du weißt danach, was Du willst – und möglicherweise auch, was Du glaubst, nicht möglich machen zu können. Dann stellst Du eine einfache Frage:

»Stelle Dir vor, Du wachst morgen früh auf – und es ist ein Wunder geschehen. Du hast Dein Ziel über Nacht automatisch erreicht. Woran merkst Du, dass dieses Wunder geschehen ist?«

Diese einfache Frage kannst Du nur beantworten, wenn Du Dich konstruktiv mit der Realisation des »Wunders« auseinandersetzt. Dich interessiert nicht der Prozess der Realisation, Dich interessiert das Ergebnis und seine Manifestation in möglichst differenzierter Wahrnehmung.

Jede weitere Frage, die Du stellst, wird die Wahrnehmung des Ergebnisses deutlicher machen. Sie hilft Dir, Deinen neuen Fokus auf der neurophysiologischen Ebene zu verankern. Du hast die Fragen, die Du stellen kannst, in diesem Buch bereits oft gelesen:

- Woran genau merkst Du, dass das Wunder tatsächlich geschehen ist?
- Was genau ist anders in Deinem Denken, Handeln und Fühlen?
- Wer in Deiner Umgebung bemerkt, dass bei Dir das Wunder geschehen ist?
- Was bemerkt Deine Umgebung genau?
- Wer freut sich über dieses Wunder?
- Wen ärgert es?
- Was ist für Dich, für andere gewonnen, was verloren?
- Was verändert sich durch das Wunder in der Art, Dinge zu bewerten?
- Was ist damit in Deinem Leben automatisch anders geworden?

Dein Ziel ist, über eine längere Zeitperiode hinweg (eine Stunde sollte es sein …) möglichst viele Fragen zur Wahrnehmung zu stellen. Vielleicht fertigst Du Dir eine Liste an, auf die Du gelegentlich einen Blick wirfst. Achte auf die

Ausgewogenheit der unterschiedlichen Wahrnehmungskanäle, also berücksichtige auch etwaige sinnliche Eindrücke wie Klänge, Gerüche und Bilder.

**Den neuen Fokus im Unbewussten verankern**
Eine weitere hilfreiche Technik zur Generalisierung und Verankerung der Veränderung des Fokusses kann in einer zusätzlichen Aufgabe bestehen. In den Zeiten von Smartphones kannst Du Dir für die nächste Woche ein Tonsignal programmieren. Jedes Mal, wenn der Wecker klingelt, kannst Du wahrnehmen, was genau JETZT dazu beiträgt, Dir zu beweisen, dass Dein Wunder bereits geschehen ist. Diese Aufgabe hilft Dir sehr gut, entstehende Ressourcen in Dein tägliches Leben zu integrieren.

Die Eleganz dieser Technik besteht darin, »nur« den Fokus und damit die *Glaubenssätze*⁷ zu verändern und eben nicht auf Lösungsstrategien zurückzugreifen. Strategien für eine Veränderung im Leben entstehen durch eine Veränderung der Betrachtungsweise, des Fokus, von selbst. Nach einer weiteren Grundannahme im Modell von NLP befinden sich die Ressourcen für die nötige Veränderung ja bereits in Dir.

**Die praktische Umsetzung**
Übe ZUERST mit jemand anderem, dann mit Dir selbst. Erst wenn Du die Fragestellungen so internalisiert hast, dass sie zum unterbewussten Bestandteil Deiner privaten Gespräche werden, kannst Du beginnen, mit Dir selbst zu arbeiten. Zur Wunderarbeit mit Dir selbst empfehle ich Dir eine Variante der *Silva Mind Methode* (siehe Kapitel 5) zur internen Projektion.

Überflüssig zu sagen, dass die Methode des *»Was wäre, wenn …«-Rahmens* wirksam ist und täglich in vielen tausend Gesprächen weltweit mit durchschlagendem Erfolg angewendet wird. Der *»Was wäre, wenn …«-Rahmen* ist ein hervorragendes Mittel, *Conversational Change*[7] zu üben – die Methode, Veränderungstechniken während eines Gesprächs nebenher einzubinden.

### Innehalten – Reflektieren – Freuen

Was tun, wenn plötzlich die Geschwindigkeit nachlässt in Deinem Leben? Wenn die Uhr langsamer läuft? Das kann durch Ereignisse von außen, zum Beispiel durch einen Unfall oder einen Pandemie-bedingten Lockdown geschehen. Oder es geschieht von innen, zum Beispiel durch eine Krankheit. Es kann auch der Zeit selbst geschuldet sein. Im Winter, der dunklen Jahreszeit, laufen Deine Uhren automatisch langsamer. Auch in der Nacht, in der Zeit zwischen zwei und fünf Uhr, scheinen unsichtbare Gewichte an den Zeigern zu hängen. Was dann tun? Sollst Du anschieben? Sollst Du Panik bekommen? Literweise Kaffee als Turbolader trinken?

### Wahrnehmen: Die Zeit läuft langsamer
Was immer in Deinem Leben passiert ist, plötzlich hast Du mehr Zeit. Kein Telefon läutet, keine WhatsApp kommt herein, das SMS ist eingefroren und sogar Instagram, Facebook, E-Mail, usw. machen Pause. Ist es nicht wirklich verrückt, an wie viele Unterbrecher Du Dich gewöhnt hast? Jedes dieser kleinen Helferlein raubt Dir Lebenszeit.

Vielleicht erlaubst Du Dir, einmal aufmerksam zu sein und wahrzunehmen, wie viel Zeit Du über den Tag damit verplemperst. Gerade, wenn es Dir körperlich wegen eines Unfalls oder einer Krankheit weniger gut geht. Du wirst herausfinden, wie kostbar jede Minute sein kann, wenn Du sie bewusst lebst.

Ich finde, solche Momente sind ein guter Anlass, Dich zu fragen, ob es denn all diese Ablenkungen wirklich braucht. Ist es wirklich nötig, jene 150 Male auf Dein Smartphone zu sehen, wie es ein durchschnittlicher Mensch pro Tag tut? Vielleicht nur, um herauszufinden, dass jemandem ein Beitrag von Dir gefällt oder schlimmer: dass sich gerade niemand um Dich schert?

Ja klar, wenn Du all diese leeren Handlungsmuster weglässt, was bleibt Dir dann? Von vielen Freunden weiß ich, dass sie in Panik verfallen. Die natürliche Tendenz des Menschen scheint zu sein, diese vermeintliche Leere mit Blödsinn zu füllen.

**Innehalten: Lerne, mit Dir selbst zu sein**
Wenn die Zeit langsamer läuft, ist das ein Appell daran, die Ruhe einfach zu genießen. Bevor es Dir von außen passiert, werde doch einfach selbst aktiv passiv. Also, weg mit dem Smartphone und anderen Zeitfressern. Einfach mit Dir und Deinen Gedanken alleine sein. Lege Dich ins Bett, auf die Couch oder setze Dich in einen bequemen Sessel.

Gehe in die Sauna oder den botanischen Garten. Im Berliner botanischen Garten gibt es ein Becken mit Lotosblumen. Dort ist es warm, die Luft riecht gut, Vögel singen wie im Frühling und ich habe ganze Nachmittage dort gesessen, als ich den Winter in der Stadt verbrachte. Zeit zum Lesen, Lernen, Nachdenken. Ich habe es sehr genossen.

### Reflektieren 1: Was ist gerade mit mir los?

Du verbringst gerade Zeit mit Dir. Du sitzt oder liegst und denkst nach, ohne gleich in Aktionismus zu verfallen. Das ist gut! Das können die wenigsten Menschen in unseren Breitengraden, einfach dasitzen und nichts tun. Nicht unterwegs zu großen Zielen, nicht die nächste Aktion schon im Kopf, nicht Selbstdisziplin zeigen und Dich gegen Deinen erklärten Schweinehund aufraffen. Einfach dasitzen.

Wie bist Du in diese Situation geraten? Wenn Krankheit dazu geführt hat: Was hast Du getan, dass Du Deinen Körper veranlasst hast, mit Krankheit zu reagieren? Kannst Du daraus lernen? Genieße den Moment, auch wenn Du Schmerzen hast. Lass die Gedanken kommen und gib ihnen Raum. Das kannst Du eine Weile lang tun – solange Du in guter Laune bist.

### Reflektieren 2: Was läuft gerade richtig gut?

Meistens, so entspricht es meiner Erfahrung, fällt Deine gute Laune ziemlich schnell in sich zusammen, wenn Du mit Dir alleine bist. Irgendein Blödsinn, der schlechte Gefühle rechtfertigt, kann Dir jederzeit durch den Kopf schießen. Deshalb ist es wichtig, den Fokus zu behalten – auf positive Dinge.

Und jetzt, eine Übung! Ja, ganz einfach: Denke eine Zeit lang darüber nach, was gut läuft in Deinem Leben. Kleinigkeiten und große Dinge. Wenn Du willst, schreibe alles, was Du gefunden hast, auf ein Blatt Papier. Je mehr Du nachdenkst, desto mehr wirst Du finden. Wenn Du einen Lebensplan erstellt hast, kennst Du das Ergebnis dieser Übung und kannst diese Liste zur Hand nehmen. Vielleicht ist es jetzt an der Zeit, den damals erstellten Lebensplan aufzufrischen. Zum Glück ändert sich das Leben ständig und nichts ist für immer in Stein gemeißelt.

### Reflektieren 3: Warum bin ich glücklich?

Und dann kannst Du Dich gleich dem zweiten Teil der Aufgabe widmen. Du wirst nämlich wahrnehmen, dass durch Deine Beschäftigung mit dem, was funktioniert, auch Deine Stimmung viel besser geworden ist. Eine tolle Möglichkeit, EINE AKTIVE VERÄNDERUNG NUTZLOSER GLAUBENSSYSTEME vorzunehmen.

WARUM bist Du gerade glücklich? Finde jede Menge Gründe dafür. Gerade hast Du nachgedacht, was alles gut läuft in Deinem Leben. Wunderbar, das ist ein Anfang. »Weil X und Y gut laufen, bin ich gerade wirklich glücklich!«

Mit dieser Form der Selbstprogrammierung kannst Du Dich eine ganze Zeit beschäftigen. Du wirst herausfinden, dass Dir, je mehr Du darüber nachdenkst, mehr und mehr einfallen wird. Plötzlich fließt es und Du kannst mit dem Notieren gar nicht aufhören. So viele gute Gründe für so viele gute Gefühle.

### Das Ergebnis: Freude

Die beiden Übungen über Deine positiven Gedanken werden Dir helfen, schneller zu heilen, wenn Du krank im Bett liegst. Das ist wissenschaftlich erwiesen. Mit positiven Gedanken verläuft Dein Heilungsprozess zehnmal bis zwanzigmal schneller. Außerdem geben Dir positive Gedanken Ruhe und Kraft.

Genieße also die Zeit, die Du mit Dir verbringst, und mache das Allerbeste daraus. Das Rezept hast Du ja. Wenn Du fit in NLP oder Hypnose bist, kannst Du sehr einfach die daraus resultierenden Gefühle weiter verstärken.

Ich wünsche Dir viel Vergnügen mit Deiner Zeit mit Dir selbst. Und wenn Du versehentlich mit den vielen guten Gefühlen über Dein Ziel hinausschießt und zu viele davon hast, gib einfach einer fremden Person eine Portion davon. Alle Menschen können gute Gefühle brauchen. Dann wird die Welt bald eine andere sein.

# KAPITEL 7

## Regeln für ein glückliches Leben

In den letzten Kapiteln hast Du erfahren, was Du für ein BESSERES UND ERFOLGREICHERES Leben tun kannst. Auf den letzten Seiten dieses Buches geht es nun um Dein GLÜCKLICHES Leben. Pläne hast Du bestimmt viele gemacht, wenn Du meinen Anregungen gefolgt bist. Und Du magst durchaus auch eine Menge Aktion in Dein Leben gebracht haben. Vielleicht meinst Du, gut unterwegs zu sein. Darf ich Dir den Ratschlag geben, ein – Dein – glückliches Leben zur obersten Priorität zu erklären?

Leider haben wir alle keinen direkten Draht zum Verlauf unserer Zukunft. So sieht es vielleicht mit Deinen vielen Plänen, die zum Erfolg führen sollen, in einem, zwei oder drei Monaten ganz anders aus. Vielleicht verändert sich Deine Definition eines erfolgreichen Lebens durch EIN einschneidendes Erlebnis. Damit Du das, was Du Dir vorgenommen hast, auch umsetzt, braucht es den Zustand des glücklichen Seins in Deinem Leben. Dafür habe ich fünf Regeln gefunden, die das Fundament dafür legen sollen. Du entscheidest wieder einmal, ob Du ihnen folgst.

### Regel 1: Dein Leben – gesund und energetisch

In einem gesunden Körper wohnt ein gesunder Geist. Das ist ein Ausspruch des lateinischen Dichters Juvenal. Krank wird der Körper nach meiner Erfahrung, wenn es ein Ungleichgewicht gibt zwischen dem, was gut für Dich wäre, und dem, was gerade wirklich in Deinem Leben abläuft.

Es soll in diesen Zeilen kurz darum gehen, was Du tun kannst, Deine Gesundheit, wenn Du sie hast, zu erhalten, und wenn Du sie verloren hast, wieder zu erlangen. Vielleicht stehen viele der hier vorgestellten Erkenntnisse konträr zu Deinen Glaubenssystemen und zur gegenwärtigen Lehre der Schulmedizin. Darf ich Dich daran erinnern, dass nicht alle Völker und Gesellschaften der Welt unsere »wissenschaftliche« Auffassung von Medizin und Gesundheit teilen?

**Was hat NLP mit Deiner Gesundheit zu tun?**
Das Modell von NLP – in der Form, wie ich es vermittle – zeigt Dir, wie Deine Gedanken den Fokus bestimmen, mit dem Du Deine Wahrnehmung lenkst. Aus dieser Wahrnehmung entsteht Dein Bild der Welt. Dieses Ergebnis nennst Du Deine Wirklichkeit.

Wenn Du der Ansicht folgst, dass Krankheiten im Kopf beginnen, kannst Du zwei Forderungen an Dich ableiten:

1. Löse krank machende Gedanken auf.
2. Denke so, dass Du Dich gesund erhältst.

**1. Alte und krank machende Gedanken auflösen**
Die Schatzkiste des NLP hält diesbezüglich viel Gutes für Dich bereit. Vielleicht willst Du in diesem Zusammenhang nachdenken, wie viel Zeit Du mit der Konstruktion schlechter Gefühle und Gedanen verbringst.

Der Partner, dem Du das abrupte Ende der Beziehung niemals verziehen hast, die gute Freundin, die auf der Suche nach einem selbstbestimmten Leben in die weit entfernte, große Stadt zog. Wie vielen Menschen schiebst Du Schuld zu? Das sind die Gedanken, die Dich auf Dauer krank machen.

## 2. Neue Gedanken richtig denken

Neue Gedanken so zu denken, dass sie Dich gesund halten: Wie kommst Du dahin? Ich denke an das Buch von Hawkins, der Gefühlen und Zuständen Zahlenwerte zuordnete und sie in steigender Reihenfolge auflistete. Den niedrigsten Wert setzte er bei 1 (gerade noch am Leben) an, das Gefühl von Scham hat in seiner Skala den Wert 25, der höchste Wert findet sich bei 1000 für den Zustand der Erleuchtung. Bei einem Wert von 250 siedelt er den neutralen Zustand an.

Aus diesen Erkenntnissen ergibt sich für Deine dauerhafte Gesundheit die Forderung: Deine Gedanken sollen so sein, dass sich Deine »Gefühlsschwingung« dauerhaft über dem »neutral« von 250 befindet. Unterhalb von 250 macht krank. Es lohnt sich, Dich darüber zu informieren.

### Essen für die Gesundheit

Was HÄLT Deinen Körper gesund? Ganz einfach: Richtiges Essen und Trinken und genug Aktivität. Das reicht aus. Das zumindest ist die wichtigste Erkenntnis der Wissenschaftler, die sich mit dem gravierenden Übergewicht der meisten Menschen in unserer westlichen Industriegesellschaft befasst haben. Kein Wunder, dass es auch die wichtigste Erkenntnis der östlichen Heilmethoden darstellt.

Was ist »richtig«? Einer meiner sehr guten Freunde ist Arzt und Ernährungsberater. Seine Erfahrung und sein Wissen um die richtige Ernährung kannst Du in fünf einfachen Empfehlungen zusammenfassen:

- ▸ Iss viel Rohes, Natürliches und Unverarbeitetes
- ▸ Iss viel Grünes

- Iss in Gemeinschaft
- Iss langsam und mit Freude
- Iss so wenig, dass Appetit übrig bleibt

Wenn Du diese fünf einfachen Regeln in Dein Leben übernimmst, reicht es für ein gesundes Leben. Ich halte mich aus der Diskussion über das Für und Wider des Fleischessens heraus. Meine Meinung: Flexibilität geht vor Religion.

**So kommst Du auf den richtigen Weg**
Sei aufmerksam. Achte auf die Signale Deines Körpers. So weißt Du, auf welchem Weg Du Dich befindest. Erinnere Dich an den zehnten NLP-Grundsatz:

> **Wenn das, was Du tust, nicht funktioniert, tue etwas anderes.**

Zum Thema Trinken möchte ich Dir gerne ebenfalls einige Tipps geben: Dein Körper hat einen unterschiedlichen Bedarf an Flüssigkeit. Wenn Du die empfohlenen zwei Liter pro Tag anpeilst, bist Du gut dabei. Beobachte, wie es Deinem Körper geht. Die Menge an Flüssigkeit ist ja von vielen Faktoren abhängig. Ist es Sommer oder Winter, bist Du gerade zehn Kilometer gelaufen oder hast Du zwei Stunden auf der Couch gelegen. Tipp: Wenn Du am Arbeiten bist und Deine Ideen nicht so richtig sprudeln wollen, lege einfach eine kleine »Trinkpause« ein.

**Blauer Dunst als schlechte Gewohnheit**

Du rauchst? Für mich ist das kein Problem, eher für Dich! Triff die Entscheidung, aufzuhören – und mache Dich auf den Weg! Das sollte nach vielen Seiten NLP einfach für Dich zu bewerkstelligen sein. Dazu möchte ich Dir eine kleine Geschichte erzählen. Sie stammt aus der Anfangszeit meiner beruflichen Tätigkeit als Trainer. Ich hatte mit NLP und Techniken der Gesprächshypnose bereits einige Erfahrungen gesammelt und aus meinen Kenntnissen einen Workshop mit dem treffenden Namen »Frische Brise« entwickelt. Der freiwillige Workshop machte Angestellten großer Firmen das Angebot, mit dem Rauchen aufzuhören, und wurde von der Firma bezahlt.

Der Workshop war extrem erfolgreich. Über 80 Prozent der Teilnehmer beendeten nach dem Workshop ihre lasterhafte Gewohnheit. Etwa 40 Prozent davon rührten nie wieder eine Zigarette an, der Rest begann nach etwa zwei bis drei Monaten wieder zu rauchen. Ich interessierte mich besonders für die Gruppe derer, die wieder anfingen. Wie kann jemand, so dachte ich mir, so dumm sein, mit dem Rauchen anzufangen, obwohl er damit endlich aufgehört hat? Ich war der Meinung, das würde jeder Logik entbehren. Ich begann mit meinen Interviews und hörte immer wieder den gleichen Grund: »Plötzlich war ich von allen Informationen abgeschnitten. In der Raucherecke wurden immer die aktuellsten Informationen ausgetauscht!«

Meine Lösung: Die Firma erweiterte den Bereich der Kaffeeküche. Stühle und ein größerer Tisch sowie kostenlos bereitgestellte Getränke verlagerten den Bereich des informellen Informationsaustauschs und machten ihn für ALLE Angestellten attraktiv. Eine weitere Lektion habe ich für Dich parat: *Jede nicht gerauchte Zigarette ist ein Schritt zu einer guten Gewohnheit.*

Dein Recht auf Selbstbestimmung kann Dir niemand beschneiden, und es könnte sein, dass Du mit dem Rauchen aufhören möchtest und glaubst, Du könntest es nicht. Dazu ein Gedanke: Ich meine, das Schädlichste am Rauchen ist Dein schlechtes Gewissen. Wenn Du schon rauchst, genieße es wenigstens in dem Bewusstsein, dass Dein Körper damit umzugehen gelernt hat. Vielleicht lässt Du öfter einmal eine gedankenlos gerauchte Zigarette weg und wartest, bis Du wirklich genießen willst.

Ja, ich weiß es auch: Besser wäre es, aufzuhören, das Zweitbeste jedoch ist, mit gutem Gewissen zu genießen. Der allerbeste Lohn jedoch ist das bessere als das gute Gefühl, etwas Wichtiges für Deine Gesundheit getan zu haben. Das BESTE Ergebnis ist ein Körper, in dem Du Dich wohlfühlst.

**Ein Gläschen in Ehren …**
Wenn wir von gesundem Lebensstil reden, wie verhält es sich dann mit Deinem Verhältnis zum »sozialen Schmiermittel« Alkohol? Kleine Mengen Rotwein sollen, sagen Studien und sagt der Arzt, der Gesundheit nicht abträglich sein. Ein Glas Rotwein am Abend fördert die Entspannung, die darin enthaltenen Stoffe sollen gut fürs Herz sein.

Regelmäßig eine Flasche Wein oder drei Flaschen Pils zur Entspannung am Abend sind bedenklich. Solche Mengen stempeln Dich nach Meinung vieler Ärzte bereits zum Alkoholiker. Wo ist da die Grenze? Der Alkohol gehört in unserer Gesellschaft ja seit vielen Jahrhunderten zum sozialen Leben.

»Wein, Weib und Gesang, und das Ganze ein Leben lang. Wenn das nicht mehr wär, ich armer Tor, dann wär mir angst und bang!«

Das ist nur eines der vielen Sprichwörter, die eine Verbindung von Geselligkeit und Alkoholgenuss feiern. Ich möchte Dich nicht bevormunden und meine, bewusster Genuss ist Dir durchaus förderlich. Ich rate Dir, ein paar Gedanken zu investieren und ein gutes Verhältnis zum Alkohol zu finden. Ist er wirklich Dein soziales Schmiermittel, oder kompensiertst Du vielleicht eine mangelnde Fähigkeit, Gefühle in einer Gruppe auszudrücken? Mehr will ich dazu nicht sagen ...

**Bewegen für vollständige Gesundheit**
Ausreichende Bewegung und Anregung zur Zirkulation Deiner Körpersäfte ist genauso wichtig wie richtiges Essen. Junge Menschen gehen ihrem Bewegungsbedürfnis auf natürliche Weise nach. Beobachte nur Kinder, die unaufhörlich und mit unerschöpflicher Energie hin und her laufen, auf Bäume klettern, Fangen spielen. Kurze Momente der Ruhe und Erholung und dann geht es wieder von vorne los. Und die Eltern sitzen auf der Bank und plaudern.

Die Wissenschaft empfiehlt mindestens 6000 bis 8000 Schritte über den Tag. Mindestens! Ich empfehle Dir eine Stunde moderater Bewegung täglich an der frischen Luft. Zusätzlich kannst Du Dir überlegen, wie Du Deinen Körper geschmeidig und gelenkig erhältst. Er soll Dir ja bis ins hohe Alter dienen. Yoga, Pilates, Gymnastik, Dehnen, Schwimmen, Power-Walking, Jogging – all das WÄREN wunderbare Möglichkeiten des Ausgleichs für das viele

Sitzen und Deine Inaktivität. Zusätzlich würden sie Deinen Energiefluss im Körper fördern. Falls Du bei null anfängst: Beginne langsam und steigere Dich!

**Deine Faulheit hat Konsequenzen**
Was Du vielleicht nicht berücksichtigt hast: Ein passiver Lebensstil zieht passive Gedanken nach sich. Depressive Menschen wollen nichts tun, viel schlafen und sich nicht bewegen. Gelingt es ihnen, Bewegung in ihren Lebensstil zu bringen, verringern sich die Symptome der Depression schnell.

Das ist in Kürze alles, was ich zur ersten Regel für ein glückliches Leben zu sagen habe. Vielleicht nimmst Du Dir einfach ein Blatt Papier und schreibst die Punkte auf, bei denen Dein momentaner Lebensstil von den genannten Forderungen abweicht. Übersetze sie in klar ausführbare Ziele. Nutze die Fragen und Zahlen, Daten und Fakten.

Also statt: »Ich will mehr rohes Gemüse essen« schreibst Du: »In der ersten Woche werde ich drei Mal zum Frühstück einen grünen Smoothie zubereiten und trinken. Außer Tee nehme ich bis zum Mittagessen nichts mehr zu mir.« So gelangst Du, Schritt für Schritt, zu einem gesünderen Lebensstil. »Rom wurde nicht an einem Tag erbaut!« ist ein Sprichwort, das Dir den Weg weist. Langsam und beständig ist ein guter Grundsatz.

## Regel 2: Führe ein harmonisches Leben

Konfuzius hat als Grundsatz für ein glückliches Leben die Forderung aufgestellt, sich und anderen keinen Schaden zuzufügen. Ich meine, das ist etwas kurz gegriffen. Schaden vermeiden ... und dann? Im NLP spricht man von *moving away – weg von*, einfach nur etwas nicht tun. Wenn Du daraus auch Strategien für das gesündere *hin zu ...* ableiten willst, biete ich Dir den Ausdruck der *»harmonischen Verhältnisse«* an. Damit lautet die Forderung von Konfuzius:

1. Lebe Dein Leben im harmonischen Verhältnis mit Dir.
2. Lebe Dein Leben im harmonischen Verhältnis mit allen Mitmenschen.
3. Lebe Dein Leben im harmonischen Verhältnis mit Menschen, die Dir nahestehen.

**Lebe Dein Leben im harmonischen Verhältnis mit Dir**
Harmonie beginnt in Deinem Kopf. Sie beginnt mit Deinen Gedanken. Wenn Du mit Dir im Reinen bist, wenn Du positive und glückliche Gedanken denkst, lebst Du mit Deiner Umgebung in harmonischen Verhältnissen. DEIN GLÜCK BEGINNT BEI UND MIT DIR. Diese Erkenntnis vernachlässigen viele Menschen. Es ist viel einfacher, andere für ihr Fehlverhalten zu kritisieren, anstatt bei Dir selber anzusetzen und die Gedanken in Deinem Kopf zu ändern.

Wenn Du bemerkst, dass Deine Gedanken in einem gegebenen Moment in eine wenig konstruktive Richtung laufen, ändere einfach die Tonalität des *internen Dialogs*[7]. Diesen Trick habe ich Dir schon oft nahegebracht. Wenn Dir dies gelungen ist, kannst Du allmählich die Lautstärke verringern. Vielleicht erreichst Du, dass irgendwann einmal Stille in Deinem Kopf herrscht.

Du kannst Dich auch einfach auf die Couch legen, Deine Kopfhörer aufsetzen und Musik hören. Klinke Dich einfach für ein paar Minuten aus dem Tagesgeschehen aus. Wissenschaftler haben herausgefunden, dass Mozart Dein Denken harmonisiert. Wenn Kühe bei Beschallung mit Musik von Mozart mehr Milch geben, ist das Hören dieser Musik für Dich bestimmt nicht schädlich.

### Lebe Dein Leben im harmonischen Verhältnis mit allen Mitmenschen

Hast Du Dir überlegt, welches Wertesystem Du zugrunde legst, wenn Du mit Deinen Mitmenschen verkehrst? Manche Menschen vermuten in den Handlungen ihrer Mitmenschen ausschließlich Schlechtes und Niederträchtiges. Sie suchen dann nach Gründen für die Bestätigung ihrer Ansichten – und finden sie auch. So schaffen sie sich die Beweise für ihre Realität. Die folgenden NLP-Grundsätze passen hier gut:

> **Es gibt eine positive Absicht hinter jedem Verhalten.**
> **Es gibt einen Kontext, in dem jedes Verhalten nützlich ist.**

Oft beobachte ich meine Mitmenschen und frage mich, auf welche Abwege sie sich begeben, um ihre positiven Absichten nach Möglichkeit zu verstecken und schwer auffindbar zu machen. Wenn Du trotzdem nach den positiven Gründen ihres Verhaltens suchst, kann Dein Seelenheil davon sehr profitieren.

## Lebe Dein Leben im harmonischen Verhältnis mit Menschen, die Dir nahestehen

Viele Menschen stehen im Missverhältnis zu ihren Freunden und Beziehungspartnern. Ist es wirklich nötig, in so einem Leben zu leben? Es wäre doch so einfach. Eine harmonische Beziehung gründet sich auf zwei wichtigen Grundlagen: WAHRHEIT und ANGEBOT.

1. Sprich die WAHRHEIT über Deine Befindlichkeit und über Dein Denken. Das bedeutet, mit Freunden und Partnern ein so gutes Verhältnis zu haben, dass Wahrheit überhaupt erst möglich wird. Wenn Du fürchten musst, abgestraft zu werden, wenn Du Deine Kommunikation in Richtung »Wahrheit« veränderst, lebst Du in einer ziemlich schrägen Beziehungswelt.

2. Führe Deine Beziehung als ANGEBOT. Einfach gesagt, für die meisten Menschen schwer ausführbar. Überlege: Wie oft stellst Du Ansprüche an Deine Freunde und an Deinen Partner? Meist sind diese Ansprüche ein Ausweg für Deine Bequemlichkeit. »Wenn er nur nicht X und Y täte, dann wäre meine Beziehung glücklich!«, so lauten die Aussagen. Solche Sprüche und Gedanken weisen auf Ansprüche hin.

Veränderung beginnt wieder einmal bei Dir! Ich meine, Du wirst Deinen Beziehungspartner mit Deinen Angeboten niemals vollständig zufriedenstellen. Kannst Du Deinem Partner erlauben, sich das, was er von Dir nicht bekommt, von jemand anderem zu holen? Das meine ich im ersten Anlauf nicht sexuell. Stelle Dir vor, Du magst keine Oper.

Dein Partner aber liebt die Oper. Möchtest Du, dass er Deinetwegen nicht in die Oper geht? Oder könnte er das mit seinem besten Freund tun, der die Oper liebt?

Die Inhalte meiner Workhshops und die Inhalte, die Dir dieses Buch vermittelt, verstehe ich ebenfalls als Angebot. Nimm, was Du brauchst, und lasse den Rest für andere. Viele Menschen haben diese grundsätzliche Beziehungsregel nicht gelernt.

Wenn es dann auf die sexuelle Ebene geht, ist es mit der Akzeptanz für diese Regel nicht mehr weit her. Unsere gängigen Beziehungskonzepte scheinen von einer Art »Besitzverhältnis« auszugehen, bei denen die Monogamie die einzig lebbare Option darstellt. Wenn Du über den Tellerrand der mitteleuropäischen Gesellschaft hinausblickst, findest Du jede Menge bunter Alternativen. Ich kann Dir nur raten, für Dich ein gutes Verhältnis in Deiner Beziehung zu finden, das gegenseitige Abhängigkeiten vermeidet. Das ist nicht immer einfach zu leben, lohnt sich auf lange Sicht jedoch für Deinen Seelenfrieden.

**Regel 3: Führe ein Leben in Unabhängigkeit**

In vielen Bereichen Deines Lebens wirst Du abhängig von anderen sein. Der Mensch ist ein Herdentier und die Abhängigkeit von anderen sichert in der Gesellschaft Dein Überleben. Es gibt allerdings Bereiche, in denen Du die Kontrolle vollständig behalten kannst. In diesen Bereichen solltest Du auch die Entscheidung treffen, die Kontrolle zu übernehmen. Deine Fähigkeit, Dich für einen emotionalen Zustand zu entscheiden, die Fähigkeit, Deine Gefühle selbst in die Hand zu nehmen und zu steuern, das sind Bereiche, in denen Du alleine entscheiden kannst – und es oft nicht tust.

Wenn ich Dich vor die Wahl stellen könnte, ob Du gute oder schlechte Gefühle haben willst, kennst Du Deine Anwort sicherlich. Ich habe noch keinen Menschen erlebt, der mit der Fähigkeit, seine Gefühle selbst zu bestimmen, schlechte Gefühle haben wollte. Nutze dazu die NLP-Technik, die ich in diesem Buch beschrieben habe. Wenn Du diese Technik beherrschst, wird sich schnell die Frage stellen, was Du nun damit anfangen möchtest.

**Die Fähigkeit zur emotionalen Unabhängigkeit**
Da ist zuerst einmal die Fähigkeit zur Unabhängigkeit von den Beeinflussungen anderer. Stichwort: Dein selbstbestimmtes Leben. Wenn Du in der Lage bist, Deine Gefühle zu steuern, also Deinen »Schwingungszustand« selbst festzulegen, bist Du unabhängig von der Stimmung anderer. Zumindest meistens … Ist Dir schon aufgefallen, dass viele Menschen mit schlechter Stimmung nicht eher ruhen, bis ihre Umgebung diese Stimmung ebenfalls angenommen hat?

In einer Beziehung, die ich längst abgeschlossen habe, fand ich mich immer wieder in der gleichen Situation wieder. Ich erkannte gleich zu Beginn einer »harmlosen« Unterhaltung, dass diese Situation unweigerlich wieder einmal emotional entgleiten würde. Am Ende würden alle Beteiligten in negativer Stimmung sein. Die Situation entwickelte sich unaufhaltsam, wie auf Schienen, um dann zu eskalieren. Im Modell von NLP sagt man, dass während des Gespräches früher installierte *Kontextanker* ausgelöst würden. Dass ich gelernten Mustern folge, was in meiner Situation immer wieder zum emotionalen Desaster führte. Dies geschah trotz meiner Fähigkeit, diese Situation quasi aus der Distanz, also *dissoziiert*[7], zu betrachten.

Bestimmt kennst Du solche Situationen, sei es in Deiner Beziehung oder im Berufsleben. Damals stand ich mit der Kenntnis von NLP noch ganz am Anfang. Da half es mir, mich körperlich aus der Situation zu entfernen. Es war die Demonstration blanker Hilflosigkeit, in einer entgleisenden Situation nicht adäquat handeln zu können. Sie brachte mich dazu, vom Tisch aufzustehen und mit einer mühsam gestammelten Entschuldigung der unweigerlichen Entwicklung davonzulaufen.

Ich setzte mich bei den ersten Malen in ein nahe gelegenes Café und dachte nach. Es fühlte sich seltsam an, im Kopf das Konzept eines selbstbestimmten Lebens verstanden und es als Befreiungsschlag begeistert begrüßt zu haben. Endlich nicht mehr abhängig, endlich emotional stabil, endlich meinen Gemütszustand selber bestimmen. Und dann die Enttäuschung, dieses »verstandene« Konzept nicht sofort umsetzen zu können. Ich fragte mich:

▸ Was hatte dazu geführt, dass mir die Situation emotional entgleiste?
▸ Welche Handlungsoptionen hätte ich gehabt?
▸ Was würde ich nächstes Mal anders machen?

Durch mein Nachdenken fand ich heraus, dass es mir hilft, mich nach Erlebnissen, die nicht so gut für mich laufen, hinzusetzen und in Ruhe darüber nachzudenken. Im NLP-Jargon: Ich betrachtete den Film meiner Erinnerung dissoziiert wieder und immer wieder. Das Ergebnis war eine (für mich) revolutionäre Idee: »Was wäre, wenn ich mein Gegenüber DURCH MEIN VERHALTEN quasi programmiert hätte, genau jene Reaktionen zu zeigen, über die ich mich beklagte?«

Dieser Ansatz muss nicht Deiner gefühlten Wahrheit entsprechen, »Schuld« trifft meist beide Teile. Aber ganz unschuldig am Verlauf der Situation bist Du in keinem Falle. Die gelebte Wahrheit findet sich meist irgendwo dazwischen. Oft vergisst Du nur gerne den Anteil, den Du selbst am Verlauf des Geschehens hast. So konnte ich erkennen, wie ich mein Verhalten verändern konnte: Zum »Spielen« braucht es immer mehr als einen. Spielt ein Teil nicht mit, MUSS die Situation anders verlaufen. Plötzlich war es einfach, wieder in eine gute Stimmung zu gelangen. Beachte diese Strategie und bald wirst dann auch Du Dich nicht mehr aus Situationen stehlen müssen und kannst über Dein Verhalten lachen.

Lachen ist eine Kunst. Lache darüber, dass Dir die Situation fast schon wieder entgleist wäre. Lachen heißt lernen, Lachen öffnet die Türen zur Veränderung in Deinem Gehirn. Das ist angewandtes NLP. Probiere es aus.

### Die Fähigkeit zur materiellen Unabhängigkeit

Viele Menschen reduzieren ihr Verständnis von materieller Unabhängigkeit auf die finanzielle Unabhängigkeit. Endlich genug Geld, endlich nicht mehr arbeiten! Endlich alles kaufen können, was Du willst, endlich genug von jenem Zauberstoff, von dem alle sagen, er regiere die Welt.

Ich stelle meinen Freunden oft die Frage, wie viel es denn bedürfe, um unabhängig zu leben. Dabei meine ICH nicht notwendigerweise die Menge an Geld, die sie besitzen. Doch wird in den meisten Fällen meine Frage so verstanden. Die Beträge, die ich als Antwort auf meine Frage erhalte, schwanken von einem übersteigerten Maximum mit Fantasiebeträgen bis zum kasteienden Minimum unter dem Niveau der Sozialhilfe. Wir sprechen bei diesen »Beträgen zur Unabhängigkeit« nicht von lebenserhaltendem Minimum, sondern von einem Betrag, bei dem die Gefragten glauben, ihre materielle Abhängigkeit würde sich im Nichts auflösen.

Interessanterweise denkt niemand daran, dass es jeder Menge an Abhängigkeiten bedarf, um diese Form der »Unabhängigkeit« zu erreichen. Nehmen wir einmal an, Du hättest das Ziel, in einer absehbaren Reihe von Jahren zu einem regelmäßigen, passiven Einkommen von monatlich 10 000 Euro zu gelangen. Das also ist von nun an die Karotte, die Du Dir selbst vor Deinen Eselskopf hängst. Dafür schuftest und malochst Du und dafür bist Du bereit, wichtige Glaubenssätze aufzugeben. Dafür gehst Du durch dick und dünn und opferst so vieles im Leben, manchmal auch Freundschaften und Deine Beziehung?

Was ich Dir hier deutlich machen will, ist unbequem. Die gängige Erfolgsliteratur nach amerikanischem Vorbild möchte Heranwachsenden das Trugbild vermitteln, wenn sie nur genug Geld hätten, wäre dies das allein selig machende Rezept für ein glückliches Leben. Meine Erkenntnis aus vielen Gesprächen und nicht zuletzt meine eigene Erfahrung ist eine andere: Geld (als Form von Energie) taucht fast von selbst auf, wenn andere Kriterien stimmen.

Im nächsten Schritt meiner Interviews frage ich, was sie tun werden, wenn sie die Menge an Geld zusammenhaben. Meist kommt der Satz: »Dann bin ich frei, ich werde erst einmal reisen und die Welt sehen!« Die Geschichte des Japaners, der mit höchstens 20 Dollar in der Tasche seit 15 Jahren durch die Welt reist, hat mich nachhaltig beeindruckt. Aus seinen Erzählungen habe ich gelernt, dass es keineswegs Geld braucht, um die Welt zu sehen. Vielmehr ist Selbstvertrauen und Flexibilität gefragt. In meinen Workshops mache ich deshalb das Angebot, jedem, der es will, für eine Flasche Wasser aus dem Huangpu-Fluss in Shanghai 20 Euro zu bezahlen. Es gab im Laufe der Jahre viele vollmundige Versprechungen und Anläufe. Keiner der jungen Menschen, die ich kenne, hat es am Ende unternommen, seine Flexibilität und seine Unabhängigkeit unter Beweis zu stellen, und sich die 20 versprochenen Euros »verdient«. Es scheint also mehr um den bequemen Konsum als um wahre Erfahrungen zu gehen. Unter Reisen stellen sich viele eher die komfortable Businessclass und einen Traum vor, der ihnen auf den Hochglanzseiten der Magazine vorgegaukelt wird. Wie schnell doch diese Blase bei ersten Reiseerfahrungen zerplatzt. Es kostet eben viel Mühe, die gewünschten Abenteuer durch Flexibilität, Planung und Deine eigene Beteiligung zu verdienen.

Ich habe durch meine Berufung einige junge Menschen kennengelernt, die »es geschafft« haben. Durch konzentrierte Arbeit, Selbstdisziplin und Entbehrungen der vielfältigsten Art haben sie es zu finanziellem Wohlstand gebracht – in jungen Jahren. Was oft auf der Strecke blieb, ist die Lernerfahrung, das Leben genießen zu können und mit sinnvollem Inhalt zu versehen. Da nützt Dir alles Geld der Welt nicht. Womit wir wieder beim Thema der emotionalen Unabhängigkeit gelandet wären.

Egal, was es ist, das Du Dir von Herzen wünschst. Du wirst Flexibilität benötigen, damit Du es bekommst. Du wirst herausfinden, was Dir wirklich wichtig ist im Leben. Was Du in Deinem Leben behalten und wovon Du Dich trennen möchtest. Materielle Unabhängigkeit ist – wie so vieles andere auch – nur EINE richtige Entscheidung von Dir entfernt ...

### Regel 4: Ein Leben mit bedeutsamer Beschäftigung

Deine »LebensZeit«, wem willst Du sie schenken? Zwei schwergewichtige Worte als Begriff zusammengefügt, doch hinter dem Wortpaar steht viel mehr. Vielleicht hast Du bei Deiner Berufswahl an einen zukünftigen Nobelpreisträger gedacht? Zumindest ein Weltunternehmen hattest Du im Kopf, das Du bei Gelegenheit gründen wirst. »Bedeutsame Beschäftigung«, meistens wird dieser Begriff als Umschreibung für »Arbeit« verwendet. Bedeutsam meint etwas wie »berühmt«. Das klingt nach Weltherrschaft oder Präsidentschaft. Meine erste Interpretation führt mich um zwei Ecken und erforscht den Begriff in Verbindung mit anderen Menschen.

### Bedeutsame Beschäftigung mit anderen Menschen

Ich werde oft gefragt, was die Qualität meiner Coachings ausmachte, mit denen ich in früheren Jahren meinen Erfolg begründete. Ich habe über meine Werte nachgedacht und sie aufgeschrieben. Der erste Tagebucheintrag, der für meine Werte bedeutsam war, datiert auf meinen sechsundzwanzigsten Geburtstag. Er trägt den Titel: »*Traktat über die*

*Gründe meiner beständigen guten Laune!«* Grund für diesen Aufsatz war die Verwunderung, sechs Wochen lang ohne depressive Gedanken durchs Leben gekommen zu sein.

Sechs Wochen ununterbrochene gute Laune, das erschien mir endlos und wunderbar lang. Damals. Heute, wenn ich ein paar Stunden Grummellaune habe, verwundert mich dies ebenso. Wie bin ich dahin gekommen? Das Grundgerüst meiner Erkenntnisse blieb über die Jahre meines Lebens konstant.

Ich meine, jeder Coach und jeder Mensch braucht ein Gerüst an Erkenntnissen und Glaubenssätzen, nach denen er sein Leben ausrichtet und mit denen er andere Menschen beurteilt. Der Philosoph Augustinus Aurelius sagte:

> **In Dir muss brennen, was Du in anderen entzünden willst.**

Wer Moral predigt, sollte selbst von den Regeln seiner Moral überzeugt sein – und danach leben. Theoretische Erkenntnisse nützen Dir nichts. Ich amüsiere mich über die oft sehr jungen Männer im Internet, die, noch an der Grenze ihres Existenzminimums, energetisiert und spiritualisiert von der gängigen Erfolgsliteratur, Wochenendworkshops anbieten, die Reichtum in kurzer Zeit versprechen. Meistens kosten sie auch ziemlich viel Geld. Ich will damit sagen, dass die Glaubwürdigkeit, Lebensregeln auszugeben, auch etwas damit zu tun hat, ob und wie Du diese Lebensregeln bei Dir selbst umgesetzt hast. Zu welchen Ergebnissen Du gekommen bist. Ich kenne weltbekannte

Trainer, die von der Bühne herab das eine verkünden, im privaten Leben jedoch ein völlig anderes und oft sehr problembehaftetes Leben führen (müssen) …

**Bedeutsame Beschäftigung mit Deiner Berufung**
Für die meisten Menschen bedeutet Berufung, die richtige Beschäftigung, den richtigen Beruf gefunden zu haben. Doch was ist der richtige Beruf? Am unteren Ende der Skala der Berufung findest Du die Malocher. Das sind Menschen die sich verkaufen, um einigermaßen leben zu können. Sie geben gute Gründe an:

- Weil ich keinen anderen Job finde.
- Weil ich meine Schulden abbezahlen muss.
- Weil ich nichts gelernt habe.
- Weil ich zu faul bin, etwas aus mir zu machen.

Wenn Dir diese Sätze bekannt vorkommen: Meistens sind diese »Gründe« eine Ausrede für die eigene Faulheit. Dann tragen der Staat oder andere an Deiner Misere die Schuld.

Eine Stufe weiter oben auf der Skala sind die Unzufriedenen angesiedelt, die meinen, von ihrem Job abhängig zu sein. Sie haben Angst davor, sich zu verändern. Angst ist ein wichtiger Antreiber und Verhinderer im Leben. Das Geschäft mit dieser Angst hat viele Unternehmer reich gemacht.

Noch weiter oben findest Du jene, die in ihrem Beruf auch Berufung gefunden haben. Sie freuen sich jeden Tag auf ihre Tätigkeit, lernen und entwickeln sich mit Freude weiter, haben jeden Tag etwas zu verbessern und sind auf einem guten Weg.

Am obersten Ende der Skala schließlich stehen jene, die für ihren Lebensunterhalt nicht arbeiten müssen. Ich meine dies nicht im Sinne eines vermögenden Privatiers, sondern so, dass sie das Wort »Beschäftigung« frei interpretieren können. Ihre Beschäftigung, die sie selbst gewählt haben, macht ihnen Spaß, und verwundert bemerken sie, dass Geld (und meist nicht wenig) fast von selbst aus ihrer Tätigkeit entsteht. Natürlich weißt Du nie, was Dich erwartet, wenn Du Dich auf den Weg machst, Deine bedeutsame Beschäftigung zu finden. Gründe für Passivität findest Du bestimmt genug. Das ist, meine ich, gerade der Reiz an der Sache: DER WEG IST DAS ZIEL. Dazu musst Du Dich allerdings auf den Weg begeben. Aus Deinem erkannten Dilemma führt Dich Aktion. Wenn Du nichts änderst, bleibt Deine Unzufriedenheit und alles bleibt beim Alten.

### Bedeutsamer Altruismus als Lebenskonzept

Vielleicht hast Du Dein Arbeitsleben hinter Dich gebracht und bist nun »in Rente«. Vielleicht zählst Du zu den Glücklichen, die so viel Geld verdient oder geerbt haben, dass sie nicht für ihren Lebensunterhalt zu arbeiten brauchen. Dann bekommt die Regel der bedeutsamen Beschäftigung eine weitere Dimension.

Bedeutsame Beschäftigung heißt unter diesen Umständen: Beschäftigung zu Deinem und zum Wohle anderer. Hobbys und teure Zeitkiller sind gut und schön, befriedigen Dich jedoch nicht auf Dauer. Täglich kannst Du in der Zeitung von der Suche nach dem immer größeren Kick lesen. Wahre Befriedigung entspringt Deiner Sorge um das Gemeinwohl. Wie kannst Du einen Teil von dem zurückgeben, was Dir das Universum und Deine guten Entscheidungen reichlich gegeben haben? Alle GLÜCKLICHEN Millionäre, die ich kenne, engagieren sich auf die eine oder andere Art und Weise für die Gesellschaft. ALLE.

Ich meine, es ist Zeit für Deine neue Sichtweise: Gib der Gesellschaft zurück, was das Universum Dir geschenkt hat. Das Universum braucht nichts, es hat genug. Ein wunderbares Experiment besteht darin, GLEICH damit zu beginnen. Das Universum hat Dich bereits reichlich beschenkt. Vielleicht bist Du ja noch auf hohem Niveau unzufrieden mit dem, was Du hast, und siehst den Luxus nicht, in dem Du lebst.

Beispiel gefällig? Du gehst zum Wasserhahn und füllst ein Glas mit Wasser. Laut UNESCO haben mehr als zwei Milliarden Menschen keinen Zugang zu sauberem und durchgängig verfügbarem Trinkwasser. Über 4,3 Milliarden Menschen können keine sicheren Sanitäranlagen benutzen. Aus Wassermangel starben allein im Jahr 2000 über zwei Millionen Menschen an Krankheiten wie Durchfall, Malaria und Darmwürmern – vor allem Kinder unter fünf Jahren. Millionen Frauen verbringen täglich mehrere Stunden mit der Beschaffung von Wasser für die Familie.

Und dann denkst Du: »Ich habe nicht genug, ich werde vom Universum benachteiligt!« Wie relativ dieser Anspruch ist, kannst Du schnell ermessen, wenn Du in ein Land reist, dessen materielle Verhältnisse weit unter unseren liegen. Diese Länder dürften eigentlich keine glücklichen Menschen haben, wenn der obige Satz wahr wäre. Gerade in armen Ländern treffe ich viel mehr lächelnde und singende Menschen die jederzeit bereit sind, das wenige, das sie besitzen, mit mir zu teilen.

### Ein kleines Experiment für jeden Tag

Den Deutschen sagt man nach, das Erste, was sie im Leben lernen, wäre zu klagen, ohne zu leiden. Diese Haltung installiert eine krank machende und pessimistische Perspektive. Mache Du es doch in Zukunft anders. Lasse vor dem Einschlafen die Erlebnisse Deines Tag noch einmal vor Deinem geistigen Auge ablaufen und erinnere Dich an das Schöne, was Dir widerfahren ist. Schneide Dir einfach aus der Torte Deines Lebens das schönste Stück heraus – und iss es mit Genuss. So wird sich Deine Sicht auf das Leben ändern und vielleicht bist Du bald viel besser darin, Dein positives Leben WAHRZUNEHMEN.

Das Ergebnis: Deine Beschäftigung wird etwas bewegen. Vielleicht nicht die ganze Welt. Für den Anfang reicht es, wenn Deine Existenz einen Unterschied für EINE Person gemacht hat, der Du geholfen hast. Eine Person, die Du mit einem Lichtstrahl der Hoffnung beschienen hast. Das gibt Deinem Leben Bedeutung. Diese Beschäftigung mit Bedeutsamem kann neben Deiner Arbeit, neben Deinem Beruf geschehen.

### Regel 5: Dein selbstverwirklichtes Leben

Schriftsteller, Philosophen und Menschen, die durch ihr Denken und ihren Lebenswandel berühmt geworden sind, behaupten, das Leben erhielte seinen Sinn dadurch, dass Du irgendwann den Zustand der Erleuchtung erlangst. Auch in *David R. Hawkins'*[7] Buch *Die Ebenen des Bewusstseins* endet die vorgestellte Skala bei 1000 – der Erleuchtung. Das Leben Buddhas änderte sich, nachdem er Erleuchtung (also das Licht) empfangen hatte. Ist es also das, wonach Du im Leben streben sollst? Oder gibt es vielleicht eine Methode der einfachen Glückseligkeit im Hier und Jetzt?

Die Esoterikszene profitiert stark vom Reiz des Wortes »Erleuchtung«. Die meisten Menschen folgen den damit verbundenen Ratschlägen, ohne groß über die Folgen nachzudenken. Sie geben gerne ihr Geld und ihren guten Willen, wo es den Urhebern der »Botschaften« oft doch nur um Ersteres geht. Ich habe viele Strategien auf meiner Suche nach Erleuchtung ausprobiert und auch Geld dafür investiert. Verändert hat sich meine Zielsetzung allerdings durch Erlebnisse, deren inneren Zusammenhang ich lange nicht durchschaut habe.

**Der Erleuchtung ins Auge geblickt**
Während einer Trekkingtour in Nepal besuchten wir einen 86-jährigen Eremiten. Er lebt zurückgezogen auf fast 4000 Meter Höhe, hoch über einer kleinen Bergsiedlung. Seine Hütte schmiegt sich an den steilen Fels. Um seine Hütte zu erreichen, wanderten und kletterten wir stundenlang über steile Wege.

Vier junge Nonnen kümmern sich um den Greis. Wir halfen ihnen beim Aufhängen der Gebetsfahnen für das kommende Neujahrsfest. Gastfreundlich wurden wir mit Tee bewirtet und schließlich winkte uns der alte Mönch in seinen Raum. Er spendete jedem von uns einen Reisesegen und knotete mir seidene Glücksbänder um den Hals. Es gab kein direktes Ende der Zeremonie. Irgendwann saßen wir einfach »herum«. Die Gebetstrommel des Mönchs drehte sich lautlos, sein Blick lag entrückt in einer anderen Welt. Ich mochte nicht aufstehen, sein Zustand hielt mich im Bann. Ich schloss für einen Moment die Augen – und wurde augenblicklich in eine andere Welt geführt.

In mir breitete sich das Gefühl grenzenloser Friedfertigkeit aus. Er, der Mönch, strahlte sein Leben aus und teilte es mit mir. Ohne ein Wort zu sagen, floss seine Lehre. Nichts erreichen, bewusstes Sein im Augenblick. Eine weite, friedliche, innere Landschaft voll ergebener Anspruchslosigkeit. War DAS die Erleuchtung, nach der ich suchte? War das der Zustand des dauernden Glücks, nach dem ich mich immer gesehnt hatte und mein Leben danach ausrichtete? Diese intensive Erfahrung ließ mich ratlos zurück, so schön sie auch war.

**Buddha strahlt noch immer**
Ähnliches war mir einige Zeit vorher in Myanmar passiert. Ich verbrachte Kulturtage im Tempelbezirk von Bagan. Beim Besuch der *Shwezigon-Pagode*[7] hatte ich mich in eine stille Ecke gesetzt und hatte »für einen Moment« die Augen geschlossen. Nach einer Weile öffnete ich meine Augen wieder. Es war mehr als eine Stunde vergangen und auch hier hatte sich jene unglaubliche Friedfertigkeit und Anspruchslosigkeit in mir ausgebreitet.

Damals wusste ich nicht, dass die Pagode Reliquien Buddhas enthält. Im Inneren der Pagode sind ein Schlüsselbein, ein Zahn und der Stirnknochen, also sein drittes Auge eingemauert. Jeden Tag kehrte ich in die Pagode zurück, um dieses unglaubliche Gefühl der schwebenden Mühelosigkeit, der grenzenlosen Friedfertigkeit und Ausgeglichenheit wieder und wieder zu erfahren. In beiden Situationen musste ich nichts tun. Nur einfach sitzen und mich für die Erfahrung öffnen. Der daraus resultierende

Zustand wurde mir geschenkt. Oft wünsche ich mich an diesen Ort zurück, meistens, wenn die Wellen der Aktion wieder einmal über meinem Kopf zusammenschlagen. Beide Erfahrungen helfen mir, besser mit meinem Alltagsleben zurechtzukommen.

### Alltagstauglichkeit der Erleuchtung

So schön, so unwiderstehlich und so hilfreich ich Augenblicke der inneren Erleuchtung finde: Für einen Dauerzustand scheinen sie mir untauglich. Sie sind – für mich – kein erstrebenswertes Lebensziel. Ja, die Welt wäre eine andere, wenn alle Menschen in diesem Zustand miteinander lebten. Vielleicht, in vielen, vielen Jahren, wird es so sein. Bis dahin wirst Du mit den beschränkten Gegebenheiten unserer »Zivilisationsgesellschaft« leben müssen.

Ich musste auch erkennen, dass es für viele Menschen nicht um die Erleuchtung geht, sondern darum, die Miete für den nächsten Monat bezahlen zu können und die Notwendigkeiten des Lebens zu bewältigen. Für die meisten unter uns geht es erst doch einmal darum, Regeln, Tipps und Techniken an die Hand zu bekommen, ein aus dem Gleis geratenes Leben etwas glücklicher und selbstbestimmter zu gestalten. Darum geht es in diesem Buch. Es ist eine »Schule des Lebens«, in der Du jenes Wissen erlangen kannst, das andere glücklich gemacht hat, das Du vielleicht selbst (noch) nicht erfahren hast.

### Wo soll ich anfangen?

Wenn Du gerade in diesem Moment nicht so gut drauf bist, kannst Du jetzt etwas dagegen unternehmen. Das ist die Botschaft dieses Buches. Deine Einflussmöglichkeiten sind vielfältig. Lerne Symptom und Ursache auseinanderzuhalten. Ich weiß nicht, ob die Lebensregeln, die ich für mich gefunden habe, auch für Dich funktionieren werden. Besser als Inaktivität und beständiges Beschweren über die Zustände sind sie allemal.

**Kontrolle ist besser**
Wie findest Du heraus, ob Du in der richtigen Richtung unterwegs bist? Nutze wiederkehrende Ereignisse für eine Nabelschau. Ich meine damit Geburtstage, Silvester oder Jubiläen. Frage Dich: »Bin ich seit dem letzten Jahr weitergekommen? Hat sich mein Leben zum Positiven verändert?«

Ich wünsche Dir, dass Du diese Fragen mit einem »JA« beantworten kannst. Warum der große Abstand von einem Jahr? Kleine Schritte der Veränderung sind im Lärm des Alltags meist nicht klar auszumachen. Es braucht etwas Abstand, um sie zu erkennen. Wenn Du Bereiche in Deinem Leben herausgefunden hast, die Veränderung brauchen, und wenn Du Dich entschlossen hast, mit den Erkenntnissen aus diesem Buch zu experimentieren, kann ich Dir versichern:

DEIN LEBEN WIRD SICH ZUM POSITIVEN VERÄNDERN.

In diesem Sinne wünsche ich Dir viel Freude über Deine Erfolge. Denke daran:

> **»Eine jede Reise beginnt mit dem ersten Schritt!«**

Das hat Konfuzius gesagt und ich wünsche Dir, dass Deine Reise an viele schöne Orte führt und nie aufhört.

# ANHANG

# Glossar

Ein Glossar ist per Definition eine alphabetische Liste von Wörtern, die sich auf dieses Buch beziehen. Sie sind im Text mit dem Glossarpfeil (↗) markiert und in diesem Kapitel näher erklärt. Die einzelnen Erläuterungen enthalten viele zusätzliche Informationen. Es lohnt sich also, hier zu blättern und zu stöbern.

## A

### AKQUISITION
Als Akquisition (von lateinisch *acquirere* = erwerben), werden Maßnahmen bezeichnet, die der Gewinnung von Kunden dienen. Akquisition ist ein Teil der Vertriebssystematik, abhängig von der jeweiligen Vertriebsstrategie.

### AKUSTISCH
Die Akustik (von griechisch *akuein* = hören bzw. *akoustikós* = das Gehör betreffend) ist die Lehre vom Schall und seiner Ausbreitung. Im NLP bedeutet es den Wahrnehmungskanal Deiner Ohren und alles, was damit zusammenhängt.

### ANALOGS, ANALOGE ANTEILE DER SPRACHE
ist die Art und Weise, WIE Du mit Dir sprichst. Du kannst den gleichen Satz mit weinerlicher, euphorischer, aggressiver und jeder anderen Bedeutung sprechen. Der (digitale) Inhalt bleibt derselbe, während sich die Bedeutung verändert. Die analogen Anteile der Sprache bestimmen das damit zusammenhängende Gefühl.

### ANKER(N), ANKER (GLEITENDER)

Ein Anker ist eine künstlich hergestellte Ursache-und-Wirkungs-Beziehung. Damit kannst Du ein beliebiges Gefühl mit einem »Auslöser« verknüpfen. Ohne Kenntnisse im Modell von NLP hast Du Dir bereits viele Anker angeeignet. Ankern funktioniert wie beim Pawlowschen Reflex: Es gibt einen Reiz (physikalisch, auditorisch, gustatorisch etc.), und Du hast gelernt, auf diesen Reiz in einer bestimmten Art zu reagieren.

Du löst einen Anker aus, wenn Du wieder einmal die Lieblingsmusik Deiner Jugend hörst. Wenn Du ein Gericht Deiner Kindheit vorgesetzt bekommst. Wenn Du das Parfüm Deiner Mutter wieder riechst.

Beispiel: Du kannst glauben, Du hättest nicht genügend Selbstbewusstsein. Du kannst Dich mit der Technik des Ankerns an Erlebnisse erinnern, von denen Du weißt, dass Du reichlich Selbstbewusstsein hattest. Du kannst mit einfachen NLP-Techniken dieses Gefühl ankern und in andere Bereiche Deines Lebens transportieren.

Wenn Du mehrere Anker nacheinander anlegst, kannst Du die resultierenden Zustände durch Darübergleiten als (Meta-)Strategie verankern. Das nennt man einen gleitenden Anker.

### ASSOZIIEREN/ASSOZIIERT

Assoziieren bedeutet, in einer Situation voll aufzugehen. Wenn Du Dich an ein Erlebnis erinnerst und Du (erneut) Teil des damaligen Geschehens wirst, es wie durch Deine eigenen Augen wieder erlebst, bist Du assoziiert. Dissoziieren ist das Gegenteil. Es bedeutet, eine Situation von außen zu betrachten, sich von ihr gelöst zu haben. Wenn

Du Dich an ein Erlebnis erinnerst und Du siehst das dazugehörende Bild oder den Film mit Dir als handelnde Person, befindest Du Dich in einem dissoziierten Zustand. Du hast buchstäblich Abstand von der Situation gewonnen.

Wenn Du assoziiert bist, hast Du stärkeren Zugriff auf die zugehörigen Gefühlszustände. Bist Du dissoziiert, werden die Gefühlszustände schwächer. Der bewusste Wechsel zwischen beiden Zuständen ist eine wertvolle Ressource.

### ASSOZIIERTER FUTURE PACE

Du stellst Dir eine Situation in der Zukunft vor, in der Du ein Problem gelöst hast oder ein Ziel erreicht hast. Diese Situation betrachtest Du assoziiert und leitest davon ab, was Du sehen wirst, was Du hören wirst und wie Du Dich fühlst. Die entstehenden (starken) Gefühle ankerst Du. Damit legst Du bereits in der Gegenwart neurologische Pfade, die Dir helfen, Dein Problem zu lösen oder Dein Ziel zu erreichen.

### AUDITORISCHER KANAL

Dein interner und externer Gehörsinn. Intern bezieht sich auf das, was Du in Deinem Kopf zu Dir sagst oder hörst, das andere zu Dir sagen. Extern ist das, was Du gerade mithilfe Deiner Ohren hörst.

### AURA

Nach spirituellem Glauben ist die Aura oder das menschliche Energiefeld eine Erscheinung, die einen menschlichen Körper, ein Tier oder einen Gegenstand umgibt. In einigen esoterischen Positionen wird die Aura als feinstofflicher Körper beschrieben. Manche Menschen behaupten, Größe, Farbe oder Stärke der Aura wahrnehmen zu können.

### AUTOHYPNOSE, SELBSTHYPNOSE

ist eine Form der Hypnose, die Du mit Dir und an Dir selbst ausführst.

### AUTOMATISCHER RESSOURCENANKER

siehe: »Ressourcenanker«

### AVATAR

Avatar (Sanskrit: *avatāra*) ist ein Konzept im Hinduismus, das im Sanskrit wörtlich »Herabkunft« bedeutet. Es beschreibt die materielle Erscheinung oder Inkarnation einer Gottheit auf der Erde. In der Informatik ist ein Avatar eine grafische Darstellung eines Benutzers oder seines Charakters oder seiner Person. Er kann eine zweidimensionale Form als Symbol in Internetforen und anderen Online-Communitys oder eine dreidimensionale Form in Spielen oder virtuellen Welten annehmen.

### AXIOM

Ein Axiom (griechisch *axíoma* = Forderung, Wille, Beschluss) ist ein Grundsatz einer Theorie, einer Wissenschaft oder eines Systems, der innerhalb dieses Systems weder begründet noch deduktiv abgeleitet, sondern als Grundlage willentlich akzeptiert oder gesetzt wird.

## B

**Bandler, Richard Wayne (*1950)**
ist ein US-amerikanischer Mathematiker, Informatiker und Psychologe. Er ist Mitentwickler von NLP. Richard Bandler hat mehrere Modelle des NLP entscheidend mitgeprägt beziehungsweise eingeführt, unter anderem das Metamodell, das Milton-Modell, das Ankern, das Reframing, den Belief Change, das Konzept der Nested Loops und der Submodalitäten.

### BEDÜRFNISPYRAMIDE
siehe: Maslowsche Bedürfnispyramide

### BEST-CASE-SZENARIO
Es beschreibt die mögliche Entwicklung eines Vorhabens, Plans oder einer Strategie so, wie sie auf bestmögliche Art und Weise für Dich geschehen kann. Das Best-Case-Szenario ist Bestandteil vieler NLP-Strategien.

### BETA-ENDORPHIN
Beta-Endorphin ist ein endogenes opioides Neuropeptid und Peptidhormon. Es wird in bestimmten Neuronen des zentralen Nervensystems und des peripheren Nervensystems produziert. Im weitesten Sinne wird Beta-Endorphin im Körper zum Stressabbau und zur Aufrechterhaltung der Homöostase eingesetzt.

**BEWEISTAGEBUCH**

Ein Tagebuch, in dem Du alle Beweise notierst, die Du für einen bestimmten Glaubenssatz gefunden hast. Beispiel: »Meine Mitmenschen meinen es gut mit mir!«

**BEZIEHUNG**

Als soziale Beziehung (auch zwischenmenschliche Beziehung) bezeichnet man in der Soziologie eine Beziehung zwischen zwei Personen, bei denen ihr Denken, Handeln oder Fühlen aufeinander bezogen ist. Diese sozialen Beziehungen sind eine elementare Voraussetzung, um gesellschaftlich erfolgreich zu leben. In einer Zweierbeziehung sind beide Teile über einen andauernden Zeitraum hinweg die Verbindlichkeit eingegangen, füreinander da zu sein.

**BLAUER DIAMANT**

Visueller Ressourcenanker für viele unterschiedliche Formate im NLP.

**BRADLEY, NELSON**

Dr. Bradley Nelson ist der Autor des Buches *The Emotion Code*. Darin beschreibt er eine Methode, Deinen emotionalen Ballast loszulassen und ein glücklicheres und gesünderes Leben zu führen. Das Buch ist Bestandteil einer einfachen und wirkungsvollen Selbsthilfemethode, die als The Body Code bekannt ist.

**BREAK STATE**

Der Break State ist eine NLP-Intervention, die einen Zustand unterbricht. Ein Break-State-Muster wird verwendet, um Wiederholungen in eine NLP-Intervention einzubauen, bei der Dein Gegenüber Zustände verfestigt, indem er wiederholt in diesen Zustand hinein- und wieder herausgeht. Damit Du den Erfolg einer Intervention oder eines Ankers testen kannst, unterbrichst Du den Zustand Deines Gegenübers durch Aufstehen, Herumlaufen oder Ähnliches. Dann löst Du den installierten Anker erneut aus. Wenn Dein Gegenüber den vorherigen Zustand wieder einnimmt, ist der Anker erfolgreich.

# C

### CHUNK(ING)

Chunking ist das Hoch-, Herunter- und Seitswärts-Bewegen auf Bedeutungsebenen. Chunking ist ein Begriff aus der Computersprache. Dort bedeutet er in Gruppen einzuteilen. Eine Gruppe besteht dann aus Informationseinheiten (chunks) mit gemeinsamen Merkmalen.

Durch Chunken wird die betrachtete Informationsmenge größer (herunterchunken) oder kleiner (hochchunken) gestaltet. Chunking ist eine wichtige kreative Basistechnik. Es wird in kreativen Prozessen für die Ideenfindung eingesetzt. Im NLP brauchst Du Chunking, um Glaubenssätze zu ändern, Ressourcen zu finden, Ziele zu definieren und positive Absichten herauszuarbeiten.

### CONVERSATIONAL CHANGE

ist eine Methode, NLP-Interventionen, Formate und Techniken nebenbei im Gespräch anzuwenden, ohne dass es Dein Gegenüber bemerkt.

**CREATIVITY STRATEGY (WALT DISNEY)**

Die Disney-Methode wurde 1994 von Robert Dilts entwickelt. Sie ist eine komplexe Kreativitätsstrategie, bei der eine Gruppe nacheinander vier spezifische Denkstile anwendet. Sie beinhaltet paralleles Denken, um ein Problem zu analysieren, Ideen zu entwickeln, Ideen zu bewerten, einen Aktionsplan zu erstellen und zu kritisieren. Die vier Denkstile sind Außenseiter, Träumer, Realisierer und Kritiker.

**CRUISING**

bedeutet Herumstromern.

# D

**DAMOKLESSCHWERT**

Bei Erwähnung des Damoklesschwertes beziehst Du Dich auf die Nachricht, dass Reichtum und Macht keinen Schutz vor Gefahren bieten, sondern diese verursachen.

Herkunft: Damokles war ein Höfling, der mit seinem Leben unzufrieden war. Er beneidete Dionysos, seinen Herrscher, um dessen Macht und Reichtum und hob in seinen Schmeicheleien stets dessen Vorzüge hervor. Der Herrscher lud Damokles zu einem Festmahl ein und bot ihm an, an der königlichen Tafel zu sitzen. Zuvor ließ er über Damokles' Platz ein großes Schwert aufhängen, das lediglich von einem Rosshaar gehalten wurde. Als Damokles das Schwert über seinem Kopf bemerkte, war es ihm unmöglich, den dargebotenen Luxus zu genießen. Schließlich bat er, auf die Annehmlichkeiten und die damit verbundene Bedrohung verzichten zu dürfen.

### DESENSIBILISIERUNG
Desensibilisierung ist eine Therapiemethode aus dem Bereich der Verhaltenstherapie. Sie hat die Konfrontation mit den Angst auslösenden Themen zum Gegenstand.

### DILTS, ROBERT (* 1955)
Robert Brian Dilts ist Autor, Trainer und Berater. Er gehörte zu der Arbeitsgruppe um John Grinder und Richard Bandler, den Entwicklern von NLP, und war an seiner Weiterentwicklung beteiligt. Er lernte bei dem amerikanischen Psychologen und Psychotherapeuten Milton H. Erickson und dem Anthropologen Gregory Bateson. Seine Arbeiten enthalten grundlegende Ansätze und Denkweisen zu Strategien und Glaubenssätzen.

### DISSOZIIEREN / DISSOZIIERT
siehe: assoziieren/assoziiert

### DISSOZIIERTER FUTURE PACE
siehe: Future Pace

### DOUBLE BIND
Ein Double Bind ist ein Dilemma in der Kommunikation. Eine Person erhält zwei oder mehr widersprüchliche Botschaften, von denen eine die andere negiert. Beispiele:
- Tu was Du willst, aber enttäusche mich nicht!
- Du kannst ausgehen, so lange Du willst, aber komm nicht zu spät nach Hause!
- Das muss besser werden, aber ohne Veränderung!
- Nur ein paar Stichproben zur Kontrolle, aber ich will auf jeden Fall absolute Sicherheit haben!

**DUNANT, HENRY (1828–1910)**
Henry Dunant war ein Schweizer Christ, Menschenfreund, Geschäftsmann und sozialer Aktivist. Er war der Visionär, Förderer, Mitbegründer und Vater des Roten Kreuzes. Im Jahr 1901 erhielt er zusammen mit Frédéric Passy den ersten Friedensnobelpreis.

# E

**EBNER-ESCHENBACH, MARIE FREIFRAU VON (1830–1916)**
Freifrau Marie Ebner von Eschenbach war eine mährisch-österreichische Schriftstellerin. Ihre psychologischen Erzählungen gehören zu den bedeutendsten deutschsprachigen Beiträgen des 19. Jahrhunderts in diesem Genre.

**EIBL-EIBESFELDT, IRENÄUS (1928–2018)**
Irenäus Eibl-Eibesfeldt war ein österreichischer Ethnologe auf dem Gebiet der Humanethologie. In seinem Buch *Die Biologie des menschlichen Verhaltens: Grundriss der Humanethologie* wandte er die Ethologie auf den Menschen an, indem er ihn aus einer Perspektive untersuchte, die sonst nur bei der Untersuchung von Tierverhalten üblich ist.

**ELEVATOR PITCH**
Ein Elevator Pitch ist eine kurze Beschreibung einer Idee, eines Produkts oder eines Unternehmens, die das Konzept so erklärt, dass jeder Zuhörer es in kurzer Zeit verstehen kann. Diese Beschreibung erklärt in der Regel, für wen die Sache gedacht ist, was sie tut, warum sie gebraucht wird und wie sie umgesetzt wird. Bei der Beschreibung

einer einzelnen Person schließlich werden deren Fähigkeiten und Ziele erläutert und warum sie eine produktive und nützliche Person für ein Team, ein Unternehmen oder ein Projekt sein könnte. Ein Elevator Pitch muss nicht alle diese Komponenten enthalten, aber er erklärt zumindest, was die Idee, das Produkt, das Unternehmen oder die Person ist und welchen Wert sie hat.

**ELIZITIEREN**
ist im NLP der Prozess, durch geeignete Interaktion etwas zu erhalten oder hervorzubringen, insbesondere Informationen oder eine Gefühlsreaktion. Eine Möglichkeit ist das Elizitieren von Gefühlen durch das Erinnern der einzelnen Submodalitäten.

**EMOTIONSCODE**
siehe: Bradley, Nelson

**ERFOLGSPHOBIE**
Als Erfolgsphobie definiere ich jedes subbewusst gesteuerte Verhalten, das Dich daran hindert, Deinen Erfolg zu erreichen.

**ERICKSON, MILTON H. (1901–1980)**
war ein amerikanischer Psychiater, Psychologe und Psychotherapeut, der die moderne Hypnose und Hypnotherapie maßgeblich prägte und ihren Einsatz in der Psychotherapie förderte. Er lieferte die Grundlage für das Milton-Modell im NLP und beeinflusste die Art, wie NLP angewandt wird. Ericksons Ansatz erhebt den Anspruch, die durch starre Denkmuster begrenzte Fähigkeit des Bewusstseins

zu erweitern. Gleichzeitig soll es dem Bewusstsein ermöglicht werden, unbewusste Selbstheilungskräfte und kreative Ressourcen zu nutzen.

**ENTSCHEIDUNGSSTRATEGIE**

Eine Entscheidungsstrategie ist ein intern ablaufender Prozess, der zu einer ausführbaren Handlung führt. Genauer: Eine Entscheidungsstrategie ist ein in einzelne Schritte gegliederter, sequenziell ablaufender Prozess, der die Wahlmöglichkeiten für Handlungen in Bezug auf ein gesetztes Ziel eingrenzt. Er führt am Ende zu einer oder mehreren Aktionen, die dazu beitragen, das gesetzte Ziel zu erreichen.

**EXTRINSISCH**

Extrinsisch bedeutet von außen her (angeregt), nicht aus eigenem Antrieb erfolgend. Das Wort extrinsisch stammt von dem lateinischen *extrinsecus* und wird allgemein verwendet, um äußere Faktoren oder Motivationen zu beschreiben.
siehe auch: intrinsisch

**EXTROVERTIERT**

Das Adjektiv extrovertiert (auch extravertiert) bedeutet »kontaktfreudig«, »aufgeschlossen« und »nach außen gerichtet«. Es beschreibt das Wesen von Personen. Extrovertierte Personen fühlen sich in sozialen Situationen wohl und empfinden den aktiven Austausch mit Mitmenschen als anregend.
siehe auch: introvertiert

**F**

**FAST PHOBIA CURE**

Die Fast Phobia Cure (FPC) ist ein NLP-Format zum schnellen Auflösen von Phobien. Hier kurz die einzelnen Schritte:

1. Selbstkalibrierenden Ressourcenanker anlegen

Führe Dein Gegenüber in eine Situation, in der es sich besonders geborgen und gut aufgehoben gefühlt hat. Während Du die Submodalitäten intensivierst, bittest Du Dein Gegenüber, die Hand, die Du hältst, mit zunehmender Submod-Intensität fester zu drücken. Wiederhole diesen Anker bei mehreren Erlebnissen und teste, bis Du eine deutliche Reaktion wahrnimmst.

2. Dissoziation

Erste Dissoziation: Führe Dein Gegenüber in das Kino der Gedanken. Lasse es in der Mitte eines Kinos Platz nehmen. Der Vorhang öffnet sich und auf der Leinwand sieht es ein Schwarz-Weiß-Foto von sich, das es zu einem Zeitpunkt zeigt, an dem es sich unmittelbar vor der Manifestation seiner Phobie befindet.

Zweite Dissoziation: Führe Dein Gegenüber nochmals aus dem Körper heraus und schwebe mit ihm zum Projektionsraum des Kinos. Von dort aus kann es sich dabei beobachten, wie es sich auf dem stehenden Bild der Leinwand betrachtet.

3. Film ab in Schwarz-Weiss

Verwandle das Foto auf der Leinwand in einen Schwarz-Weiß-Film und lasse Dein Gegenüber (doppelt dissoziiert) diesen Film ansehen, vom Anfang bis zum Höhepunkt des Erlebnisses.

#### 4. Assoziation und schneller Rücklauf in Farbe
Wenn Dein Gegenüber zum Ende gekommen ist, halte den Film an, lasse es in das Bild hineinspringen (Assoziation), drehe Farbe ins Bild und lasse den Film in Farbe schnell rückwärts ablaufen. Alle Leute laufen rückwärts, alles läuft in umgekehrter Reihenfolge ab, spult zurück – Dein Gegenüber ist mitten in dem Film (assoziiert).

#### 5. Mehrmalige Wiederholung
der gesamten Sequenz von 2 bis 4. Erhöhe jedes Mal das Tempo. Nutze dabei auditorische und kinästhetische Anker. Wiederhole die Schritte so oft, bis Du beim Testen keine phobische Reaktion mehr feststellen kannst.

#### 6. Füllen des »Lochs«
Hilf Deinem Gegenüber, sich vorzustellen, wie es in naher Zukunft jene Situation einer möglichen Angst wieder erlebt. Während es sich seines neutralen Gefühles erfreut, löst Du den selbstkalibrierenden Ressourcenanker aus.

### FEED-FORWARD-SCHLEIFEN
sind positive Anmerkungen über z. B. den Fortgang einer Zusammenarbeit, über die Qualitäten Deines Gegenübers oder ganz allgemein über den positiven Verlauf eines Gesprächs oder positive Anmerkungen zum Leben ganz allgemein.

**FEHLERBEHAFTETES LERNEN**
siehe: Trial and Error

**FERRISS, TIMOTHY**
Timothy Ferriss ist ein amerikanischer Unternehmer, Investor, Autor und Lifestyle-Guru. Er schrieb unter anderem folgende Bücher: *The 4-Hour Workweek* (2007), *The 4-Hour Body* (2010), *The 4-Hour Chef* (2012).

**FLEXIBILITÄT**
Flexibilität (von lateinisch *flectere* = biegen) bedeutet die Anpassungsfähigkeit an wechselnde Umstände.

**FIRSTY**
ist etwas, das Du zum ersten Mal tust.

**FLOW**
ist ein 1975 von dem Psychologen Mihály Csíkszentmihályi entwickeltes Konzept. Flow ist ein geistiger Zustand, in dem eine Person eine Tätigkeit ausführt und vollständig in ein Gefühl der energiegeladenen Konzentration, des vollen Engagements und der Freude am Prozess der Tätigkeit eingetaucht ist. Flow ist durch die vollständige Absorption und eine Veränderung des Zeitgefühls gekennzeichnet.

**FOKUS**
siehe: Konzentration

**FORMATE (IM NLP)**
Formate sind strukturierte schrittweise Anweisungen, mit denen spezifische Ergebnisse im NLP erreicht werden.

**FOSSEY, DIAN (1932–1985)**

war eine US-amerikanische Zoologin und Verhaltensforscherin, die sich der Erforschung des Verhaltens sowie dem Schutz der Berggorillas widmete. Einem breiten Publikum wurde sie bekannt, als im Jahre 1988 Motive aus ihrem Leben unter dem Titel *Gorillas im Nebel* verfilmt wurden.

**FRAMEN**

ist die Veränderung der Darstellung eines Entscheidungsproblems, ohne dessen Inhalt zu verändern. Alternativen, Ergebnisse oder Umweltzustände werden in veränderter Weise dargestellt, de facto aber nicht verändert. Eine bestimmte Form der Darstellung eines Entscheidungsproblems nennt man einen Frame.

**FUTURE PACE**

ist das mentale Erleben zukünftiger Situationen mit den gewünschten Ressourcen und Ergebnissen einer NLP-Intervention. Future Pacing soll sicherstellen, dass die angestrebten Verhaltensweisen und Reaktionen in der relevanten Umgebung eintreten werden.

# G

**GATEWAY EXPERIENCE**

ist eine Serie von Audio-Aufnahmen. Sie entstand aus dem Seminar »Gateway Voyage« zum Erreichen von Out of Body Experiences. Die Serie des Monroe Institutes widmet sich der Erschließung, Erforschung und Anwendung erweiterter Bewusstseinszustände.

**GEANKERT**
siehe: Ankern

**GEFÜHLSSKALA**
siehe: Hawkins, David

**GEGENBEISPIELSORTIERER**
ist ein Persönlichkeitsytpus der NLP-Metaprogramm. Ein Gegenbeispielsortierer will Dich durch Beispiele vom Gegenteil dessen überzeugen, was Du sagst. Du sagst: »Dieses Haus wurde aus Ziegeln gebaut!« und er erwiedert: »NEIN, es wurde aus Poroton gebaut!« (Poroton ist ein Markenname für Ziegel ...)

**GENERALISIERUNG**
ist die Verallgemeinerung, der Übergang von Einzelfällen zum Allgemeinbegriff oder zum allgemeinen Gesetz. Beispiel: Das erste Gespräch am Morgen läuft schlecht. Das zweite auch. Beim dritten sagst Du: »Was für ein Sch...tag!« Woher weißt Du das? Dein Gehirn hat generalisiert. Hemd zuknöpfen, Schuhe zubinden, Autofahren – alles Ergebnisse eines vorher stattgefundenen Generalisierungsprozesses.

**GLADWELL, T. MALCOLM (* 1963)**
Malcolm Timothy Gladwell ist ein in England geborener kanadischer Journalist, Autor und Redner. Er hat folgende Bücher veröffentlicht: *The Tipping Point: How Little Things Can Make a Big Difference* (2000), *Blink: The Power of Thinking without Thinking* (2005), *Outliers: The Story of Success* (2008).

## GENERATIVE STRATEGIE

Generative Strategien verlangen von den Ausführenden, dass sie neue Informationen gezielt auswählen, reorganisieren und diese neu erworbenen Informationen mit bereits Bekanntem zu einem besseren Ganzen verknüpfen.

## GLAUBENSSATZ

Ein Glaubenssatz entsteht aus den persönlichen Erfahrungen, die sich durch Wiederholungen zu persönlichen Regeln entwickeln. Das können zum Beispiel auch die Interpretationen von Verhaltensmustern oder Verallgemeinerungen sein.

Hier habe ich einige meiner Glaubenssätze und sonstige Sätze, die ich als wichtig erachte, für Dich zusammengefasst. Die NLP-Grundannahmen und diese (Glaubens-)Sätze bieten somit einen Rahmen, mit dem Du einiges erreichen kannst – wenn Du das denn möchtest …

- NLP macht die Welt einfacher.
- Es gibt eine Kraft im Universum, die Dir zu Deiner Entwicklung zur Verfügung steht.
- Was Du siehst, hängt davon ab, wo Du hinschaust.
- Du bist für Deine guten Gefühle selbst verantwortlich.
- Das Universum will, dass ich mich bestmöglich entwickle, und es tut alles, mir dies zu ermöglichen.
- Wenn es hilft, war es gut, wenn nicht, war es nicht vergebens.
- Geld ist für ein glückliches und erfülltes Leben nicht notwendig.
- Gute Entscheidungen triffst Du nur mit guten Gefühlen.
- Wer anzünden will, muss brennen!

### GLÜCKSHORMONE

Als Glückshormone werden Botenstoffe (Hormone, Neurotransmitter) bezeichnet, die Wohlbefinden oder Glücksgefühle hervorrufen. Das erreichen sie durch eine stimulierende, entspannende oder schmerzlindernd-betäubende Wirkung. Beispiele für Glückshormone sind: Dopamin, Serotonin, Noradrenalin, Endorphine, Oxytocin, Phenethylamin (PEA). Wegen der vergleichbaren Wirkung von Psychotropika werden Glückshormone auch als »körpereigene Drogen« bezeichnet.

### GOLDBERG, IVAN KENNETH (1934–2013)

war ein amerikanischer Psychologe. Er entwickelte den Depressionstest nach Goldberg, ein Untersuchungsinstrument aus 18 Fragen, das eine mögliche Neigung zu depressivem Verhalten erkennt.

### GORDISCHER KNOTEN

Der Ausdruck »Gordischer Knoten« bezeichnet kunstvoll verknotete Seile, die einer griechischen Sage nach am Streitwagen des phrygischen Königs Gordios befestigt waren. Sie verbanden die Deichsel des Wagens mit dem Zugjoch. Bekannt wurde der Knoten, weil Alexander der Große ihn mit seinem Schwert durchschlagen haben soll.

Heute bedeutet die Redewendung »den gordischen Knoten durchschlagen« oder »den gordischen Knoten lösen« die Überwindung eines schwierigen Problems mit energischen beziehungsweise unkonventionellen Mitteln.

**GRINDER, JOHN (* 1940)**
ist ein amerikanischer Linguist, Autor, Trainer und Redner. Grinder gilt als Miterfinder des neurolinguistischen Programmierens zusammen mit Richard Bandler. Er ist Co-Direktor von Quantum Leap Inc., einer Unternehmensberatungsfirma, die 1987 von seiner Partnerin Carmen Bostic St. Clair gegründet wurde.

**GRUNDANNAHMEN**
sind Annahmen, die einer Lehre zugrunde liegen und die nicht widerlegt oder bewiesen werden können. Dem strengen wissenschaftlichen Anspruch, der an Axiome gestellt wird, können die meisten NLP-Grundannahmen nicht standhalten. Viele sind abhängig voneinander. Die Grundannahmen im NLP sind vielmehr Glaubenssätze, Überzeugungen und Handlungsmaximen, die der Arbeit mit NLP zugrunde liegen.

**GUNDERT, WILHELM (1880–1971)**
war ein deutscher Ostasienwissenschaftler. Er widmete sich vor allem der buddhistischen Literatur Chinas und Japans.

# H

**HARD-WIRED, FEST VERDRAHTET**
Tief sitzende, subbewusste und automatisch ablaufende Programmierungen in der Medulla oblongata, dem ältesten Teil des Gehirns.

**HAVEGOTS**
ist eine Sammelbezeichnung für Menschen, die viele ihrer Ziele im Leben bereits erreicht haben. Ihre Sprache ist oft in die Vergangenheit gerichtet. Sie sind stabil im Hier und Jetzt verankert, die Zukunft ist eher nebulös. Das Leben verläuft in festen Bahnen. Havegots sind das Gegenteil der Wannabes.

**HAWKINS, DAVID RAMON (1927–2012)**
war ein US-amerikanischer Mystiker, Psychiater, spiritueller Lehrer und Autor. Er entwickelte aus kinesiologischen Tests heraus eine »Skala des Bewusstseins«. Auf ihr ordnete er Emotionen Zahlenwerte zwischen 1 und 1000 zu. Die Skala wird nach unten begrenzt von 0 (Tod/kein Bewusstsein) und nach oben durch 1000, nach seiner Aussage die höchste von Menschen erreichbare Bewusstseinsebene.

| Messwert | Ebene | Emotion |
|---|---|---|
| 700–1000 | Erleuchtung | unbeschreibbar |
| 600 | Frieden | Seligkeit |
| 540 | Freude | Heiterkeit |
| 500 | Liebe | Verehrung |
| 400 | Verstand | Verständnis |
| 350 | Akzeptanz | Vergebung |
| 310 | Bereitwilligkeit | Optimismus |
| 250 | Neutralität | Vertrauen |
| 200 | Mut | Bejahung |
| 175 | Stolz | Verachtung |
| 150 | Wut | Hass |
| 125 | Begehrlichkeit | Verlangen |

| 100 | Angst | Ängstlichkeit |
| 75 | Kummer | Reue |
| 50 | Apathie | Hoffnungslosigkeit |
| 30 | Schuldbewusst | Schuldzuweisung |
| 20 | Scham | Erniedrigung |

**HYPNOTISCHE SUGGESTIONEN**
siehe: Suggestionen

## I, J

**INTERNER DIALOG**
Der interne Dialog ist das, was Du im Kopf zu Dir sagst.

**INTERVENTION**
Eine Handlung mit dem Ziel, unerwünschte Emotionen oder Erinnerungen aufzulösen.

**INTRINSISCH**
von innen her, aus eigenem Antrieb; durch in der Sache liegende Anreize bedingt. Eine »intrinsische Motivation« kommt aus Dir selbst.

**INTROVERTIERT**
»Introversion« ist der Gegenpol zu Extraversion. Introvertierte Charaktere wenden ihre Aufmerksamkeit und Energie stärker auf ihr Innenleben. In Gruppen neigen sie eher zum passiven Beobachten als zum Handeln und werden häufig als still, zurückhaltend und ruhig beschrieben.

# K

### KALIBRIEREN
Kalibrieren bezeichnet den »Prozess, mit dem Du Dich auf die nonverbalen Signale einstimmst, die beim Gegenüber einen bestimmten Zustand anzeigen«. Kalibrieren ist die Wahrnehmung subtiler nonverbaler Signale, die mit inneren Zuständen und Gedanken eines anderen Menschen einhergehen. Wird das Muster wiedererkannt, kannst Du auf den inneren Zustand der Person schließen.

### KLEYNMANS-NÉMETH, ULRIKE
ist eine deutsche Psychologin, Autorin und Trainerin. Ihr Buch *Hingabe und Auflösung – Orgasmus als Reset im Gehirn* beschreibt die Modelltheorie des Sexualpsychologen Lázló Németh. Das Buch geht der Frage nach, warum ein »richtiger Orgasmus« wichtig für Dein Gehirn ist.

Nach Némeths Erkenntnissen ist der Orgasmus weit mehr als der Höhepunkt des Sexualaktes oder ein Anreiz zur Fortpflanzung. Ein guter Orgasmus chaotisiert die Hirnaktivitäten und sorgt damit für einen gesunden Reset des Gehirns. Er ist das lebensnotwendige Regulativ für Deine Hirntätigkeit.

### KORZYBSKI, ALFRED HABDANK (1879–1950)
war ein polnisch-amerikanischer Ingenieur und Autor. Er schrieb in der ersten Hälfte des 20. Jahrhunderts die »Allgemeine Semantik«. Sein Buch *Science and Sanity: An Introduction to Non-Aristotelian Systems and General Semantics* von 1933 liefert wichtige Grundideen zur Entwicklung von NLP.

**KREUZRECHERCHE**

vergleicht Empfehlungen unterschiedlicher Richtungen und erhöht damit den Grad der Wahrscheinlichkeit der Richtigkeit von Daten.

# L

**LEADING**
siehe: Rapport

**LEONARDO DA VINCI (1452–1519)**
war ein italienischer Maler, Bildhauer, Architekt, Anatom, Mechaniker, Ingenieur und Naturphilosoph. Er gilt als einer der berühmtesten Universalgelehrten der westlichen Hemisphäre im Zeitalter der Renaissance.

**LIMITIERENDER GLAUBENSSATZ**
sind ein wichtiger Grund, warum Du nicht so erfolgreich, glücklich oder gesund bist, wie Du es sein könntest. Er hindert Dich daran, das zu erreichen, was Dein wahres Potenzial ist (z. B. Ich glaube, ich habe zu wenig Selbstbewusstsein.)
siehe auch: Glaubenssatz

**LORENZ, KONRAD ZACHARIAS (1903–1989)**
war ein österreichischer Zoologe, Medizin-Nobelpreisträger und einer der Hauptvertreter der klassischen vergleichenden Verhaltensforschung (Ethologie). Er selbst nannte dieses Forschungsgebiet bis 1949 »Ticrpsychologie«.

Lorenz wird im deutschsprachigen Raum als deren Gründervater angesehen.

**LOWNDES, LEIL (*1940)**
schrieb das Buch *How to Talk to Anyone*. Es ist ein Leitfaden für eine leichtere Kommunikation mit jedem Menschen. Die in dem Buch vorgestellten Strategien sollen dafür sorgen, dass Deine Unterhaltungen flüssig verlaufen. Es sind gute Rezepte für Small Talk auf Partys, wenn es Dir schwerfällt, mit anderen Menschen in Kontakt zu kommen.

# M

**MASLOW, ABRAHAM HAROLD (1908-1970)**
war ein amerikanischer Psychologe, der vor allem für die Aufstellung der Maslow'schen Bedürfnishierarchie (auch: Bedürfnispyramide) bekannt ist. Es ist eine Theorie der psychischen Gesundheit, die auf der vorrangigen Erfüllung angeborener menschlicher Bedürfnisse beruht und in der Selbstverwirklichung gipfelt.

**MELATONIN**
Melatonin ist ein Hormon, das vor allem nachts von der Zirbeldrüse ausgeschüttet wird. Es wird mit der Steuerung des Schlaf-Wach-Zyklus in Verbindung gebracht. Als Nahrungsergänzungsmittel wird es häufig zur kurzfristigen Behandlung von Schlaflosigkeit eingesetzt, z. B. bei Jetlag oder Schichtarbeit.

**METAMODELL DER SPRACHE**

ist die Beschreibung der Vorgänge und die Fragen, die Du stellen kannst, um Präzision in Deine Sprache zu bringen. Es besteht aus einem Satz an Fragen, den sogenannten Metamodellfragen. Die Antworten daraus geben Dir Hinweise zur Sprache anderer Leute und vor allem, wie Du Deine eigene Sprache präzise gestaltest.

Damit Du gut kommunizieren kannst, vereinfachst Du unbewusst Deine Sprache. Manchmal ist es aber wichtig, genau zu verstehen, was Dir Dein Gegenüber gerade sagen will. Dann brauchst Du Kenntnis darüber, was genau in diesem Prozess der »Vereinfachung« passiert ist. Du brauchst die richtige Technik, diese Vereinfachungen gegebenenfalls zu hinterfragen. Damit stellst Du sicher, dass Deine Kommunikation präzise wird.

**METAPROGRAMME**

sind mentale Prozesse, die andere mentale Prozesse steuern, leiten und lenken. Es handelt sich um Prozesse, die sich auf einer höheren Ebene abspielen als die mentalen Prozesse, die sie beeinflussen.

In den Anfängen von NLP entdeckte man, dass Menschen Strategien verwenden, um Entscheidungen zu treffen oder sich von etwas zu überzeugen. Dabei handelt es sich um Abfolgen innerer Repräsentationen, die sich aus visuellen, auditiven, kinästhetischen, gustatorischen und olfaktorischen Sinneskomponenten zusammensetzen. Mit den MetaProgrammen hast Du ein Hilfsmittel an der Hand, mit dem Du hinter die Kulissen des Verhaltens anderer Menschen blicken kannst.

**MILLINER, CHARLOTTE BRETTO**
schrieb das Buch *Framework for Excellence: A Resource Manual for NLP* (1990). Es war eine der ersten Sammlung von NLP-Formaten und -Strategien.

**MILTON-MODELL**
siehe: Sprachmodelle

**MODALOPERATOREN DER NOTWENDIGKEIT**
sind Worte wie kann, darf, muss, will, soll, möchte usw. Es sind Worte, die die Intensität der Notwendigkeit in einem Satz bestimmen. Es macht einen Unterschied, ob Du »musst« oder »kannst«, ob Du »sollst« oder »darfst«.

**MODELLING IM NLP**
ist der Prozess der Nachbildung von Spitzenleistungen. Du kannst jedes menschliche Verhalten modellieren, indem Du die Überzeugungen, die Physiologie und die Strategien analysierst, die der Fähigkeit oder dem Verhalten zugrundeliegen.

**MOMENT OF EXCELLENCE**
Der Moment of Excellence ist eine Situation in Deinem Leben, in der Du in einer hervorragenden Verfassung, im Vollbesitz Deiner Kräfte und in jeder Hinsicht gut drauf bist.

Das NLP-Format mit gleichem Namen erzeugt einen starken Anker, mit dem Du diesen Zustand jederzeit erzeugen kannst. Sportler nutzen den Moment of Excellence als mentale Technik, um in ihren Disziplinen Höchstleistungen zu erreichen.

**MONROE, ROBERT ALLEN (1915–1995)**
war ein US-amerikanischer Geschäftsmann, Autor und Programmdirektor beim Rundfunk und der Gründer des parapsychologischen Monroe-Instituts. 1958 hatte er ein Erlebnis, das er als außerkörperliche Erfahrung einstufte. In seinen drei Büchern schildert er außerkörperliche Erlebnisse. Er entwickelte die Hemi-Sync-Methode, die eine zielgerichtete Erzeugung verschiedener Bewusstseinszustände ermöglichen soll und außerkörperliche Erfahrungen begünstigt.
siehe auch: Gateway Experience

**MOVING TIMEFRAME**
Das Wortgebilde stammt aus dem Modell von NLP. Es heißt wörtlich übersetzt: beweglicher Zeitrahmen. Das ist auch die Definition. Einen moving Timeframe nutzt Du, wenn Du Dir mit einem »weichen Zeitbegriff« ein Ziel vornimmst und den Zeitrahmen ohne endliche Begrenzung mitnimmst. Beispiel: »Nächste Woche schreibe ich meine Semesterarbeit fertig.« Diesen Satz kannst Du an jedem Tag aussprechen, ohne dass die Zeitspanne jemals kürzer wird.

**MUSTERUNTERBRECHUNG**
siehe: Pattern Interrupt

# N

**NLP**
Das Neuro-Linguistische Programmieren (NLP) ist eine Sammlung von Kommunikationstechniken und Methoden

zur Veränderung psychischer Abläufe im Menschen. Die Bezeichnung soll ausdrücken, dass Vorgänge im Gehirn (Neuro-) mithilfe der Sprache (englisch linguistic = sprachlich) auf Basis systematischer Handlungsanweisungen änderbar sind (Programmieren).

NLP wurde von Richard Bandler und John Grinder in den 1970er-Jahren innerhalb des Human Potential Movements entwickelt. Sie definierten NLP als »das Studium der Struktur subjektiver Erfahrung«. Ziel der NLP-Entwickler war es, die Wirkfaktoren erfolgreicher Therapeuten herauszufinden und an andere zu vermitteln.

**NLP-PRACTITIONER – KIKIDAN**
ist die 10-Tage Grundausbildung im Modell von NLP. Sie gibt Dir einen Überblick über die Wirksamkeit des Modells. Du arbeitest mit anderen Teilnehmern, um Deine und ihre Denk- und Verhaltensmuster, Deinen emotionalen Zustand und Deine Ziele und Wünsche zu verstehen und positiv zu verändern.

**NON-VERBALE KOMMUNIKATION**
beschreibt alle Formen der Kommunikation, die sich nicht auf eine sprachliche Informationsübermittlung stützen. Informationen können über alle Sinne kommuniziert werden z. B. durch Musik, Bilder, Geruch, Geschmack sowie Gesten und Körperhaltung. Nach esoterischer Ansicht wird Information auch über die Energie des Aurafeldes übertragen.

# O

**ÖKOLOGIE-CHECK**
siehe: Zielökologie, Zieldefinition

**OUT OF BODY EXPERIENCE (OBE)**
ist ein Phänomen, bei dem eine Person die Welt von einem Ort außerhalb ihres physischen Körpers aus wahrnimmt. Der Begriff der »außerkörperlichen Erfahrung« wurde 1943 von G. N. M. Tyrrell in seinem Buch *Erscheinungen* eingeführt und von Robert Allen Monroe übernommen. OBEs können unter anderem durch traumatische Hirnverletzungen, sensorische Deprivation, hypnotische Strategien, Nahtoderfahrungen, dissoziative und psychedelische Drogen, Dehydrierung, Schlafstörungen, Träume und elektrische Stimulation des Gehirns ausgelöst werden.

**OXYTOCIN**
ist ein im Gehirn produziertes Hormon, das eine wichtige Bedeutung unter anderem beim Geburtsprozess einnimmt. Es beeinflusst das Verhalten zwischen Mutter und Kind sowie zwischen Geschlechtspartnern und ganz allgemein soziale Interaktionen.

# P

**PACING**
siehe: Rapport

**PARETO-PRINZIP**
benannt nach Vilfredo Pareto (1848–1923). Es besagt, dass 80 Prozent der Ergebnisse mit 20 Prozent des Gesamtaufwandes erreicht werden. Die verbleibenden 20 Prozent der Ergebnisse erfordern mit 80 Prozent des Gesamtaufwands die quantitativ meiste Arbeit.

**PARTNERSCHAFT**
siehe: Beziehung

**PATTERN INTERRUPT, MUSTERUNTERBRECHUNG**
ist eine Möglichkeit, den Zustand oder die Strategie einer Person zu ändern. Es ist auch eine Möglichkeit, Trance zu induzieren. Milton H. Erikson verwendete die Handschlaginduktion als formale Musterunterbrechung. Ein Muster kann durch jede unerwartete oder plötzliche Bewegung oder Reaktion unterbrochen werden.

**PAWLOW, IWAN PETROWITSCH – PAWLOWSCHER REFLEX**
Iwan Petrowitsch Pawlow (1849–1936) war ein russischer Mediziner und Physiologe. Er erhielt 1904 den Nobelpreis für Medizin. Er legte den Grundstein für die behavioristischen Lerntheorien. Bekanntester Träger seines Namens ist der Pawlowsche Hund, an dem er die Konditionierung nachwies.

**PRECURSIVE ACTIVITIES, VORLAUFAKTIVITÄTEN**
sind Fähigkeiten und Aktivitäten, die vorhanden sein müssen, damit Du ein bestimmtes Verhalten generieren kannst. Für Selbstdisziplin brauchst Du zum Beispiel

Entscheidungsfähigkeit, Motivationsstrategien, Planung, Verbindlichkeit der Zusage und Selbstverpflichtung.

### PROKRASTINATION, AUFSCHIEBERITIS

ist ein Kunstwort aus der lateinischen Sprache. *Pro* bedeutet »für« und *crastinum* ist »morgen« – »für morgen«. Es ist eine Strategie, ein Vorhaben Tag für Tag zu verschieben. Häufig wird dazu der moving Timeframe verwendet.

### PROZESS, HYPNOTISCHER

ist der Ablauf einer Trance-Sitzung. Ich gliedere eine Hypnosesitzung in vier Teile: Das Setting ist die Grundlage für eine erfolgreiche Sitzung. Die Trance-Induktion öffnet Dir das Tor zum Unbewussten. Die Utilisierung liefert Dir die richtigen Werkzeuge für unbewusste Prozesse. Und in der posthypnotischen Phase schließlich arbeitest Du mit lange anhaltenden Suggestionen und dem Aufwecken.

## R

### RADETZKY-MARSCH OP. 228

ist ein von Johann Strauss sen. komponierter Marsch, der Feldmarschall Joseph Radetzky von Radetz gewidmet ist.

### RAPPORT – PACING UND LEADING

bezeichnet im NLP eine vertrauensvolle, von wechselseitiger empathischer Aufmerksamkeit getragene Beziehung, mit gutem Kontakt zwischen zwei Menschen. Rapport kannst Du mit Pacing und Leading herstellen.

Der *pace* (engl.) bezeichnet im Alltag jemanden, der die »gleiche Geschwindigkeit« hat. Ich übersetze den Begriff für die Verwendung im Modell von NLP im Deutschen mit »Gleichschreiten«. Pacing bedeutet, dass Du jemand anderen nachmachst. Du achtest darauf, was er gerade an Körperspannung, an Körpersprache, an Mikrobewegungen usw. von sich gibt, und spiegelst diese Bewegungen. Du kannst auch die Satzstruktur, bevorzugte Wörter oder die linguistische Ausprägung der bevorzugten Repräsentationsebene pacen. Damit erreichst Du einen guten Kontakt zu Deinem Gegenüber.

Im Leading gehst Du einen Schritt weiter: Du führst. Wenn Du alles richtig gemacht hast, folgt Dir Dein Gegenüber in Deinen Vorschlägen unbewusst.

**REFRAMING**
Etwas zu »reframen«, es anders zu formulieren, bedeutet, seine Bedeutung zu verändern, indem man es in einen anderen Rahmen, Kontext oder eine andere Umgebung stellt.

Reframing (auch: Six-Step-Reframing) ist eine nützliche NLP-Technik. In sechs Schritten werden Verhaltensgewohnheiten beleuchtet und verändert. Wichtige aktive Elemente in diesem Format sind die Trennung von Absicht und Verhalten.

**REPRÄSENTATIONSEBENE**
siehe: Submodalität, Veränderung der

**REPTILIENGEHIRN, MEDULLA OBLONGATA**
ist ein Teil des Gehirns. Dort finden sich die wichtigsten Überlebensprogramme aus der Frühzeit der Entwicklung

des Homo sapiens. Alles, was dort verarbeitet wird, ist »fest verdrahtet«. Es findet überwiegend auf der reflexiven und damit subbewussten Ebene statt. Dort laufen Programme ab, die Du bewusst nicht beeinflussen kannst. Der Fortpflanzungstrieb zum Beispiel hat dort seinen Ursprung.

**RESSOURCE**

ist ein Hilfsmittel, das Dir in einer Situation helfen kann. Darunter fallen Deine Beziehungen, Deine Fähigkeiten oder Deine Haltung. Im NLP sind sie das maßgebliche Mittel, um von Deinem gegenwärtigen Zustand in einen künftigen erwünschten Zustand zu gelangen. Es gibt zwei Arten: innere und äußere Ressourcen. Zu den inneren Ressourcen zählen Deine persönlichen Eigenschaften, Kompetenzen und Stärken, Neigungen, positive Erlebnisse und auch Deine Erinnerungen.

Äußere Ressourcen können materielle Dinge wie Geld und Zeit, kulturelle Rahmenbedingungen und selbst ein nachmittäglicher Spaziergang zur Erholung sein.

**RESSOURCENANKER**

ist ein Anker, der nötige Ressourcen, die Du in einer Situation brauchst, ankert und damit transportabel macht. Dann kannst Du ihn in unterschiedliche Szenarien und Formate im NLP integrieren.
siehe auch: Ressourcentransfer

**RESSOURCENTRANSFER**

»Ich möchte zu mehr Selbstbewusstsein im Umgang mit Frauen (Männern) gelangen!« Wenn Du an der Kletterwand mit Deinen Kumpels übst, verfügst Du hingegen über jede Menge Selbstbewusstsein. Gut so! Dieses Selbstbewusstsein ist eine Ressource, die Du mit der NLP-Technik des Ankerns in unterschiedliche Situationen übertragen kannst, in denen Du mehr Selbstbewusstsein brauchst.

### RINPOCHE
ist ein tibetischer Ehrentitel, der zumeist für einen Lama oder anderen Würdenträger des Vajrayana (eine Traditionsströmung des Buddhismus) verwendet wird. Das Wort bedeutet wörtlich *Kostbarer*. Der Titel ist hauptsächlich für Trülkus (Wiedergeburt eines früheren Meisters) gebräuchlich. In Nepal und Tibet kann dieser Titel auch Äbten und Lehrern verliehen werden, die in diesem Leben besondere Weisheit erlangt haben.

## S

### SAISONAL ABHÄNGIGE DEPRESSION
Davon wird gesprochen, wenn sich Symptome einer depressiven Episode ausschließlich und wiederholt zu einer bestimmten Jahreszeit, typischerweise im Herbst und Winter, zeigen. Lichtmangel und ein Defizit an Vitamin D sind oft die Ursache.

### SATIR, VIRGINIA (1916–1988)
war eine einflussreiche amerikanische Autorin und Psychotherapeutin. Sie ist für ihren Ansatz der Familientherapie bekannt. Ihre Pionierarbeit auf dem Gebiet der

Familienrekonstruktionstherapie brachte ihr den Titel »Mutter der Familientherapie« ein. Von ihr stammt die Aussage: »Verändert ein Element eines Beziehungsgeflechtes sein Verhalten, müssen alle anderen Elemente darauf reagieren und ihr Verhalten anpassen.«

### SAMADHI

ist im Buddhismus ein Zustand des meditativen Bewusstseins. In den ältesten buddhistischen Sutren, auf die sich zeitgenössische westliche Lehren stützen, bezieht sich der Zustand des Samadhi auf die Entwicklung eines leuchtenden Geistes, der gleichmütig und achtsam ist.

### SCHULZ VON THUN, FRIEDEMANN (*1944)

ist ein deutscher Psychologe und Experte für zwischenmenschliche Kommunikation. Er war als Professor für Psychologie an der Universität Hamburg tätig. Er schrieb die dreiteilige Buchreihe mit dem Titel *Miteinander Reden*.

### SÉANCE

ist ein Treffen, bei dem Menschen versuchen, durch die Vermittlung eines Mediums mit den Toten Kontakt aufzunehmen.

### SECONDARY GAIN STRATEGIES

findest Du hinter der Aussage: »Ich habe doch schon alles Mögliche getan, aber …!« Es sind Handlungen, die ein sinnfälliges Ergebnis (Deinen Erfolg) aus anderen, unbewusst positiv wahrgenommenen Gründen verhindern.

**SEDONA-METHODE**
Mit der Sedona-Methode gelingt es Dir, unangenehme und belastende Gefühle loszulassen. Der Erfinder der Sedona-Methode ist der amerikanische Physiker und Unternehmer Lester Levenson. Die Wirksamkeit der Sedona-Methode wurde wissenschaftlich untersucht und die Wirksamkeit mit Studien und klinischen Tests belegt.

**SELBSTKALIBRIERENDER RESSOURCENANKER**
siehe: Ressourcenanker

**SENSORY ACUITY (SINNESAUFMERKSAMKEIT)**
bezeichnet das Ausmaß, in dem Du in der Lage bist, Reize von minimaler Ausprägung, Intensität oder Dauer bei anderen Menschen zu erkennen.

**SEROTONIN**
ist das Schlüsselhormon, das Deine Stimmung, Dein Wohlbefinden und Dein Glück stabilisiert. Dieses Hormon wirkt sich auf den gesamten Körper aus. Es ermöglicht den Gehirnzellen und anderen Zellen des Nervensystems, miteinander zu kommunizieren. Serotonin hilft beim Schlafen, Essen und bei der Verdauung.

**SETTING**
ist eine Technik, durch die Auswahl des Ortes und der einleitend beschreibenden Sätze eine bestimmte Ausrichtung und Einstellung zu erreichen. Ziel ist, Deinem Gegenüber etwas effektiv zu vermitteln.

**SADHU, MOUNI (1897–1971)**
war ein Autor spiritueller und esoterischer Themen. Der Name »Mouni Sadhu« bedeutet auf Sanskrit Stiller (Mouni) Heiliger Mann (Sadhu) oder Mönch. Er schrieb verschiedene Bücher, unter anderem: *Concentration – A Guide to Mental Mastery* (1959).

**SHWEZIGON-PAGODE**
Die Shwezigon-Pagode ist ein buddhistischer Tempel in Bagan, Myanmar. Er besteht aus einer runden Stupa, der von kleineren Tempeln und Schreinen umgeben ist. Der Bau der Shwezigon-Pagode wurde 1060 begonnen und 1102 abgeschlossen. Die Pagode ist eine wichtige buddhistische Kultstätte. Im Inneren der Pagode sind ein Schlüsselbein, ein Zahn und der Stirnknochen, also das dritte Auge, von Siddhartha Gautama eingemauert.

**SOZIALE KONTROLLE**
Soziale Kontrolle ist ein vom amerikanischen Soziologen Edward Alsworth Ross eingeführter Begriff. Er betrifft die gewollte Lenkung des Individuums durch die Gruppe.

**SINNESKANÄLE**
siehe: Submodalitäten

**SPRACHMODELLE**
siehe: Metamodell und Milton-Modell

**SPRINGTECHNIK**
bedeutet in Gedanken von einer Geschichte oder von einem guten Erlebnis zum nächsten zu springen.

**STAPELANKER**

Mehrere Ressourcen oder Gefühle werden auf denselben Ort geankert. Einen Stapelanker kannst Du in allen Repräsentationsebenen anlegen.

**STATE CONTROL**

Ein State ist der besondere Zustand, in dem Du Dich zu einem bestimmten Zeitpunkt befindest. Diese Zustände steuern in vielerlei Hinsicht Dein Handeln. In einem negativen oder »ressourcenlosen« State sind Deine Optionen begrenzt und oft auf Handlungen beschränkt, die Dir nicht helfen oder sogar schaden. Im Gegensatz dazu steht der energetische Zustand des Flow als State mit vielen Optionen und guten Gefühlen.

**STRATEGISCHE KOMPONENTEN**

sind langfristig wirkende Komponenten.

**SUBMODALITÄT, VERÄNDERUNG DER**

bedeutet im NLP eine qualitative Untergliederung der fünf Sinnessysteme (der sogenannten Sinnesmodalitäten) nach quantifizierbaren Größen (Distanz, Größe, Farbigkeit usw.). Diese Modalitäten (Eigenschaften) kannst Du verändern. Die Veränderung der Submodalitäten ist Bestandteil vieler NLP-Formate und -Strategien.

**SUGGESTIONEN**

sind gesprochene Sätze oder Begriffe, die einen hypnotischen Prozess in Gang setzen. Mit Suggestionen beeinflusst eine Person die Gedanken, Gefühle oder das Verhalten einer anderen Person.

## SWISH PATTERN

Das Swish Pattern ist eine klassische NLP-Technik, die oft eingesetzt wird, um Menschen zu helfen, automatische Gewohnheiten zu überwinden, die sie nur schwer loslassen können. Das Swish-Muster fällt in die Kategorie der Submodalitätenveränderungen. Sie bezieht sich auf die Qualitäten Deiner inneren Bilder, Klänge und Gefühle.

## SYNTHESE

ist die Verknüpfung von zwei oder mehr Elementen zu einer neuen Einheit.

# T

## TAKTISCHE KOMPONENTEN

sind kurzfristig wirkende Komponenten.

## TIMELINE-THERAPIE

ist ein NLP-Konzept, das von der Annahme ausgeht, dass Du Deine Erinnerungen auf lineare Weise in Deinem Gedächtnis speicherst. Es wurde von Wyatt Woodsmall und Tad James in den 1980er-Jahren entwickelt.

## TONALITÄT

von lat. *intonare* = anstimmen, ist die Gesamtheit der Silben, Wörter und Phrasen, die nicht an einen Einzellaut gebunden sind. Tonalität entsteht mit dem Akzent durch erhöhten Druck auf einer Silbe, mit dem Tonhöhenverlauf und mit der Pausengliederung. In der Umgangssprache wird Tonalität auch als Satzmelodie bezeichnet.

**TRAINERTRACK – KIKIDAN**
Der TrainerTrack ist eine 15-monatige Ausbildung zur Persönlichkeitsentwicklung, die während vieler Reisen in ferne Länder stattfindet. Sie intensiviert Dein Kommunikationsverhalten, stimuliert die Entwicklung Deiner Persönlichkeit und initiiert eine starke Veränderung hin zu einem positiven und selbstbestimmten Leben. Sie vermittelt Dir nebenher Erlebnisse und Abenteuer, von denen andere Menschen ihr Leben lang träumen. Der TrainerTrack ist wegen seiner Wirksamkeit seit vielen Jahren eine Institution. Das riesige und weit verzweigte Netzwerk der Alttrainer steht Dir im Hintergrund zur Verfügung. Im Verlaufe der Ausbildung arbeitest Du gemeinsam mit anderen Teilnehmern an der Lösung Deiner Herausforderungen und an der Verwirklichung Deiner Träume, Pläne und Ziele.

**TRANCE-INTEGRATION**
Teil des hypnotischen Prozesses

**TRIAL AND ERROR, FEHLERBEHAFTETES LERNEN**
ist ein Weg, ein Ziel zu erreichen oder ein Problem zu lösen, indem Du verschiedene Methoden ausprobierst und aus den gemachten Fehlern lernst.

# U

**UTILISATION**
Teil des hypnotischen Prozesses

## V

**VERFAHRENSANWEISUNGEN IM NLP**
siehe: Formate

**VISUALISIERUNG**
Alles, was Du Dir in Gedankenbildern vorstellst. Bei der Verarbeitung von Bildern unterscheidet das Gehirn nicht zwischen Realität und Einbildung. Das kannst Du nutzen und Dir gewünschte Ergebnisse vorstellen. Male Dir den beginnenden Tag oder Deinen nächsten Urlaub optimal aus. Nutze die Technik, um Deine Ziele, Wünsche und Träume zu verwirklichen!

**VISUELLER ANKER**
Einen Anker kannst Du in allen Sinnesebenen anlegen. Ein visueller Anker wird durch einen visuellen Reiz ausgelöst. Du kannst Dir dazu ein visuelles Objekt vorstellen oder es beim Ankern ansehen. Der blaue Diamant ist ein visueller Anker, der oft in diesem Buch vorkommt.

## W

**WALT-DISNEY-METHODE**
siehe: Creativity Strategy

**WANNABES**
sind junge Menschen, die ihr Leben und ihre Ziele noch vor sich haben. Sie arbeiten optimistisch an der Verwirklichung ihres Lebensplans. Im schlimmsten Falle geben sie

jetzt die Millionen aus, die sie noch nicht verdient haben. Ihre Sprache ist in die Zukunft gerichtet, es gibt ja so viel zu tun.

### »WAS WÄRE, WENN ...«-RAHMEN
siehe: Framen

### WEINSTOCK, DAVID (*1994)
Autor des Buches *Schluss mit Ungenügend!* (2015).

### WORST-CASE-SZENARIO
Ein Worst-Case-Szenario ist ein Konzept im Risikomanagement, bei dem der Planer bei der Planung potenzieller Katastrophen das schwerwiegendste mögliche Ergebnis in Betracht zieht, das in einer bestimmten Situation erwartet werden kann. Die Betrachtung von Worst-Case-Szenarien ist eine gängige Form der strategischen Planung, insbesondere der Szenarioplanung, um Unvorhergesehenes vorzubereiten und zu minimieren, das zu Unfällen, Qualitätsproblemen oder anderen Problemen führen könnte.

## Z

### ZEITSTRAHLPROGRAMMIERUNG
siehe: TimeLine-Therapie

### ZIELÖKOLOGIE, ZIELDEFINITION
Im NLP geht es oft um Ziele. Damit ein Ziel überhaupt erreichbar ist, soll es ein »wohlgeformtes« Ziel sein und folgende Kriterien erfüllen: positiv formuliert, spezifiziert

(kontextualisiert und sinnesspezifisch), selbst erreichbar, ökologisch und motivierend.

**IMPRESSUM**

Text  Chris Mulzer, Berlin
Satz  Akademischer Verlagsservice Gunnar Musan, Neumünster
Druck und Bindung  LD Medienhaus GmbH & Co. KG, Ahaus
Printed in Germany

Die Inhalte dieses Buches wurden mit
größter Sorgfalt erstellt. Für die Richtigkeit,
Vollständigkeit und Aktualität der Inhalte kann
jedoch keine Gewähr übernommen werden.
Auch für Links zu externen Webseiten und deren
Inhalt kann keine Gewähr übernommen werden.

2. Auflage
© 2022 Chris Mulzer, Berlin
Alle Rechte vorbehalten

*Herausgeber*
kikidan GmbH, Nollendorfstr. 27, 10777 Berlin
www.kikidan.com

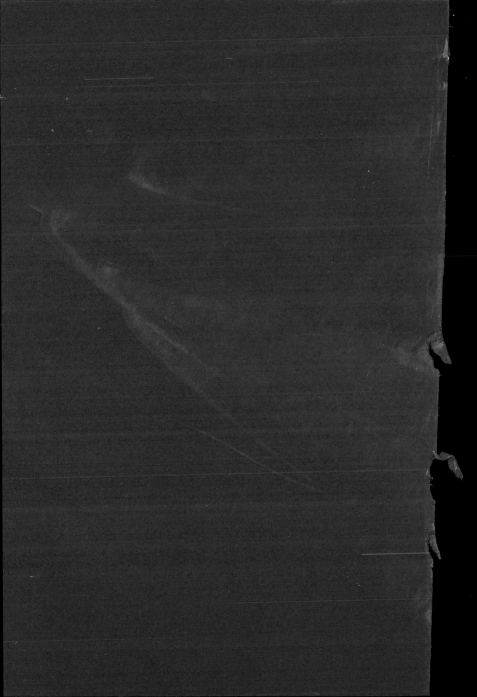